U0930808

妈祖文化年鉴

MAZU CULTURE
YEARBOOK OF

2020

莆田学院妈祖文化研究院
莆田市湄洲妈祖祖庙董事会 编

中国文史出版社
CHINA CULTURAL AND HISTORICAL PRESS

图书在版编目（CIP）数据

妈祖文化年鉴. 2020 / 莆田学院妈祖文化研究院，莆田市湄洲妈祖祖庙董事会编. -- 北京：中国文史出版社，2024. 12.

ISBN 978-7-5205-5085-7

Ⅰ. B933-54

中国国家版本馆CIP数据核字第 2025U5J042 号

责任编辑： 高贝

出版发行： 中国文史出版社
社　　址： 北京市海淀区西八里庄路69号院　邮编：100142
电　　话： 010-81136606　81136602　81136603（发行部）
传　　真： 010-81136655
印　　装： 福州麟造印刷有限公司
经　　销： 全国新华书店
开　　本： 787mm×1092mm　1/16
印　　张： 19
字　　数： 310千字
版　　次： 2025年2月第1版
印　　次： 2025年2月第1次印刷
定　　价： 138.00元

支持单位

福建省妈祖文化传承与发展协同创新中心

福建省妈祖文化研究会

福建省社会科学研究基地莆田学院妈祖文化研究中心

福建省高校人文社科研究基地（莆田学院妈祖文化研究中心）

福建省高校新型特色智库（莆田学院妈祖文化研究院）

《妈祖文化年鉴》编委会

编者说明

妈祖文化发祥于莆田，肇始于宋代，是至今仍具有广泛影响力的集中华儒释道文化与海洋文化大成的一种“活态”文化，是劳动人民千百年来尊崇、信仰妈祖过程中遗留和传承下来的物质及精神财富的总称，是中华优秀传统文化瑰宝之一。它在推进海峡两岸文化认同、民族认同，推进21世纪海上丝绸之路建设，传承与弘扬我国优秀传统文化、培育与践行社会主义核心价值观，传承与保护世界非遗，促进与繁荣特色文化产业等方面发挥着重大的作用。

2019年3月，习近平总书记在参加十三届全国人大二次会议福建代表团审议时指出：“要加强两岸交流合作，加大文化交流力度，把工作做到广大台湾同胞的心里，增进台湾同胞对民族、对国家的认知和感情。”2016年3月，“发挥妈祖文化等民间文化的积极作用”正式写入国家“十三五”规划纲要。2009年9月，妈祖文化核心部分“妈祖信俗”入选人类非物质文化遗产名录，成为我国首个也是目前唯一一个信俗类世界遗产。

《妈祖文化年鉴2020》是莆田学院妈祖文化研究院与莆田市湄洲妈祖祖庙董事会联合编撰的文献性、资料性年鉴，是开展妈祖文化学术研究基础性资料之一。本卷主要收集2020年1月1日至12月31日妈祖学学术研究论著、论文、期刊、学界概况等以及国内外有关妈祖文化的各种重要活动、事件，让广大专家、学者和社会各界更全面地了解妈祖文化的内涵和发展动态，以此促进妈祖文化的学术研究，更好地传承与弘扬妈祖文化，为当代社会政治经济发展服务。

在编辑过程中，我们对有关信息广为收集，但由于各种原因，难免疏漏，我们恳请广大专家、学者和妈祖文化工作者批评指正并及时提供有关信息，以更臻完善。同时，鉴于本年鉴的特点，本卷对所转载或摘录以及被数字出版物收录的相关文献均不再另付稿酬。

《妈祖文化年鉴2020》的编辑出版得到了福建省妈祖文化传承与发展协同创新中心、福建省社会科学研究基地妈祖文化研究中心、福建省高校新型特色智库·莆田学院妈祖文化研究院和福建省妈祖文化研究会的鼎力支持，在此深表谢意。

《妈祖文化年鉴》编委会

2024年8月

第一部分 学术与研究

专著文集

●专著

《妈祖文化小故事》 …………………………… 陈祖芬 郑丹凤 003
《妈祖的传说》 …………………………………… 吴心亦 吴晓萍 003
《妈祖的传说》 …………………………… 于 水 倪春培 谢宝耿 004
《妈祖精神摭谈》 ……………………………………………… 郑世雄 004
《妈祖文化教育新论》 ………………………………………… 宋建晓 004
《广东民间信仰文化探析》 …………………………………… 贺璋瑢 004
《中华吉祥文化丛书 民间信仰卷》 ………… 刘德龙 李 然 肖之芳 005
《唐宋民间信仰》 ……………………………………………… 贾二强 005
《闽南民间信仰》 ………………………………… 连心豪 郑志明 005
《祈福妈祖》 …………………………………………………… 马慧娟 005
《妈祖典籍选编》 ……………………………………………… 许更生 005

●文集

《妈祖　葛沽　世界》 …… 刘静华 006

《妈祖文化年鉴 2018》 …… 林明太 006

论文摘要

文创视角下妈祖卡通人物的形象设计 …… 陈　虹 007

中国海洋文明背景下妈祖文化创新传播研究 …… 胡欣欣　张清荣 007

南靖县妈祖信仰田野调查报告
——以梅林天后宫为中心 …… 连心豪 008

妈祖文化视觉元素在环境艺术设计中的运用研究 …… 林丽芳　王　敏 008

海南疍民咸水歌中的海神崇拜 …… 申素祥 009

海神信仰的“叠合认同”建构
——基于山东周戈庄村“龙王—妈祖”信仰的调查
…… 宋宁而　宋枫卓 009

疫情下妈祖信俗传承的危机与应对 …… 王福梅 010

论东南亚妈祖文化对“海丝”建设的积极功能 …… 柯　力 010

妈祖文化沿陆上丝绸之路向中国西北地区传播初考 …… 郑丽航 010

妈祖信仰的宗教社会学研究
——兼与关帝信仰比较 …… 彭　睿 011

“双轮驱动”下妈祖文化的微信传播 …… 许元振 011

妈祖文化跨境联系在新媒体时代的展示
——以湄洲妈祖祖庙为例 …… 邹雨欣 012

莆田市妈祖民俗体育项目开发研究 …… 詹金添 012

妈祖精神融入地方高校人才培养的过程、困境与对策
——以莆田学院为例 …… 叶燕霞 013

中国社会科学院古代史研究所所长卜宪群研究员致辞
——妈祖文化与构建人类命运共同体 …… 卜宪群 013

福州地区古代妈祖信仰的传播 …… 范丽琴 014

妈祖文化在地化：马来西亚的一个个案研究 ………………… 吴明珠 014
潮州妈祖信仰传播初探
——以东门天后宫为核心…………………………………… 苏何诚 015
道士驻庙与妈祖信仰 ……………………………………… 林美容 015
妈祖文化信仰中的灵性与叙事治疗效果探析
……………………………………………… 刘峯铭 姜 哲 郑若宜 016
妈祖文化研究的新资料、新视野
——读《妈祖文化与明末朝鲜使臣》有感………………… 翟金明 016
论妈祖“六佾舞于庭”礼义乎
——以台湾为例…………………………………………… 陈致颖 017
闽台青年文化融合发展的困境与对策 ………………… 林兆龙 杨 晓 017
由民间走向剧场的妈祖舞蹈
——以舞蹈诗《妈祖》为例……………………… 吴小涵 杨旻蔚 018
《妈祖回家》：“两岸题材”的深度诠释与独特书写 ……… 赵卫防 018
文明互鉴视野下妈祖信仰传入长崎的历史考察 ………… 林 晶 吴雨桐 019
妈祖文化视野中的城市公共艺术
——以莆田市为例………………………………………… 柯立红 019
《天后圣母事迹图志》中的妈祖形象 …………………… 吕伟涛 020
融媒体时代妈祖如何孵化 10 亿流量 ………………… 卞军凯 吴伟锋 020
民间信仰与公共事务
——以台湾大甲镇澜宫为研究对象……………………… 卞 梁 连晨曦 021
文化旅游中体验共创对满意度的影响研究 …………… 罗 丹 马红钰 021
文化空间视阈下洞头妈祖祭典的传承和保护 ………………… 黄梦丹 022
基于妈祖文化的中职体育教学论述 ……………………… 陈世雄 022
运河文化带视域下妈祖文化资源与文创产业结合的策略研究
……………………………………………… 孙 光 范晓西 刘 宇 023
生态性环境下的福建省湄洲岛旅游产业发展路径探索 ……… 黄利剑 023
闽东三大女神宫庙建筑特征及信俗初探 ………………… 李英妹 024

海神信仰的“叠合认同”：支撑理论与研究框架 ……… 宋宁而 宋枫卓 024
在“外来”与“正统”之间：沧州地区妈祖信仰初探 …………… 杨春强 025
宋元之际“妈祖”取代“南海神”考
——兼论南宋庆元三年大奚山起义 ………………………… 李立人 025
宗教类文化遗产的活化利用探索
——以泉州天后宫为例 ……………………………………… 郭阿娥 026
妈祖文化产品设计研究与实践
——以《风大找妈祖》系列文创设计为例 ………………… 钟锃琦 026
庙宇塑造与地方记忆：芷江天后宫的空间建构 …………… 吴晓美 027
推进两岸心灵契合的民心工程
——以台湾四大民间信仰为媒介 …………………………… 汤毓贤 027
崇宗敬祖：传统村落生存发展的择优策略
——以广西桂林大圩毛村调查为例 ……………… 龙晓添 杜亚娟 028
身份认同：台湾新文学中妈祖书写的观察维度 …………… 许 正 028
民国时期闽粤申请保存妈祖庙史实考述 …………………… 陈金亮 029
闽台两地妈祖文化交流40年回顾与思考 ……………… 陈国成 艾士易 029
妈祖文化融入海洋命运共同体的价值与路径 ……………… 郑丽萍 030
越南胡志明市华人“天后圣母崇拜”的研究
……………………………………… 阮福才 阮顺贵 陈氏金黄 030
两岸妈祖文化交流与民众文化认同感建构 …… 连晨曦 李 晶 黄后杰 031
妈祖形象与妈祖崇拜的传播与接受 ………………………… 张宁宁 031
论妈祖文化与旅游经济的融合
——以湄洲岛国际会展中心郡雅酒店为例 …………… 汪 琼 李文武 032
传统文化在高校拓展式教学的实践与创新
——以妈祖文化类课程为例 ………………………………… 吉 峰 032
性别视野下小岞“惠安女”妈祖信仰研究 ………………… 范正义 033
妈祖宫庙与福建会馆的空间关系和空间意义 ……………… 郭玉琼 033

妈祖文化的认同建构与全球传播
——以纪录片《天下妈祖》为例 …………………………………………… 胡 骞 034
一庙多神：山东半岛羊口镇妈祖信俗的多层性 ………… 崔 凤 王宇萌 034
石雕艺术中的乡愁
——湖南芷江天后宫门楼石雕艺术探析 ………………… 王庆婵 罗明金 035
妈祖音乐研究综述 ………………………………………………………… 易音晓 035
用妈祖文化联结台北和上海的“家”
——走近上海非遗妈祖文创空间“默空间”掌门人杨妍蓁 ……… 修 菁 036
闽台地区妈祖宫庙屋顶装饰艺术探析 …………………………… 陈志玉 036
比较文化视域下妈祖文化特质与再传播策略 ……… 刘晓春 高 思 037
妈祖文化的当代价值 …………………………………………………… 陈祖英 037
基于情感化设计的文化创意产品设计探析
——以妈祖文化创意产品为例 ……………………………………… 吴玲丹 038
民俗信仰背景下琼南地区疍家舞蹈创作分析 ……………………… 何世飞 038
妈祖文化的仪式传播及其伦理教育价值 ………………………… 曾 伟 039
以湖南湘潭建福宫为中心的妈祖信仰探究 ……………… 刘啸虎 白宇翔 039
妈祖文化的世界性探析 ………………………………………………… 郑仁炜 040
庐山马尾水旅游发展路径探析 ……………… 卢嘉新 林雅情 王 敏 040
《闽台妈祖信俗与乡土文化互动发展研究：基于乡村治理视野》述评
…………………………………………………………………… 俞黎媛 李志鸿 041
浅析德化窑妈祖瓷塑 …………………………………………………… 张晓雯 041
闽台妈祖音乐文化数据库的构想与策略研究 ……………………… 陈美静 042
辽宁妈祖文化研究现状及其文献资料体系建构 ………… 曹 萌 张剑钊 042
妈祖文化在澳大利亚的传播和发展 ……………………………… 林亦瀚 043
英美西方社会对妈祖文化认知的现状 ………………… 陈 昉 李丽娟 043
妈祖文化融入社会工作价值观的理论与实践探索
——以 X 社区文化建设为例 ……………………………… 杨 围 许元振 044

妈祖文化与北方“海丝”交集中的登州节点
——基于古代相关涉海文献的分析…… 倪浓水 044
西南地区明清妈祖信仰体系的构建 …… 管庆鹏 045
社会工作介入非物质文化遗产保育工作的研究
——以妈祖信俗为例…… 陶陈晨 吉 峰 045
越南南部女神信仰背景下的妈祖信仰探索 …… 范怀风 段玉钟 046
立德树人视域下的高校文化传承与创新研究
——以莆田学院妈祖体育文化为例…… 陈振宇 046
闽台妈祖民俗体育产业化发展 SWOT 分析
…… 林立新 陈少腾 林 荣 武 炜 林丽萍 047
泗阳天后宫：千里运河唯一妈祖遗存 …… 李昌富 047
“一带一路”视野下粤港澳地区妈祖文化联合旅游开发研究
…… 胡梅慧 林明太 048
浅谈妈祖文化对中职校园文化建设的影响 …… 程 智 048
闽商与澳门民间信仰文化 …… 黄建兴 牛新原 049
泉州沙格妈祖信俗活动的传承行动与结构生成 …… 黄鑫英 049
论“一带一路”背景下妈祖文化的传播 …… 孟建煌 潘是辉 050
广西沙头旧街天后信俗文化价值研究 …… 覃鉴淇 050
妈祖文化在越南的传播与交流研究 …… 林明太 050
神圣与世俗交汇的空间
——湖南芷江天后宫会馆戏台探究…… 郭 丹 051
“一带一路”建设中妈祖音乐促进海丝文化发展研究 …… 杨 鸣 052
妈祖图像母题与北传嬗变研究 …… 徐晓慧 052
主流媒体应大力弘扬妈祖文化
——以《莆田晚报》实践为例…… 陈蔚华 053
基于民间信仰的妈祖塑像服饰特点 …… 李乃翘 张蓓蓓 053
浅谈妈祖文化的文创产品设计 …… 李 典 吕 姣 054

中国民间信仰与民心相通
——妈祖信仰网络的跨境互动………………………………………… 张柏韡 054
图像学视角下妈祖像北传山东的在地化研究 …………… 徐晓慧 张蓓蓓 055
人本至善 护佑生命惠海泽航 ……………………………… 福建海事局 055
中越女神信仰中的蛮娘与妈祖形象比较
——以《蛮娘传》和妈祖传奇为例……………………………………… 朱 洁 056
清代诗人陈文述及其妈祖诗咏 ……………………………………… 刘福铸 056
论大运河文化带的妈祖文化创意开发 ……………………………… 尚光一 057
妈祖文化与大湾区当代女性的身心灵健康 ………………………… 梁沛好 057
“互联网 +”时代高校妈祖文化传承的机遇与挑战
——莆田学院妈祖文化在线开放课程建设实践与反思
………………………………………………………………… 王成良 王福梅 058
传承与发展：澳门妈祖信俗文化景观研究 ………………… 裴齐容 王 忠 058
马来西亚妈祖信仰与乡籍文化
——以吉隆坡三座天后宫为例………………………………………… 刘崇汉 059
试析妈祖信仰中“灵验”的人为操作因素
——由黑脸妈祖的灵力诸说引发的人类学思考…………………… 刘晓婕 059
传统文化与社会主义核心价值观的契合
——以妈祖文化为典范………………………………………………… 曾 伟 060
明代关于“天妃”封号的论辩 ………………………………… 陈支平 鄢 姿 060
《天津天后宫行会图》中的北方妈祖文化 ………………………… 吕 埴 061
“妈祖”还是“泰山娘娘”
——河北省蚕沙口天妃宫的神主之争……………………………… 孙晓天 061
简析民间祭祀音乐种类及特点
——以鲁、蒙、闽三地为例…………………………………………… 许一鸣 062
妈祖文化与大学生海洋意识教育 …………………………………… 陈国成 062
妈祖文化在琉球的传播与文化变异 ………………………………… 林娟芳 063
妈祖文化融入中职学校校园文化建设的实践 ……………………… 林 进 063

海南台湾妈祖信俗及其文化特征比较研究 …… 刘士祥 朱兵艳 张春霞 064
探险、秩序与和平：妈祖文化与海洋国家政治认同的构建 ……… 林 晶 064
融合与构建：妈祖海外传播的多维文化力因素 …………………… 林 晶 065
论妈祖图像的艺术生命形式
——基于苏珊·朗格艺术符号理论…………………… 张蓓蓓 张晨暄 065
文旅融合背景下妈祖文创的发展研究 ……………… 陈婧怡 庞晓婷 066
由“南海1号”船员的民间信仰说 …………………………… 马显冰 066
民俗信仰与城市文化资源
——上海妈祖信仰的历史沉浮…………………………………… 蔡丰明 067
“海丝”文化品牌下的传统手工艺产品定位研究
——以泉州“金苍绣”为例…………………………………… 郑 黎 067
利用创意微缩剧场推广粤港澳大湾区地方旅游特色民俗活动体验
…………………………………………………………………… 骆丹丹 068
浅探汕尾民间信仰 …………………………………………… 朱桂芳 068
大三巴牌坊前的断想（下）
——纪念澳门回归祖国20周年 ………………………………… 代 明 069
大明寺游记 …………………………………………………… 王小梅 069
瓣香湄洲作品展 ……………………………………………… 五 月 070
三山国王：潮汕民间的保护神 ……………………………… 陈友义 070
遗风古韵湄洲行 ……………………………………………… 王清铭 070
“抗疫传说与文学治疗” ……………………………………… 夏 敏 071
石雕艺术中的乡愁
——湖南芷江天后宫门楼石雕艺术探析………………… 王庆婵 罗明金 071
场域空间与艺术镜像天津世茂·浪花艺术馆 ………… 北京日清建筑设计 072
“一统”与“万显”：海洋神灵信仰的“地方性”
——从粤西的海洋保护神说起………………………………… 刘雄峰 072
世俗价值与信仰本真：民间信仰宫庙的新转型
——惠安小岞霞霖宫个案研究………………………………… 范正义 073

浅析泉港沙格海上端午龙舟赛的形成及其背后多元的文化意义
…………………………………………………………………………… 王 钦 074
澳门妈阁庙文化产业 SWOT 分析和发展策略 ………………… 李济翔 张雨婷 074
推进两岸心灵契合的民心工程
——以台湾四大民间信仰为媒介……… 云霄县委统战部课题组 汤毓贤 075
两岸妈祖宫庙连线祈福抗疫 ………………………………………………… 075
沧海共祝 大爱同沐
——纪念妈祖诞辰 1060 周年春祭典礼侧记 ………………………… 076
莆田湄洲岛：以妈祖文化搭两岸融合发展之桥
…………………………………………………… 陈盛钟 陈荣富 许双萍 076
烟台街上的福建会馆 ………………………………………… 范雅琳 小 草 076
用影像为两岸民众互见打开一扇窗
——对话《妈祖回家》电影导演蒲剑……………………………… 修 菁 077
妈祖文化与人类命运共同体
——第五届世界妈祖文化论坛举行………………………… 郑已东 吴伟锋 077
第五届世界妈祖文化论坛湄洲共识 ………………………………………… 078
构建海洋命运共同体 ……………………………………………… 蒋兴伟 078
中斯友谊源远流长 ………………………………………………… 约伽纳旦 078
妈祖文化与构建人类命运共同体 …………………………………… 卜宪群 079
携手共建人类命运共同体 ………………………………… 吴伟锋 郑已东 079
让妈祖文化展现永久魅力和时代风采 ……………………………… 吴伟锋 079
斯洛伐克大使恭请妈祖像回国 ……………………………………………… 080

硕博论文、期刊

●博士论文

倒风内海妈祖文化之空间再现与诠释 ………………………………… 卢薇乔 081
两岸关系视阈下的福建涉台文物研究 ………………………………… 赵 巍 082

● 硕士论文

湄洲岛妈祖文创产品设计研究

——以妈祖服为例 …… 吴依曼 083

多元文化影响下莆田地区当代建筑地域性表达研究 …… 陈朝蓉 084

台湾妈祖文化资源的产业开发 …… 范斐菲 085

明清海南岛女性神信仰的文化地理学考察 …… 李沛琦 085

原创舞蹈诗《香火》创作实践 …… 焦雨婷 086

“音和食德”：霞莲铺天后宫奉旨特祭仪式音声与饮食研究 …… 王珊艺 087

福建龙岩妈祖信仰调查研究 …… 陈 枫 088

温州民间信仰道教化研究 …… 黄丹丹 089

舟山社区信仰与市场的互动

——以天丰禅院为考察中心 …… 刘家琦 089

创新与重构

——沙坡尾社区信仰民俗变迁研究 …… 李欣蕊 090

福建传统村落的场所精神研究 …… 卢旖旸 091

菲律宾华人民间信仰调查研究

——以马尼拉华人区为中心 …… 刘润元 092

高雄市蚵仔寮社区庙宇神灵崇拜的现代转型研究 …… 周昌华 094

明清时期道教与梅州民间信仰的交融与整合 …… 刘敏健 095

漳州西街社的民间信仰与记忆之场 …… 陈晓慧 096

清代台湾宫庙赴湄洲进香之研究：以鹿港天后宫和新竹长和宫为中心

…… 萧信宏 097

新北市瑞芳区妈祖绕境、地方文化与观光之研究 …… 潘政鹏 098

庆典活动对于空气质量之影响：以大甲妈祖为例 …… 彭启铨 099

天妃显圣录在台湾妈祖宫之呈现 …… 邱晟玮 100

云林北港地区传统工艺之研究 …… 叶千荧 101

妈祖绕境之艺阵表演艺术研究 …… 郭美照 101

人群祭祀组织之研究：以西河林姓七角头妈祖会为例 …… 林冠娴 103

妈祖文化意象：王清源漆画创作研究 …………………………… 王清源 104
庙会进香活动之魅力因子探讨：以白沙屯妈祖为例 ……………… 郑雪真 105
宗教进香活动之服务设计与分析：以白沙屯妈祖为例 …………… 施天麟 106
白沙屯妈祖徒步进香的身体行动方法研究 ……………………… 颜佩珊 106

●期刊

《中华妈祖》CN-35（Q）第 0071 号
　　2020 年第 1 期　总第 88 期 ………………………………………… 107
《中华妈祖》CN-35（Q）第 0071 号
　　2020 年第 2 期　总第 89 期 ………………………………………… 109
《中华妈祖》CN-35（Q）第 0071 号
　　2020 年第 3 期　总第 90 期 ………………………………………… 111
《中华妈祖》CN-35（Q）第 0071 号
　　2020 年第 4 期　总第 91 期 ………………………………………… 113
《中华妈祖》CN-35（Q）第 0071 号
　　2020 年第 5 期　总第 92 期 ………………………………………… 115
《中华妈祖》CN-35（Q）第 0071 号
　　2020 年第 6 期　总第 93 期 ………………………………………… 117
《妈祖文化研究》CN-35（Q）第 0130 号
　　2020 年第 1 期　总第 13 期 ………………………………………… 119
《妈祖文化研究》CN-35（Q）第 0130 号
　　2020 年第 2 期　总第 14 期 ………………………………………… 120
《妈祖文化研究》CN-35（Q）第 0130 号
　　2020 年第 3 期　总第 15 期 ………………………………………… 121
《妈祖文化研究》CN-35（Q）第 0130 号
　　2020 年第 4 期　总第 16 期 ………………………………………… 122

学界概况

●研究机构

青岛市妈祖文化联谊会 …… 123

台湾新港奉天宫妈祖文化研究暨文献中心 …… 123

连江县妈祖文化研究会 …… 124

加拿大中华妈祖文化交流协会 …… 124

中国北方妈祖文化研究中心 …… 125

莆田妈祖中学 …… 125

涵江区妈祖文化交流协会 …… 125

台湾妈祖联谊会 …… 126

莆田学院妈祖文化研究院 …… 127

海丰县妈祖文化交流协会成立 …… 127

中华妈祖文化交流协会 …… 127

龙岩市妈祖文化交流协会 …… 128

广东省妈祖文化交流协会 …… 128

惠来县妈祖文化交流协会 …… 128

海南省临高妈祖文化交流协会 …… 129

日本关西妈祖会 …… 129

陆丰市妈祖文化研究会 …… 129

世界妈祖文化发展交流中心 …… 129

●研究课题（国家级、省级）

台湾妈祖宫庙在大陆地区之传播、发展与影响研究 …… 于明华 130

妈祖文化在两岸融合发展中的独特价值 …… 宋建晓 130

新时代妈祖文化融入高校体育、美育改革发展的理论审视、
现实反思与实践进路 …… 彭素珍 130

妈祖文化与全球治理体系建设的历史学考察 …… 梁 曦 130

信仰与融合：妈祖文化与海峡两岸命运共同体建设研究 …… 周岚峰 131

妈祖文化在中国·东盟命运共同体中的黏性作用研究
——基于跨文化适应性理论的视角 …………………………… 张宁宁 131
闽台妈祖工艺美术创意产业合作研究 ………………………… 黄 劲 131
闽台妈祖文化创意产业合作研究 ……………………………… 黄 璟 131

学术动态

●研讨会信息

“妈祖与健康”两岸医学研讨会孤独症康复教育专题 ………………… 133
第六届国际妈祖文化学术研讨会 ……………………………………… 133
第五届世界妈祖文化论坛 ……………………………………………… 134
妈祖文化和旅游国际传播论坛 ………………………………………… 134

●研讨会综述

第六届国际妈祖文化学术研讨会综述 ………………………………… 135
第五届世界妈祖文化论坛综述 ………………………………………… 136
妈祖文化和旅游国际传播论坛综述 …………………………………… 137

●会议工作报告

湄洲妈祖祖庙董事会 2020 年度工作总结和 2021 年工作思路 …………… 138
中华妈祖文化交流协会　莆田妈祖文化研究院 2020 年对外工作总结和
2021 年工作计划 ……………………………………………………… 145
2020 妈祖文化和旅游国际传播影响力调查报告 ……………………… 149
北岸妈祖健康城妈祖医学院项目工作进度 …………………………… 164
莆田学院 2019 年度妈祖文化研究工作总结会暨省社科基地重大项目
中期检查汇报会 ……………………………………………………… 164
中国闽台缘博物馆 2020 年度工作报告 ……………………………… 165
湄洲岛旅游和文体局 2020 年工作总结报告 ………………………… 169

第二部分 宫庙与祭祀

春秋二祭

纪念妈祖诞辰 1060 周年春祭典礼在妈祖祖庙举行 …… 179
妈祖羽化升天 1033 周年纪念大会暨海祭大典在湄洲岛举行 …… 179

习俗活动

湄洲妈祖祖庙举行跨年祈福典礼 …… 181
蔡相煇率团赴湄洲妈祖祖庙进香 …… 181
法国妈祖文化联谊会会长林建斌一行赴湄洲妈祖祖庙进香 …… 181
天津天后宫举行 2020 年春祭大典暨传统文化庙会 …… 182
南京天妃宫举行除夕祈福法会和撞钟仪式 …… 182
台北南福宫举行春祭天上圣母仪式 …… 182
海峡两岸妈祖宫庙携手举办抗疫线上祈福活动 …… 183
平海天后宫恭迎彩绘妈祖神像回宫 …… 183
大型画册《天津天后宫过大年》面世 …… 183
漳州延寿庙会长张清河率本宫善信前往湄洲妈祖祖庙拜谒妈祖金身 …… 183
湄洲岛举行升幡挂灯仪式，纪念妈祖诞辰 1060 周年 …… 184
中华妈祖文化交流协会举办“赞歌庆华诞·礼乐献妈祖”1060 分钟抖音现场直播活动 …… 184
海南省妈祖文化交流协会召开纪念妈祖诞辰 1060 周年感恩会 …… 184
烟台天后行宫举办妈祖文化节 …… 185
台儿庄古城举行纪念妈祖诞辰 1060 周年专题图片展 …… 185
三坊七巷天后宫举行祈福仪式 …… 185
大甲妈祖举行绕境进香活动 …… 185

厦门市台商投资企业协会到湄洲妈祖祖庙参访进香 …………………… 186
台湾台南府城广安堂堂主王鹏源赴湄洲妈祖祖庙谒祖进香 ……………… 186
惠安县妈祖文化研究会赴湄洲妈祖祖庙参访进香 …………………… 186
天津天后宫来到湄洲妈祖祖庙参访交流 ………………………… 187
福州市莆田商会会长陈祖元率团赴湄洲岛进香 …………………… 187
昆山慧聚天后宫来到湄洲岛参访进香 …………………………… 187
漳州西街玄圣坛赴湄洲妈祖祖庙谒祖进香 ……………………… 187
仙游凤灵宫妈祖善信赴湄洲妈祖祖庙谒祖进香 …………………… 188
东莞朝安宫赴湄洲妈祖祖庙谒祖进香 …………………………… 188
汕头市两英海洋妈祖天后宫前往湄洲岛分灵妈祖 ………………… 188
厦门市莆田商会一行在湄洲妈祖祖庙恭请分灵妈祖 ……………… 188
惠安南坑宫妈祖庙进香团前往湄洲妈祖祖庙谒祖进香 …………… 189
福鼎市林氏宗亲店下分会赴湄洲祖庙举行晨拜仪式 ……………… 189
福鼎大岚头妈祖天后宫赴湄洲妈祖祖庙谒祖进香 ………………… 189
2020 年第十二届广州南沙“妈祖”文化旅游节开幕 ……………… 189
深圳龙岗天后古庙进香团前往湄洲妈祖祖庙谒祖进香 …………… 190
广东陆丰百家姓妈祖文化交流团一行赴湄洲祖庙晨拜妈祖 ……… 190
漳州南靖霞露妈祖庙赴湄洲祖庙进香 …………………………… 190
厦门天圣宫赴湄洲祖庙进香 …………………………………… 190

宫庙修建

台湾新北金包里慈护宫古庙重修 ……………………………… 191
金门东半岛金湖镇料罗顺济宫重建落成 ………………………… 191
广东海丰圣云宫“妈祖文化讲堂”举行揭牌仪式 ………………… 191
大岞天妃宫举行重建落成庆典 ………………………………… 192

第三部分 文化传播与慈善活动

媒体传播

微信公众号 …… 195

妈祖网站 …… 198

报纸杂志 …… 200

戏曲影视

●戏曲

全国京剧院团线上抗疫展演月举行 天津京剧院《妈祖》播出受关注 …… 245

莆仙戏《海神妈祖》好戏连台 …… 246

●影视

电视历史人文纪录片《丝路女神》首映式举办 …… 246

电影《妈祖回家》在京首映 …… 247

《妈祖信俗在传承》开拍 …… 248

莆田市首台妈祖题材原创音乐剧《妈祖——海丝之魂》上演 …… 248

莆田首部少儿微电影《海神》网映 …… 249

首部妈祖题材3D动画电影《林默》惊艳亮相 …… 250

文化交流

2020妈祖（湄洲岛）女子半程马拉松赛成功举办 …… 251

《妈祖》连环画作品展及分享会举行 …… 251

“妈祖分灵”巡游仪式在西班牙举行 …… 252

青岛市妈祖文化联谊会召开 2020 年度理事会 …………………………… 252
2020 湄洲岛创国家 5A 级景区培训班在湄举行 …………………………… 252
中华妈祖文化交流协会 2020 团拜会举行 ……………………………… 252
《丝路女神》首映礼举行 ………………………………………………… 252
莆台妇女妈祖文化交流活动举行 ………………………………………… 253
越南妈祖文化董事会携手各地文化机构赴湄洲妈祖祖庙进香 ………… 253
福建省文化和旅游厅领导到霞浦松山天后行宫调研 …………………… 253
中马两国妈祖宫庙携手抗疫“线上祈福” ……………………………… 253
疫情挡不住赴湄洲的进香之路 …………………………………………… 254
“两门”共庆妈祖诞辰 1060 周年 ………………………………………… 254
湄洲岛举行纪念妈祖诞辰 1060 周年庙会启动仪式 ……………………… 254
上海天妃宫庆妈祖华诞 …………………………………………………… 254
妈祖文化主题贵金属商品发布会 ………………………………………… 254
福安市妈祖文化研究协会赴湄洲妈祖祖庙谒祖进香 …………………… 255
妈祖文化在汀州 …………………………………………………………… 255
妈祖中学开展汉服游园研学活动 ………………………………………… 255
山东省妈祖文化交流协会成立大会在青举行 …………………………… 255
湄洲妈祖祖庙列入首批港澳台侨交流基地 ……………………………… 256
福建德化福崇宫率团调研妈祖文化 ……………………………………… 256
两岸青年“粽”情联谊　妈祖故里欢度佳节 …………………………… 256
海南临高县妈祖代表团参访中华妈祖文化研究院 ……………………… 256
广东汕头市妈祖文化交流协会进香团参访协会 ………………………… 257
山东省妈祖文化交流协会赴菏泽调研 …………………………………… 257
湄洲妈祖祖庙代表团参访广东普宁涂坑天后圣母庙 …………………… 257
湄洲妈祖祖庙林金赞董事长率团参访深圳龙岗天后古庙 ……………… 257
妈祖祈福行　重走郑和道 ………………………………………………… 257
福建福清市江阴镇重视妈祖文化 ………………………………………… 258
第四届“我爱妈祖”全球儿童画大赛评选活动圆满落幕 ……………… 258

广东省汕尾市海丰县妈祖文化交流协会成立 …………………………… 258
妈祖故里百姓舞台百姓舞 ………………………………………………… 259
平安塔灯光秀绚烂开演 …………………………………………………… 259
天妃故里遗址公园平安塔灯光启动 ……………………………………… 259
全球首尊高 3.23 厘米妈祖像捐赠给湄洲祖庙 …………………………… 259
林氏宗亲会代表赴湄洲妈祖祖庙交流 …………………………………… 259
《妈祖文化小故事》即将登上“学习强国” ……………………………… 260
湄洲妈祖祖庙妈祖书屋正式对外开放 …………………………………… 260
携手旗袍情，共结妈祖缘 ………………………………………………… 260
展礼仪之美　扬文明之风 ………………………………………………… 260
一瓣香妈祖文化展览馆举行妈祖成人礼 ………………………………… 261
天津天后宫代表参访湄洲妈祖祖庙 ……………………………………… 261
中华妈祖文化交流协会与京视网手机台建立战略合作 ………………… 261
昆山妈祖交流团莅临中华妈祖文化交流协会 …………………………… 261
第十二届海峡论坛•湄洲妈祖文化活动周开幕 ………………………… 262
中华妈祖艺术团开展“志愿携手，大爱联动”文化下乡联谊 ………… 262
莆田学院“妈祖班”开班：培养妈祖文化传播人才 …………………… 262
妈祖文化传播实践基地签约 ……………………………………………… 262
连江妈祖研究会庆双节座谈会 …………………………………………… 263
城厢区妈祖文化交流协会送“双节”文化进乡村 ……………………… 263
齐心协力做好妈祖文化事业传承 ………………………………………… 263
“中国梦　妈祖缘”在厦举行 …………………………………………… 263
长岛客人访中华妈祖文化交流协会 ……………………………………… 263
山东省海峡两岸妈祖文化交流协会成立 ………………………………… 264
青岛举行 2020 妈祖秋祭大典暨两岸祈福仪式 ………………………… 264
天津天后宫举办庚子年秋祭大典 ………………………………………… 264
第四届“赞歌颂党恩•礼乐献妈祖”大汇演举行 ……………………… 264
第五届世界妈祖文化论坛在福建湄洲岛举行 …………………………… 265

"北斗应用示范岛"项目在湄洲岛启动 …… 265
第六届妈祖文化学术研讨会圆满落幕 …… 265
妈祖世界，瓷行天下 …… 265
闽粤妈祖文化交流系列活动开幕 …… 265
全人类的视角看妈祖文化 …… 266

园区建设

南沙天后宫景区免费对医护人员开放 …… 267
仙游客山公园变身闹市美丽公园 …… 267
湄洲岛打造红树林生态公园为妈祖圣地再添一景 …… 268
莆田推进妈祖文化公园规范建设 …… 268
天妃故里遗址公园续建工程妈祖书院、传习所上梁仪式隆重举行 …… 269
广州南沙天后宫景区举办妈祖文化旅游节 …… 269
澳门特区政府宣布推出"畅游澳门嘉年华"活动，澳门妈祖文化村复苏开放 …… 270
湄洲岛妈祖文化旅游区正式被评为国家级 5A 景区 …… 270

慈善活动

湄洲祖庙莆田会馆"浓情腊八·爱暖中华" …… 271
湄洲妈祖祖庙"慈善之光"春节送温暖活动举行 …… 271
陆丰举行"妈祖缘，迎新年，2020 爱你爱你"慈善系列活动 …… 272
湄洲妈祖祖庙组织队伍慰问老年人 …… 272
浙江苍南县妈祖文化交流协会成立妈祖应急救援总队 …… 272
湄洲妈祖祖庙董事长林金赞深入湄洲岛防疫一线送温情 …… 273
西胪妈祖义工队送口罩献爱心 …… 273
新型冠状病毒疫情防控中的妈祖人 …… 273
福鼎前岐妈祖宫助力一线防疫共克时艰 …… 274
连江县妈祖文化研究会众志成城抗击疫情 …… 274

海峡两岸妈祖宫庙为共同抗击疫情连线祈福 …………………………… 274
防控疫情：深圳龙岗妈祖文化交流协会在行动 ………………………… 274
泉州天后宫捐赠暖东京 ……………………………………………………… 275
同仰妈祖　共克时艰 ………………………………………………………… 275
湄洲岛组织志愿者　助力湄洲小学复学 ………………………………… 275
践行妈祖精神，倡导文明生活——妈祖义工在行动……………………… 275
广东陆丰市妈祖文化研究会慰问医护人员 ……………………………… 275
妈祖义工助力创城　“红色马甲”点亮一座城 ………………………… 276
霞浦松山妈祖义工护航高考 ………………………………………………… 276
义诊活动暖人心　妈祖精神在传播 ……………………………………… 276
涵江妈祖人　双拥在行动 …………………………………………………… 276
情系边海防官兵　涵江妈祖人在行动 …………………………………… 276
义诊艾灸助力创城　妈祖人情暖社区 …………………………………… 276
仰恩学子“勤做公益事，争当妈祖人” ………………………………… 277
妈祖祖庙助力海岛振兴，共筑健康湄洲 ………………………………… 277
湄洲妈祖祖庙举行 2020 年奖教奖（助）学大会 ……………………… 277
“第三届家贫子读书·中华妈祖扶智奖学金”颁奖仪式举行 ………… 277
安全血液救生命　人间共沐妈祖情 ……………………………………… 278
莆田市妈祖志工队成立 ……………………………………………………… 278
第二届中华妈祖全球行奖学颁奖大会隆重举行 ………………………… 278
莆田涵江区妈祖文化交流协会开展重阳节敬老活动 …………………… 278

妈祖文化
年鉴
2020

第一部分
学术与研究

专著文集

专著

●《妈祖文化小故事》

陈祖芬、郑丹凤主编，福州海峡文艺出版社出版。全书稿约有10万字，分为5个主题，主要内容有妈祖经典故事传说、妈祖文学作品节选等。书稿题材多样，有古诗、有民谚、有歌曲，雅俗共赏，更容易被读者接受和喜爱。文字通俗简单更容易被读者理解。本书稿的出版主旨是希望读者通过阅读，较为全面地了解妈祖其人、其事，更重要的是能够领会和学习其中“立德、行善、大爱”的精神，弘扬正能量。全书稿既有前人的传世经典，也有今人的真情流露。

●《妈祖的传说》

吴心亦撰图，吴晓萍撰文，中国美术学院出版社出版。本书语言流畅、故事跌宕起伏、画面叙事性强，充分体现了中国经典传统文化的魅力和内涵。本项目绘本创作由中国美术学院影视与动画艺术学院党总支书记王其全、插画系主任陈敏、插画专业资深教师王剑武、学院分团委书记杜昕等诸位老师带领，创作团队全部为插画专业研究生。该团队成员已正式出版或计划出版多种绘本，并获多个奖项。本书绘画作者为本团队学生。

●《妈祖的传说》

于水、倪春培绘画，谢宝耿改编，上海人民美术出版社出版。故事讲述妈祖娘娘在降生、成长、修行、得道的过程中，用善良、宽容、舍己为人的生活态度影响周围人，并一次又一次不惜牺牲性命也要救百姓于水火的感人故事。通过妈祖的传说故事，歌颂了人间大爱，为帮助天下众生所做出的无私奉献，将优秀的传统美德和品质继续弘扬。

●《妈祖精神摭谈》

郑世雄著，海峡文艺出版社出版。该书主要为作者围绕妈祖进行的各项研究和阐述，从妈祖文化的社会基础、文化传承、亲民意识、爱国情怀、崇善观念、人格魅力、社会意义、信仰文化、爱国主义等角度对妈祖精神进行论证。该书的出版，对助力妈祖文化研究，促进妈祖文化全世界范围内传播大有裨益。

●《妈祖文化教育新论》

宋建晓主编，海峡文艺出版社出版。本书为莆田学院开设的“妈祖文化教育”课程教材，共分为四个篇章，第一篇章为传承与发展篇，概述妈祖文化和妈祖文化教育，介绍妈祖文化发展历史和妈祖文化传播状况；第二篇章为立德行善大爱篇，立德、行善、大爱是妈祖文化的核心精神；第三篇章为正义拼搏坚韧篇，正义、拼搏、坚韧是妈祖文化的基本秉性；第四篇章为平安和谐包容篇，平安、和谐、包容是妈祖文化的目标追求。书稿对于促进妈祖文化在新时期的传播和推广能够起到一定的作用。

●《广东民间信仰文化探析》

贺璋瑢著，社会科学文献出版社出版。由于自然的及历史的种种因素，广东境内又被分成几个独立的区域，即广府、客家、潮汕和以高州、茂名、湛江一带为中心的粤西地区。笔者以上述四个区域为单位，分别梳理与探讨广东民间信仰文化的历史之流，广东民间信仰文化的主要神祇、广东民间信仰文化的表现特征与广东民间信仰文化的社会历史作用与影响。本书的优长特色在于研究思路具有自觉的系统性。面对广东民间信仰文化组成的复杂性，既从纵向方面梳理了广东地区民间信仰从秦汉至明清时期的历史之流、广东民间信仰的主要神祇；又从横向方面对四个板块分别进行阐述分析。在此基础上进而阐述广东民间信仰的表现特征、社会历史作用与影响，旨在对分散现象的集中抽象，从宏观上把握民间信仰的基本特征，以避免认识的碎片化。通过纵横交错的有机安排，使广东民间信仰的研究呈现出科学完整的体系性结果。

●《中华吉祥文化丛书　民间信仰卷》

刘德龙主编，李然、肖之芳著，泰山出版社出版。本套丛书是从多角度系统阐述我国吉祥文化的著述。本套丛书分为民间艺术卷、民间信仰卷、人生仪礼卷、饮食卷、服饰卷、商贸卷、文字卷、语言卷、动物卷九卷，互为体系，又各自成篇。各卷著述选取了大量吉祥文化事象，进行系统详细的分析与阐述，形成了各自的理论体系。为了增加可读性，本丛书用通俗易懂、生动活泼的语言叙述，用各种故事传说渲染，并配以插图，图文并茂。既适合研究者阅读，也适合大众读者欣赏。

●《唐宋民间信仰》

贾二强著，科学出版社出版。本书以小说笔记材料为主，尝试对以唐宋时期为截面的古代民间信仰进行复原、考证，从传统的神观念、鬼观念、佛教的民间信仰化三个主要方面进行剖析，是研究古代民间信仰的著作。

●《闽南民间信仰》

连心豪、郑志明主编，福建人民出版社出版。本书按类型将闽南民间信仰分成自然山川、生育女神、冥厉瘟神等八大类，在全面反映闽南民间信仰概貌的基础上，又从中选择最具代表性的宫庙和最有闽南特色、有专庙奉祀的神祇着重予以介绍，力图从民间信仰的视野体现闽南与台湾之间深远密切的历史文化渊源关系。

●《祈福妈祖》

马慧娟编，黄海数字出版社出版。

●《妈祖典籍选编》

许更生编，海峡文艺出版社出版。本书选编了宋、元、明、清代关于妈祖的典籍文献和相关碑文。

文集

《妈祖　葛沽　世界》

刘静华主编，天津杨柳青画社出版。本书较全面地展示了妈祖文化在天津的历史传承及近现代发展情况。书中详尽描述了天津妈祖文化的渊源，呈现了非常全面的历史风貌。作为天津的非遗项目，图文中有当代妈祖走出天津，走向世界的盛况记载，也有罕见的刚刚被发掘的传统皇会的白描及彩图画稿，这部分资料丰富了史料的同时，也更加完整地为读者呈现了北方妈祖文化的全貌。2009 年“妈祖信俗”被联合国教科文组织列入《人类非物质文化遗产代表作名录》，妈祖文化更是成了全人类尤其是 21 世纪海上丝绸之路沿线国家共属的精神财富。本书对于妈祖文化的研究建立在诸多史料研究基础之上，尤其是《皇会图》资料的再发现，对于妈祖文化更是起到积极的助益作用。

《妈祖文化年鉴 2018》

林明太编，厦门大学出版社出版。2020 年出版的《妈祖文化年鉴 2018》是莆田学院妈祖文化研究院与湄洲妈祖祖庙董事会联合编撰的文献性、资料性年鉴，是开展妈祖文化学术研究的基础性资料之一。本卷主要收集 2018 年 1 月 1 日至 12 月 31 日妈祖学术研究论著、论文、期刊、学界概况等以及国内外有关妈祖文化的各种重要活动、事件，让广大专家、学者和社会各界更全面地了解妈祖文化的内涵和发展动态，以此促进妈祖文化的学术研究，更好地传承与弘扬妈祖文化，为当代社会政治经济发展服务。

论文摘要

文创视角下妈祖卡通人物的形象设计

陈　虹

《厦门理工学院学报》2020 年第 6 期

妈祖民俗文化作为海洋文化的重要组成部分，为文创设计提供了丰富的题材。文创视角下，妈祖卡通人物的形象设计，应在清晰不同阶段原型的身份、外貌、性格、地域特征的基础上，结合卡通造型和设计方法，运用变形、夸张、简化和点、线、面元素组合的造型手法，细化造型，达到形、神、蕴统一。同时，应扎根并深化妈祖民俗文化内涵，拓展作品领域，提升造型能力，设计出符合不同消费人群需求的妈祖卡通人物形象。

中国海洋文明背景下妈祖文化创新传播研究

胡欣欣　张清荣

《文化产业》2020 年第 36 期

妈祖文化是中华优秀传统文化的重要组成部分，与中国海洋文明息息相关，在民间信仰中占据一定的比重。随着时代的发展，创新传播方式在妈祖文化的知识体系和社会联系中具有重要作用。文章论述了在中国海洋文明背景下妈祖文化的传播形式、文化产业效益、教育功能等方面的特点，并针对性提出了品牌联名传播、延伸 IP 产业链以及发扬学校教育功能等对策，指出新形势下的妈祖文化研究不能只停留在表层，而需要在传承的基础上推陈出新。

南靖县妈祖信仰田野调查报告
——以梅林天后宫为中心

连心豪

《闽南师范大学学报》2020年第4期

依据田野调查资料以及相关文献，以梅林天后宫为例，考察南靖县妈祖信仰的历史及其缘起，发掘海外华侨踊跃参与重修梅林天后宫的史实，并分析梅林妈祖文化节妈祖信俗诸事象。

妈祖文化视觉元素在环境艺术设计中的运用研究

林丽芳　王　敏

《池州学院学报》2020年第6期

妈祖文化经历了长期的积淀与发展形成了一种独特的地域文化，在追求文化传承与发展的时代背景下，将妈祖文化融入现代环境艺术创作中，对于现代环境艺术创作水平的提升具有极大的促进作用。基于此，在挖掘妈祖文化视觉元素的基础上，结合妈祖文化视觉元素在现代环境设计中的再现形式，探讨了妈祖文化视觉元素在现代环境设计中的具体运用。

海南疍民咸水歌中的海神崇拜

申素祥

《南海学刊》2020 年第 4 期

咸水歌是疍民集体记忆和精神世界的表征。海南疍民咸水歌以海洋生活为表达主题，其咸水歌便与海神信仰有了千丝万缕的联系，由此产生了兄弟公崇拜、五龙公崇拜、海螺姑娘崇拜、观音崇拜、妈祖崇拜等海神崇拜。在多元化海神崇拜背后，它表达了海南疍民积极进取的海洋意识，重现了中国传统的报恩观念以及对族群记忆的独特书写。

海神信仰的“叠合认同”建构

——基于山东周戈庄村“龙王—妈祖”信仰的调查

宋宁而　宋枫卓

《南海学刊》2020 年第 4 期

田横祭海节举办地周戈庄村的海神信仰存在多神共存的现象，供奉本地海神龙王和外来海神妈祖的两座庙宇毗邻而立，且庙宇的外观与内部格局设计以及所受香火基本对等。以结构化理论视角看海神信仰的“叠合认同”，多神共存的信仰结构既是信仰者能动性认同的“制度化”结果，又是信仰认同得以实施的中介，两者之间具有辩证的“结构二重性”。人们对神灵的祭拜行为是在特定社会系统中实施的，是结构化的行动；同时，信仰体系是动态化的行动建构的结果，是行动化的结构。在沿海渔村的现代化进程中，行为对结构的改造与结构对行为的适应所构成的互动影响着海洋文化的传承。

疫情下妈祖信俗传承的危机与应对

王福梅

《莆田学院学报》2020 年第 6 期

分析新型冠状病毒性肺炎疫情下妈祖信俗非物质文化遗产传承遇到的危机以及各方的应对策略，在此基础上，对今后妈祖信俗传承工作提出若干建议。

论东南亚妈祖文化对“海丝”建设的积极功能

柯 力

《莆田学院学报》2020 年第 6 期

妈祖文化体现了以人为本、与人为善，与大自然和谐共处的海洋精神。在“海丝”建设中，妈祖文化是东南亚地区华人的精神凝聚力、文化认同感与归属感的重要来源，提升了东南亚华人的中国文化认同感、促进了中国与东南亚国家的经贸往来。

妈祖文化沿陆上丝绸之路向中国西北地区传播初考

郑丽航

《世界宗教研究》2020 年第 6 期

从陕西西安往西北，经今甘肃、宁夏、青海、新疆等地区，是通往中亚、西亚的古丝绸之路东段、中段，自古是东西方经济文化交流通道及中国西北边防重地。元明清以来，作为一个从东南沿海走出的海神、水神，妈祖开始渐次远播至这些地区。传播的原因主要是朝廷官方军事活动、边疆治理以及闽粤移民的流播，其影响到了现在，仍有当地游牧民族因为妈祖能带来他们所需要的水源而虔诚祭拜。

妈祖信仰的宗教社会学研究
——兼与关帝信仰比较

彭　睿

《世界宗教研究》2020 年第 6 期

从社会合作视角，本文重新梳理了妈祖信仰构建史，并与关帝信仰进行了比较，旨在揭示唐宋（尤其宋）之后大众普遍神信仰兴起的内在逻辑。他们是为适应中国社会需要，以融合儒释道三教优势伦理而形成的，一种简洁的或低成本的，能覆盖包括普遍性“横向合作伦理”在内的所有社会合作伦理类型的，可以同时表达个体福祉和多层面集体福祉的信仰象征。大众普遍神信仰作为中国大众宗教的典型形态，存在多样性，他们与儒释道一同构筑了中国“多元一体”宗教格局。

“双轮驱动”下妈祖文化的微信传播

许元振

《妈祖文化研究》2020 年第 4 期

妈祖文化的微信传播，在文化事业和文化产业“双轮驱动”下，呈现出新的传播形态。一方面，传播主体多元化与内容表现形态日趋多样化；另一方面，出现官媒的公益性传播与自媒体的商业化传播两个维度。公益性和商业化相辅相成，共同推动妈祖文化在移动新媒体的可持续传播。

妈祖文化跨境联系在新媒体时代的展示
——以湄洲妈祖祖庙为例

邹雨欣

《妈祖文化研究》2020 年第 4 期

妈祖文化与海上丝绸之路紧密相连，妈祖文化跨境联系备受人们关注。在直播、短视频蓬勃发展的今天，不仅为妈祖信仰的传播带来新的契机，也面临新的挑战。本文以湄洲妈祖祖庙为例，分析其在抖音和 YouTube 两个平台上的视频内容，揭示妈祖文化跨境联系的特点：一是境内传播注重多平台互动、传播形式的创新、短视频的视觉化和表演化等策略的运用；二是与境外宫庙对比突出境外传播的空白与不足。本文从视觉化、景观化的特性与趋势着眼，进一步探讨营造“媒介奇观”来传播妈祖文化的策略。

莆田市妈祖民俗体育项目开发研究

詹金添

《妈祖文化研究》2020 年第 4 期

妈祖民俗体育是妈祖文化的重要组成部分，是妈祖文化的活态载体，在妈祖信仰发祥时就存在，伴随妈祖信仰的发展而发展，所以挖掘与开发妈祖民俗体育就显得重要且有意义。文章从妈祖敬仰者参与纪念妈祖的祭奠类、节庆类、敬仰者进香类、出游类各项活动中去挖掘妈祖民俗体育，也结合妈祖发源地的平台挖掘滨海妈祖民俗体育，同时结合现代体育发展的趋势进行创新，建立闽台港澳四地的妈祖民俗体育圈，构建海上丝绸之路沿线国家妈祖民俗体育圈，并提出妈祖民俗体育项目开发策略，促进妈祖民俗体育资源的可持续发展。

妈祖精神融入地方高校人才培养的过程、困境与对策

——以莆田学院为例

叶燕霞

《妈祖文化研究》2020 年第 4 期

在我国的民族文化中，妈祖精神的行善、立德、大爱等内涵，和当今社会主义核心价值观的元素有着高度的契合。而这些内涵和精神对地方高校人才的培养，也起到了巨大的促进作用。本文正是基于以上角度，对地方高校人才培养融入妈祖精神做分析和探究。

中国社会科学院古代史研究所所长卜宪群研究员致辞

——妈祖文化与构建人类命运共同体

卜宪群

《妈祖文化研究》2020 年第 4 期

肇始于宋代的妈祖信仰与传承一千多年的妈祖文化，是中华优秀传统文化的有机组成部分。今年妈祖论坛的主题是“妈祖文化与人类命运共同体构建”，我认为这是一个非常好的主题。在当前世界政治军事冲突不断，经济纠纷纷纭，特别是某些大国完全以自己的利益与价值观霸凌世界，致使人类文明面临陷入相互对立，甚至以邻为壑的严峻时刻，弘扬妈祖文化精神，具有十分重大的现实意义。

福州地区古代妈祖信仰的传播

范丽琴

《妈祖文化研究》2020 年第 4 期

福州妈祖信仰是福州民俗信仰的重要组成部分，它大致始于社会经济发展、海事活动频繁、海外贸易逐渐发达的宋代。明清时期，随着福州港地位的提升、福州航海事业的发达、海外贸易进一步加强以及郑和下西洋、册封琉球使者等海事活动的推动，福州妈祖信仰极为兴盛。民国以后，随着科学知识的发达，福州妈祖信仰有所衰落，但仍较为兴盛，时至今日，福州妈祖信仰仍绵延不绝。本文基于福州地方史料记载，重点考察福州主要海神信仰之一妈祖信仰的起源与古代传播情况，以便于人们更深入地了解福州妈祖信仰民俗文化。

妈祖文化在地化：马来西亚的一个个案研究

吴明珠

《妈祖文化研究》2020 年第 4 期

妈祖的膜拜是华人非常普遍的民间信仰。马来西亚华人社会是移民社会，华人在陌生的异地谋生，会祈求乡土神明的保佑，寻求精神上的慰藉和鼓励。方言和地域群体集结聚居后，就建庙宇祭拜自己的乡土神明并建立会馆。本文以马来西亚一个华人聚居区适耕庄的水尾圣娘庙为考察对象，呈现妈祖信仰和庙宇在华人移民播迁马来西亚的历史过程及其在现代社会中对华人族群的功能及其演变过程。

潮州妈祖信仰传播初探
——以东门天后宫为核心

苏何诚

《妈祖文化研究》2020 年第 4 期

本文以建于元代潮州最古老、最具代表性的妈祖庙“东门天后宫”作为研究的核心，探讨潮州妈祖信仰的传播特点。本文之探讨主要分为两部分：其一，韩江流域作为潮州妈祖信仰的主要传播管道，有别于妈祖信仰在其他地区的传播方式，成为潮州文化中具有特色的组成元素之一。其二，自宋代以来，闽人多迁潮，且多为莆田的官宦世家，莆田则是中华先民南迁的中转站。潮汕大部分林氏家族，都是来自莆田的宋九牧后裔；相传妈祖林默是“莆田九牧”林氏之女，因此妈祖被后代的林氏宗亲列为祖宗之一来崇拜，这也成为潮州妈祖信仰的传播渠道之一。

道士驻庙与妈祖信仰

林美容

《妈祖文化研究》2020 年第 4 期

台湾北部有少数庙宇，有道士驻庙的情况，台湾南部也有少数庙宇有法师驻庙的情况，本文将论析道教或法教神职人员驻庙的情况，强调其与都会民众的仪式需求有密切的关系，也将论析庙中有坛的时代意义。本文特别针对台北大稻埕慈圣宫（妈祖庙）驻庙道士朱堃灿，及其道法二门的仪式服务与妈祖信仰之间的关系进行剖析。

妈祖文化信仰中的灵性与叙事治疗效果探析

刘峯铭　姜　哲　郑若宜

《妈祖文化研究》2020 年第 4 期

本文从信徒对妈祖崇拜所蕴含的独特文化、虔诚信赖方式和后现代心理咨询中的灵性咨询与叙事治疗法进行整合分析。在神灵与信众之间独特的信任关系下，人与神之间的互动恰如灵性咨询的自我超越和联结，其过程又与叙事治疗的外化与倾心聆听有一致的效果。研究发现，信众在礼拜妈祖过程与人神互动中，除功利性的祈求外，还会积德修身、敬天爱人，常因此而得到灵性感悟，达到灵性咨询的效果。而在向妈祖祈求消灾解厄或举香喃喃叙事的礼仪中，竟也一点一滴地获得叙事治疗的疗愈效果。

妈祖文化研究的新资料、新视野

——读《妈祖文化与明末朝鲜使臣》有感

翟金明

《妈祖文化研究》2020 年第 4 期

妈祖文化是中华优秀传统文化的重要组成，当前学界对妈祖文化研究横纵交错、史实结合，研究成果颇丰。本文对近期出版的《妈祖文化与明末朝鲜使臣》一书进行评论，认为本书利用朝鲜使臣笔下明末妈祖文化的相关记载，为当前的妈祖文化研究补充了新的内容，是妈祖文化影响朝鲜半岛的重要历史见证，也是海上丝绸之路研究的重要成果，有助于妈祖文化研究走向更广阔的天地。

论妈祖“六佾舞于庭”礼义乎
——以台湾为例

陈致颖

《妈祖文化研究》2020 年第 4 期

妈祖信俗被联合国教科文组织认定为“世界非物质文化遗产”，就台湾海岛的地理而言，因四面环海，所以岛民的生活、信仰、习俗多，也多与海相关联，受海洋文化影响甚深。依台湾民间信仰现况来看，海神信仰以妈祖为主，且有历久而弥新的现象。台湾妈祖祭典中以“六佾”祭之，尤为罕见，甚至可以说是创见。本文借由古籍文献探讨此复古的依据点为何，进而探讨现代是否有复其礼的必要。

闽台青年文化融合发展的困境与对策

林兆龙　杨　晓

《妈祖文化研究》2020 年第 4 期

闽台青年文化融合发展将加强闽台青年在文化领域的共同基础，推动福建打造成“台胞台企登陆的第一家园”，是两岸进一步“落实统一”和完善文化领域合作治理的重要组成部分。然而，台湾地区民进党执政当局却逆历史发展之潮流，不断为两岸青年文化融合发展设置障碍。当前，闽台青年文化融合发展存在的困境主要为资源整合力度不够，交流的内容不均衡，交流的实效性有待提升，交流缺乏制度保障等。为此，应该通过发挥执政党在闽台青年文化融合发展中的政治势能，强化台湾地区民间信俗妈祖文化的力量，增强闽台青年“体验式”和“融入式”交流，细化交流的制度化安排等举措，促进闽台青年文化的融合发展。

由民间走向剧场的妈祖舞蹈
——以舞蹈诗《妈祖》为例

吴小涵　杨旻蔚

《妈祖文化研究》2020 年第 4 期

2000 年，原南京军区前线歌舞团创作了大型舞蹈诗《妈祖》，这是一部由“妈祖”信俗文化传说改编而成的舞蹈作品。本文以该作品为例，以妈祖舞蹈从民间走入剧场的嬗变脉络为研究思路，归纳民间妈祖文化与当代剧场舞蹈艺术之间的衍生、互动与发展，阐析妈祖信仰舞蹈脱离民间信俗经济土壤、步入当代剧场经济后不同的受众定位与艺术发展规律。

《妈祖回家》：“两岸题材”的深度诠释与独特书写

赵卫防

《当代电影》2020 年第 12 期

在地缘政治剧烈变化的当下，海峡两岸题材的电影愈发显现出其独特的价值。由蒲剑执导的该类题材影片《妈祖回家》因这一特殊语境注定将得到更多的关注。在获得文化价值认同、促进两岸文化融通的同时，《妈祖回家》也取得了较高的美学价值。与其他“两岸题材”电影相比，该片对两岸关系有更深刻的思考与阐释，在叙事角度与类型选择方面也显示出了独特性。

文明互鉴视野下妈祖信仰传入长崎的历史考察

林　晶　吴雨桐

《福建论坛》2020 年第 12 期

作为中华文明的表象之一，妈祖信仰在传入日本长崎的整个过程中，或是以文学性的“神话传说”塑造起中日之间共同的“海神”信仰，或是以“唐三寺、妈祖祭祀、华人社会”为标志构筑起以长崎华人为主体的跨文化共同体，或是以“渡日高僧”与“分祀信仰”为媒介演绎成日本本土化的神道教信仰。在这一过程中，妈祖文化始终发挥着“文明互鉴”的有效功能，也成为中华文明走向海外的一大典范。

妈祖文化视野中的城市公共艺术
——以莆田市为例

柯立红

《闽江学院学报》2020 年第 6 期

妈祖是海上和平女神，莆田是妈祖的故乡，关注莆田城市公共艺术政策建设，有利于培育市民的创新动力。以妈祖文化艺术为导向的莆田城市设计，既可承载城市历史的主要文脉，又可凝聚市民集体的珍贵记忆，还能彰显特定场所的精神理念，更能为莆田创造永续的文化遗产和社会价值。莆田城市公共艺术要展现妈祖“仁爱”的人文精神与和谐理念，需要政府、艺术家和民众的共同参与。

《天后圣母事迹图志》中的妈祖形象

吕伟涛

《中国国家博物馆馆刊》2020 年第 11 期

妈祖在清代得到了前所未有的最高封号“天后”，在国家祀典中的地位也达到了新的高峰。因为时间上相对较近，现存的清代妈祖图画也是历代遗存中最为丰富的。特别是清代的圣迹图式妈祖绘画异军突起，取得了开创性的繁荣局面，成为妈祖信仰宣传最成功的手段之一，为清代妈祖文化的进一步普及做出了突出贡献。中国国家博物馆藏《天后圣母事迹图志》就是一套珍贵的圣迹图式妈祖图画。它由京津一带的北方画师所绘制，具有明显的地域文化特色，符合清代官员和士人阶层的审美需求。尤为重要的是，通过此套图册我们可以观察到妈祖由“凡俗”到“神圣”的不同形象，以及绘制者巧妙构思下的“留白”，体会到中国北方妈祖文化的独特魅力。

融媒体时代妈祖如何孵化 10 亿流量

卞军凯　吴伟锋

《中国报业》2020 年第 21 期

妈祖文化是我国优秀传统文化的代表。融媒体时代，通过传播话语转换，重塑妈祖形象，生产全新的融媒体产品，打通多元传播渠道，妈祖文化的融合传播取得了突破性成效，多次登上微博热搜、抖音热点的前两位，创造了超过 10 亿人次关注的现象级传播，为传统文化的融合传播提供了生动案例。

民间信仰与公共事务
——以台湾大甲镇澜宫为研究对象

卞　梁　连晨曦

《武陵学刊》2020 年第 6 期

妈祖信仰是台湾地区最典型且最具影响力的民间信仰，祭拜妈祖一直是台湾人民寄托美好祝福与愿望的重要途径，镇澜宫大甲妈祖祭拜即其中的典型代表。虽然妈祖和天后宫是以文化为主体的宗教概念与宗教实体，但长期以来镇澜宫所拥有的丰富的物资、文化、人脉资源使其在台湾有重要的社会地位，并对地方事务产生实质性影响。镇澜宫不仅在地区公共事务方面具有一定话语权，且能通过妈祖巡游祭俗活动呈现台湾地区政治格局的微妙变迁。同时，镇澜宫借由赴湄洲上香事宜，成为推动两岸民间往来、形塑两岸神缘的重要岛内力量。

文化旅游中体验共创对满意度的影响研究

罗　丹　马红钰

《梧州学院学报》2020 年第 5 期

“一带一路”倡议的提出以及 21 世纪新海上丝绸之路的政策落实，引起了妈祖文化旅游研究的极大关注。该文以湄洲岛妈祖文化旅游为研究对象，利用回归分析方法，验证妈祖文化旅游体验共创与满意度间的关系。研究发现：体验共创对旅游满意度具有正向显著影响。基于此，提出文化旅游中要挖掘文化特色资源，提高游客感知，设计互动性强的旅游产品，提高游客体验共创价值，达到提高旅游满意度的目的。

文化空间视阈下洞头妈祖祭典的传承和保护

黄梦丹

《河池学院学报》2020年第5期

“妈祖信俗”申遗成功，标志着妈祖文化正式成为全人类共同的非物质文化遗产，而其中的妈祖祭典，也承载着弘扬妈祖文化的特殊使命。洞头妈祖祭典至今已有400多年历史，近年来传统的妈祖祭典文化空间在政府的推动下进行了重构，形成以“妈祖平安节”为核心圈的文化空间。从文化空间角度出发，比较研究洞头传统妈祖祭典和“妈祖平安节”，发现重构后妈祖祭典文化空间存在民众参与积极性降低、神圣性减弱、缺乏地方特色的问题。从物质空间、精神空间和行为空间三个维度为洞头妈祖祭典的传承和保护提供建议。

基于妈祖文化的中职体育教学论述

陈世雄

《运动精品》2020年第10期

妈祖文化是中华民族的优秀传统文化，具有丰富的内涵，对现代中职体育教学来说具有重要现实意义。中职体育教学发展，对妈祖文化同样起着一定的传承和发扬作用，二者相互作用，相互促进。在中职体育教学中，可以通过以下途径有效且和谐地融入妈祖文化：借助妈祖文化故事，培养学生道德品质；以妈祖民俗为切入，丰富中职体育活动；拓展妈祖体育形式，增强体育文化比重。

运河文化带视域下妈祖文化资源与文创产业结合的策略研究

孙　光　范晓西　刘　宇

《艺术与设计》2020 年第 10 期

大运河文化是在运河中诞生和传播的物质和精神财产的全部，大运河文化带的研究以大运河沿线的物质遗产和非物质遗产为主要内容，以大运河相关的文化产业为主要媒介，以大运河文化带建设中众多的文化遗产为主要的关注点。妈祖文化作为运河文化带上一种源远流长的民俗文化，是运河文化带上不可或缺的文化因素，对社会有着潜移默化的影响。研究妈祖文化资源与文创产业相结合的策略，对妈祖文化资源进行深入研究，有利于妈祖文化的传承并可带动妈祖文创产业的成长。通过文创产业助推妈祖文化的传播，借助运河文化带拉动妈祖文化资源升级，发展妈祖文化创意产业，很好地保护、开发并挖掘了妈祖文化资源。

生态性环境下的福建省湄洲岛旅游产业发展路径探索

黄利剑

《经济研究导刊》2020 年第 28 期

世界自然保护联盟认为在对海岸公园开发的过程中，要以自然生态系统的保护作为主要的管理目标。多个国家和海洋保护区将海岸公园定义为具有一个或多个自然状态、具有地质地貌景观的海岸带地理区域，能够为人类提供生态、科研、教育为一体的生态活动场所。丰富的妈祖文化是湄洲岛在旅游产业开发过程中最典型的特征，因此，在湄洲岛旅游产业开发的过程中，要从妈祖文化出发，结合妈祖文化景观中蕴含的海洋性元素，从生态性环境的视角促进对湄洲岛旅游产业的开发，实现福建省旅游资源的可持续发展，带动当地的旅游经济，实现经济的快速发展。

闽东三大女神宫庙建筑特征及信俗初探

李英妹

《文物鉴定与鉴赏》2020 年第 18 期

“海上女神”妈祖、“妇幼保护神”临水娘娘和“健康平安神”马仙并称福建三大女神。文章从三大女神的行宫特征和信仰习俗两个方面进行初步探究，展现其深厚的文化内涵。

海神信仰的“叠合认同”：支撑理论与研究框架

宋宁而　宋枫卓

《中国海洋社会学研究》2020 年第 1 期

我国沿海地区的海神信仰存在多神共存现象。在海神信仰体系中，不仅包含不同的海神，内陆神灵也被纳入其中，海神信仰体系呈现人们对不同神灵的“叠合认同”。基于此现象，本文通过对以往相关文献的综述，梳理海神信仰“叠合认同”的相关理论，阐释海神信仰“叠合认同”的内涵、要素与特征，提出海神信仰“叠合认同”的研究框架。海神信仰的内在特质是“叠合认同”形成的前提，形成了海神信仰的内在结构和行为逻辑；外部因素是重要条件，为海神信仰的流动和变迁提供了客观的基础；渔村海洋实践中的适应性实践和反思性实践作为承接因素，在现代化的进程中推动了海神信仰的“叠合认同”。这三种因素的结合，共同推动了海神信仰的“叠合认同”进程。

在“外来”与“正统”之间：沧州地区妈祖信仰初探

杨春强

《中国海洋社会学研究》2020 年第 1 期

妈祖历来作为航海保护神由福建莆田向北传播。因京杭大运河贯通以及东临渤海的独特地理位置，妈祖信仰在沧州一地存在两种不同的传播路径，一方面妈祖信仰因漕运沿南运河两侧传入，一方面因参与海上运输交流在当地生根。妈祖信仰在明朝传入沧州后，与衍生于当地的“师傅林”信仰博弈，最终妈祖虽未能成为该地的主宰神，但也并没有消失，而是成为当地信仰空间中不可或缺的存在。

宋元之际“妈祖”取代“南海神”考

——兼论南宋庆元三年大奚山起义

李立人

《海交史研究》2020 年第 3 期

南宋庆元三年大奚山起义的保佑神，在后世记载中出现“妈祖”与“南海神”张冠李戴的现象一直为人忽略，但从这场平叛中宋廷的处理方式上，可见南海神至高无上的地位开始动摇。南海神信仰体系自身的局限和南宋理学家对妈祖信仰体系的建构，导致宋元之际“妈祖”的地位逐渐取代“南海神”。

宗教类文化遗产的活化利用探索
——以泉州天后宫为例

郭阿娥

《福建文博》2020年第3期

泉州天后宫为国家级重点文物保护单位。20世纪80年代重新开放以来，泉州天后宫通过恢复信仰活动、进行文物展示和从事文创开发三个途径，很好地将自身盘活起来。我国的宗教类文化遗产数量众多，泉州天后宫的个案，可以为宗教类文化遗产的活化利用提供经验借鉴。

妈祖文化产品设计研究与实践
——以《风大找妈祖》系列文创设计为例

钟锃琦

《文化创新比较研究》2020年第27期

妈祖文化属中国海洋文化的一支，传承有千百年之久，博大精深，是一代代沿海人民的独特信仰。文章简述了妈祖文化及其文创产品现状，并剖析设计过程。《风大找妈祖》系列文创产品的研发有利于妈祖文化的传播，为其他文化创意产品的研发创作提供实例参考。

庙宇塑造与地方记忆：芷江天后宫的空间建构

吴晓美

《原生态民族文化学刊》2020 年第 5 期

清代以来，国家对西南苗疆开始了大规模经济开发，沅水流域迅速商业化。芷江天后宫是闽籍客商进入该区域创建的十余间天后宫中唯一仍以庙宇角色存在者。如今，芷江地区妈祖信众基础不再，天后宫的核心神明被置换成观音，但其“内陆最大妈祖庙”的角色并未被放弃。不仅政府将之作为地方旅游名片打造，民众亦围绕遗存文物以生动的口述故事讲述妈祖参与区域开发的历史记忆，其背后隐含着“会馆—客民／庙宇—信众”的意义结构。这一结构中与庙宇相对应的“信众”包含土民与客民两个群体，作为庙宇的天后宫于是承载着土客共同创造地方历史的记忆。在各种宗教和非宗教因素的交互之下，芷江天后宫被塑造成一个神、庙分离却富有地方意义的神圣空间。

推进两岸心灵契合的民心工程
——以台湾四大民间信仰为媒介

汤毓贤

第七届海峡两岸（厦门）陈元光文化论坛论文集

妈祖、关帝、保生大帝、开漳圣王信俗由来已久，深植于闽南文化沃土，在闽台民间长盛不衰，都是信众广泛的民俗大神；开漳圣王还是台湾四大民间信仰中唯一有血脉传承的信仰。这些信仰的特点与社会功能，起初在于避灾祈祷的功利实用目的，给予人们精神支柱，起到安定社会的作用。后来随着台湾移民社会的建构，又逐渐被赋予政治化倾向和社会化功能，亦成为促成两岸同胞心灵契合的民俗文化能量，发挥推进契合两岸心灵的效应，对于新时期增强民族凝聚力、促进国家完全统一有着重要实践意义。

崇宗敬祖：传统村落生存发展的择优策略
——以广西桂林大圩毛村调查为例

龙晓添　杜亚娟

《社会治理》2020 年第 9 期

圣母宫是广西桂林大圩毛村黄氏进行信仰生活和宗族治理的重要文化空间，历史上圣母宫的空间职能及其主神地位都发生过变化，且与民众信仰心理的变化及经济生产方式的转变密切相关，圣母宫主神地位的更迭反映的是人们的生存策略。无论是妈祖信仰还是祖先崇拜都与历代毛村人实际的生产生活需要密切相关。对于当代被列入中国传统村落名录的毛村来说，崇宗敬祖不仅是一种民间信仰，还是一种生存发展的择优策略。

身份认同：台湾新文学中妈祖书写的观察维度

许　正

《妈祖文化研究》2020 年第 3 期

本文从想象中国的方法、族群共同记忆的召唤、外省第二代的身份追寻三个层面分析台湾新文学史上的妈祖书写。妈祖意象在台湾宗教文化与文化认同上具有重要意义，本文通过妈祖意象在台湾族群身份认同上的游离与回归，印证台湾文学作为中华文学支脉的基本特质。

民国时期闽粤申请保存妈祖庙史实考述

陈金亮

《妈祖文化研究》2020 年第 3 期

民国十七年至民国十八年广东、福建申请保存妈祖庙，并将庙名改为林孝女祠，这是民国时期妈祖信仰发展史上的重要事件。该文试图在前人研究成果的基础上，充分发掘档案、报刊、地方志等相关文献，对此事件加以详细考述。文章认为，妈祖信仰所蕴含的孝悌、扶危济困、护国佑民精神是民国时期妈祖信仰得以传承发展的根本。妈祖信仰广泛的群众基础是民国时期妈祖信仰传承发展的力量源泉。民国年间包括妈祖信仰在内的民间信仰的发展总体处于低潮之际，民国十八年，内政部将妈祖按照先哲加以崇祀，通令保存妈祖庙的指令尤显其重要意义，使得民国时期的妈祖信仰在曲折中传承绵延。

闽台两地妈祖文化交流 40 年回顾与思考

陈国成　艾士易

《妈祖文化研究》2020 年第 3 期

妈祖作为“海上和平女神”，在新的历史时期扮演着“和平使者”的角色。40 年来海峡两岸妈祖文化交流历程大致可以分为零星交流、单向交流、双向交流、全面提升和政治阻挠阶段五个阶段，当前两岸妈祖文化的交流特点也趋向多元化、直航化、高端化、专题化、规模化。新时代提出海峡两岸妈祖文化交流的新思考，要研究妈祖文化，深化人类命运共同体的内涵；发掘妈祖文化，不断彰显其蕴藏的传统美德；传承妈祖文化，不断丰富其应有的时代内涵；弘扬妈祖文化，不断发挥其亲和的感召作用；宣传妈祖文化，打造湄洲岛妈祖祖庙的国际旅游名片。

妈祖文化融入海洋命运共同体的价值与路径

郑丽萍

《妈祖文化研究》2020 年第 3 期

妈祖文化作为中国海洋文化的重要构成部分，妈祖文化中“立德、行善、大爱”的精神与海洋命运共同体的内在价值具有一定的契合性，妈祖海洋文化为海洋命运共同体的建设提供了中国智慧，妈祖文化已经成为沿海国家情感连接的纽带，具有超越意识的向心力，是人类文明智慧的结晶，它在世界上具有重要而深远的历史意义。

越南胡志明市华人“天后圣母崇拜”的研究

阮福才　阮顺贵　陈氏金黄

《妈祖文化研究》2020 年第 3 期

宗教信仰在越南，尤其胡志明市华侨华人的文化与生活中扮演着一个非常重要的角色。他们供养许多神灵，如关公、财神、土地神、天后等等。本文通过田野调查，对越南胡志明市华人的天后圣母信仰崇拜展开比较客观全面的研究，呈现越南胡志明市华人崇拜天后圣母的信仰仪式、历史本源及其演进过程，以及从哲学角度来研究天后圣母信仰中体现的人生观。

两岸妈祖文化交流与民众文化认同感建构

连晨曦　李　晶　黄后杰

《妈祖文化研究》2020 年第 3 期

妈祖文化在台湾地区的流播传承历史悠久，其中所蕴含的海峡两岸血浓于水、同宗同源的文化根脉在历史变迁中不断延续，并深刻影响台湾社会的流变转型。两岸妈祖文化交流与宗族关系、乡土情结、民间信仰互动等息息相关，对于维系民众交流、增进两岸互信、构建台湾民众的中华文化认同具有积极的推动作用，在新的历史时期，应当发挥妈祖文化的独特优势，促进两岸交流融合。

妈祖形象与妈祖崇拜的传播与接受

张宁宁

《妈祖文化研究》2020 年第 3 期

历史文献关于妈祖的记载是后代妈祖形象符号化的载体，妈祖灵验故事的广泛影响使妈祖形象逐步符号化、象征化。在妈祖崇拜中，妈祖由最初的巫女形象逐步演绎成宗教神灵，在中国社会中产生深刻的信仰力量。本文拟从历史、政治与宗教因素角度探索妈祖形象的生成与接受，深入阐释妈祖崇拜的文化内涵。

论妈祖文化与旅游经济的融合

——以湄洲岛国际会展中心郡雅酒店为例

汪　琼　李文武

《妈祖文化研究》2020 年第 3 期

如何有效、可行地整合当地文化与当地旅游经济，一直是旅游经济中的一个重要话题。福建莆田湄洲岛作为妈祖文化的发源地，如何融合妈祖文化、克服岛屿限制等困难、拉动当地经济发展，是一个极具价值的典型案例。文章结合近年来的旅游数据分析及妈祖文化内涵与酒店文化的互动，对融合二者做深入探讨。

传统文化在高校拓展式教学的实践与创新

——以妈祖文化类课程为例

吉　峰

《妈祖文化研究》2020 年第 3 期

传统文化在高校的普及，不是有没有必要的问题，而是要探讨如何才能做得更好的问题。基于此，本文从个案角度入手，以妈祖文化类课程的教学情状，继而阐发传统文化拓展式教学在高校的实践与创新。主要以公选课《闽台妈祖文化传播》为切入点，提出传统文化在高校的拓展式教学，主要体现在四个维度：一是学科方面的拓展；二是技能方面的拓展；三是授课渠道的拓展；四是课程思政的拓展。

性别视野下小岞“惠安女”妈祖信仰研究

范正义

《宗教社会学》2020 年第 1 期

当前，小岞民俗活动组织者（男性）为了利用国家级非物质文化遗产“惠安女服饰”这一品牌来提升村落的声望，组织大批惠安女参与游神绕境。可见，惠安女参与游神绕境，是出于服务于男权社会的目的。但是，惠安女大量出现在游神绕境中后，她们在当地信仰活动中的地位，就从传统的为个人、家庭祈福的“私”的角色，转换到了为整个村落祈福、争光的“公”的位置。特别是一些虔诚的惠安女创建妈祖庙的举动，更进一步将她们推向了村落公共领域的前台。惠安女的信仰领域由“私”向“公”的演变，不是村落社会内在发展理路的结果，而是与外在社会的快速变迁密切相关。正是由于非物质文化遗产已经演变为一种重要的文化资本，惠安女作为这一文化资本的承载者，才能够挤占和侵蚀男性的仪式空间，改善自身在当地性别结构中的地位。

妈祖宫庙与福建会馆的空间关系和空间意义

郭玉琼

《厦门理工学院学报》2020 年第 4 期

历史上离乡背井的福建人在移居地兴建妈祖宫庙与福建会馆，宫馆空间最初往往合二为一。闽人在宫馆中进行祀神、议事等社会生活，帮助其完成身份认同，塑造族群共同体，更顺利地适应环境，谋求发展。随着时代发展和社会变迁，妈祖宫庙与福建会馆的空间关系呈现出从合一走向分离的趋势，其文化传承的空间意义愈加凸显。从再造原乡到文化传承，妈祖宫庙与福建会馆不仅是地理的、物质的空间，也是社会文化的空间，既是展示和传播中华文化的媒介、载体，又是凝聚“海丝”沿线全体闽人乃至华人的纽带、桥梁。

妈祖文化的认同建构与全球传播
——以纪录片《天下妈祖》为例

胡　骞

《莆田学院学报》2020 年第 4 期

从文化认同的角度，阐释纪录片《天下妈祖》在视听呈现与叙事安排方面的影像实践。认为“深入生活”为该片主创人员提供了创作思路和制片原料，即重构视听元素，铺设叙事节奏；重拾历史记忆，实现自我生命叙事；梳理空间脉络，呈现传播图景。以此在影像制作的层面陶铸了观众认同的基础。进一步透过文化引领价值观认同的过程，剖析了该片所呈现的妈祖影像在全球传播的创新取径：建构受众对妈祖的多维认知、精准解读妈祖信仰内涵以及层层凝练自我实现与家国情怀。

一庙多神：山东半岛羊口镇妈祖信俗的多层性

崔　凤　王宇萌

《中国渔业经济》2020 年第 4 期

在山东半岛，妈祖信俗设施存在“一庙多神”现象，即庙中除了供奉妈祖外，还供奉着其他的神，如关公、龙王等。“一庙多神”现象不仅体现在所供奉神灵的多样性上，还体现在众神的地位差异上。在天妃宫中，妈祖是主神，关公、龙王等是附神，而“寄养神”则是“客人”。在功能上，各神虽有所分工，但都要维护妈祖的主神地位。天妃宫之所以会出现“一庙多神”现象，如果从海洋实践的视角来看，其原因主要是海洋产业的多元化、妈祖由“专神”转变为了“众神”以及区域信仰空间的形成等。

石雕艺术中的乡愁
——湖南芷江天后宫门楼石雕艺术探析

王庆婵　罗明金

《美与时代》（上）2020 年第 8 期

芷江天后宫位于湖南省芷江县舞水西岸，与县城隔河相望，是我国内陆现存规模最大的“妈祖庙”。芷江这座天后宫之所以著名，不仅是因为占地面积广，更因为其门坊石雕艺术历史悠久、内容丰富、技艺精湛，融合福建湖南两地地域文化特色。通过对门坊石雕的内容分析，探究这座妈祖庙能够在距福建千里之外的芷江长存且被当地人广泛认同的原因。

妈祖音乐研究综述

易音晓

《艺术评鉴》2020 年第 14 期

妈祖信仰是中国优秀文化遗产之一，妈祖音乐作为妈祖文化的表达形式，承担着传承、传播妈祖精神的重要使命。近年来，妈祖音乐研究成果有所增加，但主要侧重于其内涵以及历史发展方面，或是针对某一专题研究，研究范围较窄，缺乏系统深入的探索。妈祖音乐研究要突破困境，进行多维度、多层次的研究，从而取得稳定的长足发展。

用妈祖文化联结台北和上海的“家”

——走近上海非遗妈祖文创空间“默空间”掌门人杨妍蓁

修　菁

《台声》2020 年第 14 期

刚刚过去的端午节，位于上海长宁区的非遗妈祖文创空间“默空间”，暖意融融。在沪的台胞和上海市民一起包粽子、参加妈祖绕境主题特展活动。“能有这样一个以妈祖文化为主题的文化空间，大家一起坐下来交流，回望先辈走过的路，是大家共同的心愿。”参与活动的台胞纷纷表示道。“感谢每一位来到这里的同胞乡亲，希望大家从‘默空间’走出，能感受到，其实两岸一样啊！并有兴趣进一步追溯这段共同的历史。”“默空间”的掌门人杨妍蓁来自台北，父亲是“老上海”。

闽台地区妈祖宫庙屋顶装饰艺术探析

陈志玉

《安阳工学院学报》2020 年第 4 期

闽台地区妈祖宫庙屋顶样式丰富，利用灰塑、剪粘及交趾陶等工艺创造出地域性浓厚、装饰性强的屋顶艺术，其屋顶装饰题材多样、寓意吉祥，包含实用功能、美化功能、慰藉功能及教化功能等，蕴含了海洋文化和中原文化等文化内涵。闽台地区妈祖宫庙屋顶装饰艺术具有强烈的艺术生命力和感染力，将随着妈祖文化的发展而不断传承与发展。

比较文化视域下妈祖文化特质与再传播策略

刘晓春　高　思

《哈尔滨师范大学社会科学学报》2020 年第 4 期

我国海洋文化风格上是激扬飞跃、恢宏开阔、浪漫富丽的，同时呈现出兼容并蓄特征；生产方式是以工商业为主；价值取向是重利、重实效的，追求和合；走的是内敛式发展路径，这与西方海洋文化走的是一条外向性掠夺式发展路径不同。一般学术界将妈祖文化定义为海洋文化，实际上，妈祖文化特质只在兼容并蓄、崇尚神仙、和合这一点上具有海洋文化特征，其精神内涵属于内陆文化，体现中原华夏文明更充分一些。“立德、行善、大爱”属于儒家文化。进入工业经济尤其是知识经济时代以来，全球经济一体化趋势形成，中西文化交流与融合加剧，妈祖文化要想获得优势地位，应改变传播策略。在人类命运共同体构建视角寻找到与妈祖文化的契合点，重新挖掘妈祖文化内涵，建立新的再传播模式。

妈祖文化的当代价值

陈祖英

《福建省社会主义学院学报》2020 年第 3 期

妈祖文化是在妈祖传说与妈祖信仰相互支持、相互作用的过程中逐渐形成的，以崇奉和颂扬妈祖立德、行善、大爱、和平精神为核心的一种具有海洋文化特色的民俗文化。虽传承千年，但在传承中华优秀传统文化、促进海峡两岸融合发展、担当“一带一路”建设文化使者等方面，依然具有独特价值。

基于情感化设计的文化创意产品设计探析

——以妈祖文化创意产品为例

吴玲丹

《莆田学院学报》2020 年第 3 期

针对我国文化创意产品普遍存在的情感缺失问题，提出将情感化设计的三层次理论引入文化创意产品的设计中，以情感化设计的角度审视文化创意产品开发中的问题及策略。尝试从情感化设计的角度出发，结合优秀文化创意产品设计案例，归纳文化创意产品在各层次情感化设计的内容及方法，并以妈祖文化为例，总结其文化创意产品开发的设计策略，以期为妈祖文化创意产品的进一步发展提供方向。

民俗信仰背景下琼南地区疍家舞蹈创作分析

何世飞

《大众文艺》2020 年第 12 期

疍家人长期生活在海上，他们的信仰习俗与陆地上的居民不同。疍家人对大海有着敬畏和依赖等特殊的情怀，他们向海神祈求庇护和保佑。疍家人崇信的神灵主要为妈祖。文章将从疍家的信仰着手，对疍家舞蹈《妈祖颂》进行分析，意在为疍家舞蹈文化的研究提供参考。

妈祖文化的仪式传播及其伦理教育价值

曾　伟

《莆田学院学报》2020 年第 3 期

基于人的社会性本质属性，由妈祖文化仪式传播所建构的伦理教育场景出发，运用田野调查及通过社交媒体展开的田野观察等方式，结合比较研究方法的运用，发现妈祖文化的仪式传播体现了人类社会的整合力量，让人们感受到休戚与共、守望相助的价值，为解决人与人之间的关系问题提供了本土民俗事项的内部经验。地方高校应更好地认知作为优秀传统文化重要代表的妈祖文化一直在发挥的传播民智、稳定社会、联络人脉等认同作用，探究妈祖文化的当代转型，构建伦理教育“中国话语”的理论自觉，促进优秀传统文化的创新性发展，推进地方高校伦理教育体系建设。

以湖南湘潭建福宫为中心的妈祖信仰探究

刘啸虎　白宇翔

《莆田学院学报》2020 年第 3 期

以湖南湘潭建福宫馆志和湘潭县志为中心，对清代湘潭地区的妈祖信仰情况进行了探究。分析建福宫形成背景及其神灵供奉体系，总结湘潭建福宫维持日常运转的管理体系，包括经营寺院经济、制定馆规等内容。在长期的发展过程中，以妈祖为福主的建福宫神灵体系逐渐形成，其信仰更渐趋“标准化”和“在地化”。但湘潭建福宫的妈祖信仰又有封闭性，这在一定程度上制约了其“标准化”和“在地化”的实现。

妈祖文化的世界性探析

郑仁炜

《莆田学院学报》2020 年第 3 期

阐述妈祖作为有中国传统文化价值观的海神，包含“仁义道德、相亲平等、和谐共荣”文化因子，与“和合”“天下为公”等中华传统文化价值观不谋而合。纵观诸多人海关系的神话和传说，妈祖和波塞冬堪称东、西方海神的代表，波塞冬被赋予霸权文化特征，而妈祖被赋予仁爱文化特征。通过物质与非物质两种形态传承，在构建人类命运共同体中发展妈祖文化，让妈祖文化成为“一带一路”的文化符号。

庐山马尾水旅游发展路径探析

卢嘉新　林雅情　王　敏

《台湾农业探索》2020 年第 3 期

以庐山马尾水为研究对象，判断其生命周期阶段，深度分析发展优势、劣势、机遇和挑战，以激发马尾水的旅游潜力，为促进庐山大旅游圈的发展提供科学依据。运用旅游地生命周期理论（TALC），从游客数量、产品特征和开发现状，分析判断庐山马尾水的生命周期阶段，并且运用 ASEB 栅格法构造分析矩阵，对庐山马尾水的市场现状进行深度分析。通过 TALC 研究发现：庐山马尾水接待游客总量呈逐年上升的趋势，但是现开发产品类型单一，未能满足游客的需求，而且存在管理混乱、知名度低和基础设施差等问题，认为庐山马尾水的生命周期处于介入阶段，并有向发展阶段过渡之势。运用 ASEB 栅格分析发现：妈祖文化和原生态自然环境是庐山马尾水最大的优势；劣势是基础设施破败、资源利用性不强等；机遇是庐山大旅游发展平台和文旅融合大背景等；威胁是位置特殊以及来自周边同类型旅游地的竞争。因此，建议从加强基础设施建设、提高旅游管理水平、加强对外宣传、拓展资金渠道等方面发展庐山马尾水旅游。

《闽台妈祖信俗与乡土文化互动发展研究：基于乡村治理视野》述评

俞黎媛　李志鸿

《世界宗教研究》2020 年第 3 期

改革开放以来，民间宗教信仰的“复兴”备受学术界的关注，专家学者们从民俗学、历史学、宗教学、人类学、社会学等不同视角加以探讨，成果最为丰硕者首推妈祖文化的研究。2009 年，妈祖信俗被列入世界非物质文化遗产名录，“妈祖热”已经成为不争的事实。2013 年，习近平主席提出打造 21 世纪“海上丝绸之路”的构想，2016 年 3 月，“发挥妈祖文化等民间文化的积极作用”被写入国家“十三五”规划纲要，妈祖信俗迎来了新一轮的研究热潮。学术界对妈祖文化的研究迅速拓展到经济、社会、文化、传播、管理等各个交叉领域，从跨学科视角进行研究成为一种趋势，各种妈祖文化开拓性研究成果正合时代之需，具有重要的现实意义。宋建晓教授的专著《闽台妈祖信俗与乡土文化互动发展研究：基于乡村治理视野》（人民出版社，2019 年 11 月），从乡村治理这一新颖的角度着手，把妈祖信俗的学术研究推进到一个全新的高度。

浅析德化窑妈祖瓷塑

张晓雯

《美术文献》2020 年第 6 期

德化窑起自宋代，创烧历史悠久，延续至今，在各个时期均有不同的特点，又以明清时期人物造型白瓷瓷塑最负盛名。本文以明以后德化窑妈祖瓷塑为研究对象，结合时代背景分析其造型纹饰的变化，引申出其中蕴含的闽南地区的妈祖文化信仰。

闽台妈祖音乐文化数据库的构想与策略研究

陈美静

《妈祖文化研究》2020 年第 2 期

闽台两地信仰妈祖，民间活动中蕴藏着形式多样的妈祖音乐。本文尝试在现代语境下探索闽台妈祖音乐文化的建库构想，阐述数据库建设平台的宗旨、目标、内容与总分库的设计分类等，展示出闽台妈祖音乐的基本面貌，并为更好地维护与开发数据库系统提出保护与发展新举措。

辽宁妈祖文化研究现状及其文献资料体系建构

曹　萌　张剑钊

《妈祖文化研究》2020 年第 2 期

虽然目前妈祖崇拜主要是在我国东南地区盛行，并成为沿海、沿江居民生活和文化的重要内容和构成，但是在辽宁，妈祖崇拜以及相关的祭祀活动也颇为流行。因而，探讨该区域的妈祖崇拜与信仰是一个值得重视的新课题。本文描述了辽宁妈祖文化研究现状与趋势，并在此基础上试图构建辽宁妈祖文化文献资料体系，以便从中看出同辽宁文化传承与发展有关的历史渊源或理论质素，以此对进一步弘扬和发展妈祖文化，对以海洋经济文化推动辽宁老工业基地振兴提供学术支持，对妈祖文化的深入研究提供新的模式。

妈祖文化在澳大利亚的传播和发展

林亦瀚

《妈祖文化研究》2020年第2期

本文旨在研究妈祖文化自19世纪50年代以来在澳大利亚的传播和发展。妈祖文化作为中国传统文化的重要组成部分，从发源地莆田湄洲沿着海上丝绸之路传遍世界各地。澳大利亚是一个位于亚太地区秉承传统欧洲文化的国家，其妈祖文化的传播和发展引人注目。本文从文献资料检索、媒体报道搜索和创建组织妈祖文化协会的实践中发现，妈祖民俗信仰在华人华侨社区和当地多元文化活动中得到了很好的传承和传播。本文介绍了位于圣诞岛、布里斯班、悉尼和墨尔本的6座妈祖庙宇；探讨了不同历史时期妈祖信仰传承的主要力量和华人移民的关系、妈祖文化和当地其他文化的融合，以及在多元文化社会中的传承和发展，以期为妈祖文化在海外的传播和“一带一路”建设提供有效借鉴。

英美西方社会对妈祖文化认知的现状

陈　昉　李丽娟

《妈祖文化研究》2020年第2期

为了调查妈祖文化在海外非华人受众中的传播情况并寻找效果更佳的推广方式或方法，课题组于2018年底通过网络平台对英美国家指定非华裔人群发放问卷。问卷数据显示，高达58%的被调查者表示完全不知道海神妈祖，认为自己了解了不少妈祖文化的人群只有7%。调查发现，这些人群对妈祖文化的了解都非常有限，但都表示有一定的兴趣。这说明妈祖文化在西方社会非华人群体的普及面偏窄，但有很大的推广空间，需要构建有利于妈祖文化跨语境传播、融通中外的话语体系。

妈祖文化融入社会工作价值观的理论与实践探索

——以 X 社区文化建设为例

杨　围　许元振

《妈祖文化研究》2020 年第 2 期

本文从理论与实践两个层面探讨了妈祖文化融入社会工作价值观的可能性。妈祖文化的价值内涵与社会工作价值观，在理想、理念、生命关怀、以人为本等几个方面都存在内在联系。本文以 X 社区文化建设为例，通过查阅文献和实地观察将妈祖文化融入当地社区文化建设中，使社区文化建设符合当地人的需求，能够引起居民参与社区建设的兴趣，在增加社区居民凝聚力的同时，形成有本土特色的社会工作价值观。

妈祖文化与北方“海丝”交集中的登州节点

——基于古代相关涉海文献的分析

倪浓水

《妈祖文化研究》2020 年第 2 期

位于北方“海丝”之路重要节点位置的古登州，既是由登州经渤海至高丽、日本的北方国际航线的始发点，更是南方诸港进入北方的中枢港口。妈祖文化通过海上丝绸之路向北方传播，登州是核心节点。早在宋代，登州地区的蓬莱、庙岛和附近密州板桥镇等地就建有妈祖庙。明代的漕运，进一步带动了妈祖文化向北方的传播，而登州是明代漕运由南入北的重要中转港口，在妈祖文化的北传过程中发挥了非常重要的作用。

西南地区明清妈祖信仰体系的构建

管庆鹏

《妈祖文化研究》2020 年第 2 期

妈祖信仰最迟于明嘉靖时期传入西南地区，盛行于清代中期。在西南地方官府、民众和闽籍官员、客商的共同努力下，从文本、勒石刻碑、造塑像等方面构建了妈祖的正面形象，促进了妈祖信仰在西南地区的传播，并试图纠正妈祖信仰传播过程中“似具失实”的讹变。雍正十一年（1733）西南地区顺应国家政策将妈祖纳入地方祭祀体系，意味着妈祖信仰体系构建的完成，其传播的合法性得到了地方官府的认可。

社会工作介入非物质文化遗产保育工作的研究
——以妈祖信俗为例

陶陈晨　吉　峰

《妈祖文化研究》2020 年第 2 期

以人为本体的非物质文化遗产的保育工作，为社会工作介入非物质文化保育工作的研究提供了全新的切入点。本文以个案工作介入妈祖信俗保育工作为例，通过对社会工作介入非物质文化遗产保育工作的优势与困境进行分析，探讨社会工作介入非物质文化保育工作的途径，并提出相关的建议。妈祖信俗介入妈祖文化发展与保护，体现出了新时代下文化的现代适应性，为社会工作介入非物质文化遗产保育工作提供了借鉴。

越南南部女神信仰背景下的妈祖信仰探索

范怀风　段玉钟

《妈祖文化研究》2020 年第 2 期

妈祖崇拜是一种信仰，已经成为一个世界性的文化现象。“二战”前，在东南亚的许多地方，只要有华侨聚居的地方，几乎就有妈祖，越南南部就是这样的。很多人认为越南没有关于妈祖的研究，其实，越南的妈祖文化研究一直是西方学者尤其是法国学者的研究课题。1990 年，“民间信仰研讨会”在越南河内开幕，妈祖信仰的研究日益引起学界关注，会议提出了一些新的宗教信仰的观点，尤其是越南的民间信仰。近年来，随着越南柳杏圣母信仰的探索和研究的扩大，越南南部妈祖信仰的研究日益被重视，成为重要的研究对象。本文通过宗教信仰文化的角度，研究采用田野调查与综合分析法，目的是了解越南妈祖信仰的传播、交流、融合的过程，此外还指出妈祖信仰对越南南部社会与民众的影响。

立德树人视域下的高校文化传承与创新研究
——以莆田学院妈祖体育文化为例

陈振宇

《妈祖文化研究》2020 年第 2 期

作为中华民族传统文化的重要组成部分之一，妈祖文化以其“立德、行善、大爱”的独有精神内涵，对新时代地方高校落实立德树人根本任务具有引领和示范作用。妈祖体育文化是妈祖文化的重要表现形式，经过近十年的研究和探索取得了丰硕的成果。高校应在习近平新时代中国特色社会主义思想引领下，积极探索其实现路径，并围绕立德树人目标探寻其面临的困境与突破，充分发掘妈祖体育文化的时代价值。

闽台妈祖民俗体育产业化发展 SWOT 分析

林立新　陈少腾　林　荣　武　炜　林丽萍

《妈祖文化研究》2020 年第 2 期

妈祖在闽台两岸民间有着不可替代的影响力，是闽台共同的海上“和平女神”，在海峡两岸尤其是闽台之间发挥独特的价值。文章从闽台妈祖民俗体育现状入手，提出闽台妈祖民俗体育产业化理论，采用 SWOT 分析法，对闽台妈祖民俗体育文化产业发展中存在的优势和劣势、面临的机遇和挑战进行全面研究，以期为制定闽台妈祖民俗体育产业发展策略提供清晰的思路和准确的依据。

泗阳天后宫：千里运河唯一妈祖遗存

李昌富

《江苏地方志》2020 年第 3 期

泗阳天后宫作为千里运河上唯一一处妈祖供奉地，庙宇 300 余年香火不断，信仰经年不衰，信众广泛。泗阳地区的妈祖信仰，除具备闽浙沿海妈祖信众的共性外，还将本地独特的民俗文化融入了中华妈祖文化信仰之中，具有苏北黄、淮、运、泗交汇地区的鲜明地域特点，具有较高的文化价值。2015 年，泗阳妈祖庙被列入大运河珍贵文化遗存，是运河申遗项目之一，也是大运河中段（淮安至泗阳）唯一一处保存完好的妈祖文化建筑群，是千里运河上的文化地标和闽台客商的精神家园。2014 年新建成的泗阳妈祖文化园则是全球近万座妈祖庙中罕见的集水利工程、生态园林风光和宗教文化为一体的人文景观，是千里运河独具特色的地标性建筑。

“一带一路”视野下粤港澳地区妈祖文化联合旅游开发研究

胡梅慧　林明太

《妈祖文化研究》2020 年第 2 期

粤港澳地区妈祖文化历史悠久，妈祖文化旅游资源丰富，“一带一路”倡议的实施为粤港澳地区的经济、政治、文化交流带来发展机遇的同时，也将对三地的妈祖文化联合旅游开发产生重大影响。文章在此基础上分析了“一带一路”视野下粤港澳三地妈祖文化旅游资源现存状况、妈祖文化联合旅游开发现状和存在的问题，并依据“一带一路”倡议带来的发展机遇，提出了建立开发机制、打造共同市场、共同营销宣传、培养专业人才等建议和对策。

浅谈妈祖文化对中职校园文化建设的影响

程　智

《试题与研究》2020 年第 16 期

中国传统文化历史悠久，在校园文化中融入妈祖文化，有利于学校建成文化氛围浓郁的传统文化校园。学校可以利用学校内部的节日，例如校庆，开展相关活动，对学生进行文化教学，帮助学生了解妈祖文化，学习妈祖文化内涵，从而丰富了学校的文化教育。在开学典礼、入学教育、运动会、文艺节等学校内部重大节日进行文化交流，弘扬妈祖文化中重要的情感。在进行活动时，对学生和教师进行评奖，对一些具有良好品德，有优秀品质的学生、教师进行嘉奖，鼓励学生向他们学习。充分利用现有条件把妈祖文化融入对学生的文化教学。

闽商与澳门民间信仰文化

黄建兴　牛新原

《闽江学院学报》2020 年第 3 期

闽商与澳门民间信仰的关系密切。目前可考的源于福建的澳门民间信仰庙宇就有 9 座，涉及妈祖信仰、临水夫人信仰、观音信仰和保生大帝信仰。从明代至今，闽商群体一直是这些庙宇的主要创建者和管理者。受澳门商业经济的影响，这些神灵信仰的功能逐渐发生转型。在当代社会，它们是闽商发展的重要平台，对内起到凝聚澳门闽籍乡亲、发展经济、服务澳门社会的作用；对外则加强了与原乡福建及其他地区的交流，从而在澳门和谐社会的构建及闽澳关系的良性互动中扮演着重要的角色。

泉州沙格妈祖信俗活动的传承行动与结构生成

黄鑫英

《佳木斯职业学院学报》2020 年第 5 期

新时期“文化自信理念”的提出为农村民俗文化的发展提供了理论保障。村民的文化自觉促使两岸王氏族亲关系和新型政民关系作为社会资本嵌入沙格妈祖信俗活动结构中。根据林南关于社会结构和个体行动的社会资本理论来看，它是政府部门、农村文化与经济精英等群体的多元互动；从个体角度来看，是精英们理性选择的个体行动结果；从结构来看，则促成了沙格妈祖信俗活动的发展。当前，沙格信俗活动在多种社会资本的作用下还延伸出多种体育类民间活动，真正得到创新和传承，促进了两岸文化交流。

论“一带一路”背景下妈祖文化的传播

孟建煌　潘是辉

《教育传媒研究》2020 年第 3 期

妈祖文化作为一种民间信仰，自身具有重要的经济价值与文化价值。如今，立足于“一带一路”国家战略的大背景，妈祖文化的传播与发展迎来了重大的历史机遇期。本文论述了妈祖文化与中国海洋文化的密切联系，分析了妈祖文化在“一带一路”建设中所起的积极作用，以及妈祖文化的传播途径和存在的问题，并提出了相关对策。

广西沙头旧街天后信俗文化价值研究

覃鉴淇

《文化创新比较研究》2020 年第 13 期

妈祖，又称天妃、天后，是我国东南沿海地区民间信仰的航海保护神。广西苍梧县沙头镇旧街居民的祖籍大部分为粤籍，粤商经西江支流东安江水路到旧沙头圩经商，后定居于此并带来天后信俗。该文以沙头镇旧街天后信俗为研究对象，通过对天后信俗活动进行田野调查，研究其文化价值。

妈祖文化在越南的传播与交流研究

林明太

《中国海洋大学学报》2020 年第 3 期

研究中越妈祖文化的传播交流，对促进中越国家间民心相通，推动双方 21 世纪海上丝绸之路建设合作具有重要意义。妈祖作为海上丝绸之路的庇护神，从宋元尤其明清时期起，其信仰文化通过海上贸易往来、中国沿海地区移民等路径传播至越南，经过几百年融合发展，演化发展出华人、越南人、明乡人三个有一定差异又有交叉影响的妈祖信仰文化系统，成为越南民间文化的重要组成部分。近代受各种因素影响，两国间妈祖文化传播交流基本中断，“一带一路”倡议提出后，又逐渐恢复交流。今后可以通过广泛与越南各妈祖宫庙及其社团组织建立联系，积极发挥妈祖文化在促进中越两国民心相通方面的重要作用，为推进两国合作建设“21世纪海上丝绸之路”提供服务。

神圣与世俗交汇的空间
——湖南芷江天后宫会馆戏台探究

郭　丹

《南方文物》2020年第2期

湖南省怀化市芷江县天后宫是当地福建会馆内一座带有宗教性质的建筑，作为民间信仰活动的载体，具有较高的文化和建筑研究价值。而附属于天后宫的古戏台，既是该会馆的重要构成要素，也是用来祭祀神灵和戏剧演出的场所，在民间信仰活动中发挥着重要作用。随着戏剧的发展和宗教活动的变化，戏台建筑也就有了新的内涵。探究怀化芷江会馆戏台的建筑特色与文化功能，有助于我们更加深刻地解读湖湘戏台文化和戏曲发展的文化内涵与历史意义。

“一带一路”建设中妈祖音乐促进海丝文化发展研究

杨　鸣

《齐齐哈尔大学学报》2020 年第 4 期

作为中国重要的地域文化之一，妈祖文化在传统文化中占有重要的一席之地，它是沿海居民主要的精神寄托，也是海上丝绸之路沿线国家与中国交往的文化纽带和桥梁，其中妈祖音乐又是妈祖文化典型的代表，直观表现了妈祖文化的特点。妈祖音乐的核心内涵十分契合海丝文化的本质要求，在“一带一路”建设的影响下，其蓬勃发展为海丝文化的提升创造了有利契机。文章分析在妈祖音乐的促进下，结合海丝文化现状，探讨海丝文化的发展，让妈祖音乐更好地服务于“一带一路”建设，发挥更大的作用。

妈祖图像母题与北传嬗变研究

徐晓慧

《广西民族研究》2020 年第 2 期

作为一种地域性的民间宗教信仰，妈祖信仰却突破了其地域和民间的性质而遍布海内外。妈祖图像和塑像是妈祖信仰观念的视觉化呈现，其图像母题具有历时性和区域性的特征。文章借助图像学的研究方法，以闽鲁地区兼顾北方其他地区妈祖图像资料为中心，以区域比较为主线，探讨了妈祖图像母题从发源地福建地区北传后发生的嬗变，以及产生变化的原因，从而为图像学角度的妈祖信仰研究提供新的思路和方法。

主流媒体应大力弘扬妈祖文化
——以《莆田晚报》实践为例

陈蔚华

《新闻文化建设》2020 年第 4 期

妈祖文化是莆田市最具世界影响又最具地方特色的文化。弘扬和传承地方文化，是主流媒体的职责和使命。作为妈祖故乡的《莆田晚报》自创办以来一直坚守这份初心。如何在坚定文化自信的道路上快马加鞭，又行稳致远，《莆田晚报》在宣传地方文化，特别是妈祖文化方面作出了许多可行性的实践与探索。妈祖是海上女神；妈祖文化不仅是中华优秀的传统文化，也是世界性的文化。做好妈祖文化大文章，是《莆田晚报》最为突出的亮点。

基于民间信仰的妈祖塑像服饰特点

李乃翘　张蓓蓓

《服装学报》2020 年第 2 期

妈祖信仰中的服饰艺术是妈祖文化的重要组成部分，其中蕴含着民间信仰与中国古代服饰设计等诸多文化因素。通过对妈祖信仰由来的概述，采用图像学的研究方法对妈祖塑像中的服饰艺术进行剖析，按照其服饰特点分为 4 个时期，并就各个时期的服饰风格进行探讨。对宋代以来妈祖塑像服饰的总体研究，能够为妈祖艺术研究领域做出新的探索。

浅谈妈祖文化的文创产品设计

李　典　吕　姣

《艺术家》2020 年第 4 期

妈祖文化是闽台两地兴起的文化，由此衍生的文创产品借助两地的地缘优势，受到了群众的欢迎。本文深挖妈祖文化中的历史特色与文化内涵，并结合当地的民宿文化，利用现代设计手法，使文创产品具有更高的品牌影响力和更深的文化附加值。妈祖文化以当地人民群众对妈祖的信仰为核心，以功德歌颂其大爱精神为契机。当地人民喜欢以妈祖庙作为聚集地，用祭祀、典故和当地民宿来体现这一文化。

中国民间信仰与民心相通
——妈祖信仰网络的跨境互动

张柏韡

《宗教与美国社会》2020 年第 1 期

民间宗教信仰是中国本土宗教兴起的土壤，是供给儒教、道教与佛教本土化的思想资源与交流场域，更是儒、释、道三教实践与活动的底层结构。随着华人移民遍布全球，中国民间宗教早已“走出去”并融入当地社会，成为文化与宗教景观的一部分，发挥着日益显著的作用和影响。当今，在东亚、东南亚甚至美洲和欧洲等地区，都有妈祖信仰或者其他神祇信仰的存在。妈祖信仰在中国对外战略、公共外交、侨务工作与国家形象塑造上具有积极、正面的作用。例如，在“海丝”申遗的过程中，即有妈祖信仰的参与。2017—2018 年，“妈祖下南洋·重走海丝路”活动巡游了马来西亚、新加坡和菲律宾等地，盛况空前。妈祖信仰在国家对外交流与关系发展的过程中，充分发挥了民间信仰的影响与优势。因此，中国能够依托自身丰富的宗教资源，在对外关系与发展战略上取得新的突破。

图像学视角下妈祖像北传山东的在地化研究

徐晓慧　张蓓蓓

《中原文化研究》2020 年第 2 期

源自福建的妈祖信仰，一度凭借官方推动和信众的口口相传，遍布中国甚至海外。妈祖像包括图像和塑像，是妈祖信仰观念的视觉化呈现。北传山东以后，妈祖信仰在遵循其母题基本要义进行标准化形象塑造的前提下，要成为一种具有持续生命力的信仰符号，就必须满足不同时期政权统治的需要、顺应不同地区民众的信仰需要，并与当地民风民俗、民间信仰、传统宗教、造像技艺等因素相融合，从而呈现出多元化的在地化图像特征。这种在地化现象在祭祀行为、供奉格局、口头叙事等方面都有所体现，但首先体现在视觉化的妈祖图像和塑像形式中。

人本至善　护佑生命惠海泽航

福建海事局

《中国海事》2020 年第 3 期

当代妈祖文化起源于我国宋代，延绵千余年而兴盛不衰，是中华民族文化瑰宝之一。地处妈祖故里的福建海事局，秉承“立德、行善、大爱”的妈祖文化核心精神，汲取交通航海文化和福建特色文化精髓，全面履职、保障安全、服务发展与传承弘扬妈祖文化紧密融合，孕育创建了具有鲜明海事特点和时代特征的“当代妈祖”文化品牌，成为交通运输行业文化建设中一道亮丽的风景线。

中越女神信仰中的蛮娘与妈祖形象比较
——以《蛮娘传》和妈祖传奇为例

朱 洁

《妈祖文化研究》2020 年第 1 期

越南作为东亚儒家文化圈的国家之一，很大程度上受到了中国文化的影响。中越两国不仅在政治伦理、家庭伦理和个体之间的交际准则上存在相似性，而且女性形象的塑造上也有共同点。本文将从越南汉文小说中的蛮娘形象着手，通过查证史料、传说，对比分析越南蛮娘与中国妈祖两位女神之间的形象特点及其异同，以使越南蛮娘和中国妈祖两位女神的形象得以更生动、立体地展现在世人面前。

清代诗人陈文述及其妈祖诗咏

刘福铸

《妈祖文化研究》2020 年第 1 期

清代乾嘉时期著名诗人陈文述，诗歌创作丰赡。其作品中有一批妈祖相关诗咏，涉及海神天后、天后宫及相关事件，内容或议郑和下西洋，或赠册封琉球使，或咏祭海治河等活动，或论妈祖碧霞元君同一神，其诗往往并非专咏妈祖圣迹，而是在吟咏其他主题时，捎带咏及妈祖或天后宫庙，多结合时事，而生发出更高的主题。

论大运河文化带的妈祖文化创意开发

尚光一

《妈祖文化研究》2020 年第 1 期

从文化产业视阈进行审视，大运河文化带妈祖文化有着鲜明的创意开发价值，有助于推动大运河文化带品牌建设与国家形象传播。推进大运河文化带妈祖文化创意开发，在宏观思路上，要秉持综合开发理念，打破孤立思维，秉持业态共振、外围对接的理念来综合推进，实现大运河文化带妈祖文化创意开发的可持续、融入式发展。在具体举措上，要发掘提炼大运河文化带妈祖文化的意蕴，在此基础上开发多类型、多形态、具有市场吸引力的特色创意产品；要因地借势、顺势而为，将相关产品、项目、元素等植入大运河文化带已有的文化产业发展体系之中，实现“你中有我、共生发展”的整体开发效果；要通过提升具体模块的互动性，激发出大运河文化带妈祖文创项目收益的延伸效应。

妈祖文化与大湾区当代女性的身心灵健康

梁沛好

《妈祖文化研究》2020 年第 1 期

妈祖文化历史悠久，是粤港澳三地的一种共同信仰，挖掘和应用这一传统文化瑰宝，可探索一条有关培养和提升湾区女性健康统合人格的策略，构建一种中国本土化的女性身心灵健康的模式。妈祖的精神品格能引领湾区女性重塑新时代的精神信仰，实现自我内部的统合；妈祖厚德载物的坤卦之美，能给湾区女性在自我与婚姻家庭的统合方面带来丰富的智慧；妈祖的入世情怀，对自我实现的追求，对湾区女性实现自我与职场中的社会实践的统合，带来重要的启示和作用。

“互联网 +”时代高校妈祖文化传承的机遇与挑战

——莆田学院妈祖文化在线开放课程建设实践与反思

王成良　王福梅

《妈祖文化研究》2020 年第 1 期

当前，互联网信息技术与高校教育教学的深度融合，对妈祖文化的传承与弘扬工作既是机遇，也是挑战。文章指出，“互联网 +”教学打破了妈祖文化传承的时空界限，拓宽了妈祖文化传承范围，但也存在工作量大、对教师要求高、文化传承效果无法得到有效保障、传播辐射范围有待进一步拓宽等挑战，需要社会各界的共同努力、积极应对。

传承与发展：澳门妈祖信俗文化景观研究

裴齐容　王　忠

《妈祖文化研究》2020 年第 1 期

妈祖信俗作为国家级的非物质文化遗产，既是往日澳门集体记忆的重要内容之一，也是当今澳门对外展示的一张“城市文化名片”。本文通过解析妈祖信俗在澳门的呈现，论述当今时代文化背景下其融入文化旅游、城市治理策略的价值重构，提出澳门妈祖信俗的文化景观发展应兼顾传统与现代，既要区分文化景观的建构层次，同时结合地理与人文因素，构建“文化景观圈”，又要以创意生活为导向，从而在传递妈祖信俗内涵精神的同时促进澳门妈祖信俗的传承与传播，让这一文化景观既具有信俗本身的价值精神，又具有澳门海洋人文历史的文化象征意义。

马来西亚妈祖信仰与乡籍文化

——以吉隆坡三座天后宫为例

刘崇汉

《妈祖文化研究》2020 年第 1 期

妈祖信仰源远流长，不只是中国全国性的民间信仰，也是世界性的民间信仰。迄今为止，妈祖信仰已传播至 40 多个国家与地区，信众达 3 亿多人。马来西亚各籍贯华人传承与弘扬妈祖信仰，建立具有乡籍特色的天后宫或妈祖庙，共同弘扬妈祖信仰文化及妈祖之“立德、行善、大爱”精神。本文通过对吉隆坡三座天后宫之考察，论述它们之间的共性与特性，以及妈祖精神与乡籍文化之相互结合情况。

试析妈祖信仰中“灵验”的人为操作因素

——由黑脸妈祖的灵力诸说引发的人类学思考

刘晓婕

《妈祖文化研究》2020 年第 1 期

灵验是中国民众宗教生活的基础和核心，通过操作灵验，民众获得了快乐、维系了社会关系、满足了所需要的解释和意义。本文以黑脸妈祖为例，指出妈祖信仰的海神形象反映着民众的生活环境，妈祖信俗的仪式和内容反映出民众对于灵验在方方面面的诉求。纵观妈祖信仰的运作内容，可以看到“灵验”成为信众能够“做”的成效，“做”是理解妈祖信仰的关键，宗教人类学的相关理论为理解汉人民间信仰提供了解释的方法和依据。

传统文化与社会主义核心价值观的契合
——以妈祖文化为典范

曾　伟

《社会科学家》2020年第3期

中华优秀传统文化是我们的重要思想文化资源，社会主义核心价值观是其精神内核。妈祖文化作为中华优秀传统文化的一支，其所蕴含的文化精神千百年来一直为世人所推崇，其价值、功用备受重视。妈祖文化最为核心的“立德、行善、大爱”精神，可以面向全世界，推动建设人类命运共同体。妈祖精神是妈祖文化的核心价值所在，其与社会主义核心价值观的契合，是我们在新的历史时期进一步弘扬妈祖精神的重要依据。现阶段中国特色社会主义制度建设及国家治理体系的建设过程，同时也是我国社会主义核心价值体系的建立过程，须立足中华历史文化传统，一方面从中华优秀传统文化中吸取养分，一方面吸收借鉴人类制度文明有益成果，才能不断丰富理论、取得实效。地方高校应进一步坚定文化自信，加大活化并有效运用地方特色文化资源的力度，让优秀传统文化与中国特色社会主义文化建设相互衔接，努力为大学生提供贴近实际的思想政治教育平台，这是我们探寻妈祖精神与社会主义核心价值观契合之意义所在。

明代关于“天妃”封号的论辩

陈支平　鄢　姿

《史学集刊》2020年第2期

明代朝廷沿袭元代的旧例，把妈祖林默娘封为“天妃”，列入祀典。然而对于“天妃”这一封号，在明代的士大夫知识分子中产生了较大的分歧。反对者认为不应胡乱把处女之身的妈祖指配给天帝为妻室；赞同者则认为所谓“天妃”只是广义上的“以德配天”的含义，并非实指配与天帝为妻室。较为圆融者则主张以“圣妃”“圣女”

的封号为妥，免得亵渎神明。明末清初之际，“天妃”“天后”封号又有与“碧霞元君”封号混同者。产生这些差异的实质，是传统儒家祀典观念与现实政治社会的实际需求之间的差异所引发的。而这种差异，即使是在其他方面，制度设计与现实实施过程中所存在的某些差异，都是很难避免的。

《天津天后宫行会图》中的北方妈祖文化

吕 埴

《收藏》2020 年第 3 期

妈祖信仰自元代传入天津地区以来，在当地得到了长足发展，妈祖由最初的海神转变为天津城市的全能保护神。在与天津本土文化融合的过程中，妈祖信仰演化出以天津天后宫皇会为核心的妈祖文化。国家博物馆收藏的《天津天后宫行会图》（以下简称《行会图》）就是一部关于天津皇会的风俗画卷，真实记录了清末天津妈祖文化的风采，是研究我国北方妈祖文化的重要实物。

“妈祖”还是“泰山娘娘”
——河北省蚕沙口天妃宫的神主之争

孙晓天

《今古文创》2020 年第 9 期

河北省唐山市蚕沙口天妃宫复建以来，民间和学界有关该天妃宫供奉的主神是“妈祖”还是“泰山娘娘”存在不同意见。本文辨析了当地民众和学界对此问题的争议，并以相关史料为依据，肯定蚕沙口天妃宫供奉的主神自古即为妈祖，即使其在 700 余年的历史绵延中融合了部分北方“娘娘信仰”的内涵，但信仰核心仍是妈祖信仰。

简析民间祭祀音乐种类及特点
——以鲁、蒙、闽三地为例

许一鸣

《大众文艺》2020 年第 4 期

中国民间祭祀仪式在历史演变的过程中日渐衰颓趋简，民间祭祀音乐的发展与传承面临着严峻的考验，在地域宽广的中国，受不同地区民族信仰、地域风俗、社会发展等因素的影响，各地区有着独具民族特色的祭祀音乐形式。本文从鲁、蒙、闽三地代表性民间祭祀音乐出发，以山东泰山道教音乐《玉音仙范》，由念诵类、唱诵类、舞诵类三种形式构成的蒙古萨满音乐，闽南妈祖祭典的“三献”乐《海平曲》《和平曲》《咸平曲》为例，从地域特色、乐曲风格、曲式结构等方面表现鲁、蒙、闽三地民间祭祀音乐的个性特点与共性之处。

妈祖文化与大学生海洋意识教育

陈国成

《莆田学院学报》2020 年第 1 期

在介绍妈祖文化对大学生海洋意识教育现实价值的基础上，提出大学生海洋意识的教育形式主要有教学课程设置、思想政治教育、课外教学实践和校园文体活动四种，进而指出大学生海洋意识教育的国家战略意义，旨在帮助大学生进一步关心海洋、认识海洋和经略海洋。

妈祖文化在琉球的传播与文化变异

林娟芳

《莆田学院学报》2020 年第 1 期

论述妈祖文化传入琉球的背景，在中琉册封、朝贡关系下，妈祖信仰传入琉球并成为琉球重要的官方信仰。分析琉球妈祖宫庙的沿革，探析妈祖文化传入琉球后产生的文化变异，琉球妈祖文化呈现出与中国妈祖文化不尽相同而又颇具特色的姿态。妈祖文化在新的文化语境中获得了新内涵，体现了妈祖文化强大的生命力和包容力，这对如何发挥妈祖文化在“一带一路”建设中的作用，如何建构妈祖文化传播的文化对话策略和文化输出模式具有重要的启示。

妈祖文化融入中职学校校园文化建设的实践

林　进

《西部素质教育》2020 年第 4 期

文章首先阐述了妈祖文化的起源及发展，然后分析了妈祖文化中的教育资源，包括道德生存的精神资源、教化榜样的精神资源，最后提出了妈祖文化融入中职学校校园文化建设的实践，包括加强妈祖文化环境建设、开展与妈祖文化相关的文化类活动、利用“微媒体”等流行媒体深入宣传、设立妈祖文化校内研究机构、定期邀请校外专家来校指导、建设妈祖文化品牌社团。

海南台湾妈祖信俗及其文化特征比较研究

刘士祥　朱兵艳　张春霞

《中国民族博览》2020 年第 4 期

妈祖文化，源于福建莆田，始于宋代，至今已千年有余。妈祖作为沿海民众崇奉的守护神，随闽越移民进入台湾，已成为海峡两岸海洋文化信仰的集大成者，是全球华人华侨海洋文化信仰的核心。宋元时期，福建移民在海南沿海一带定居，妈祖随着福建移民漂洋过海，逐渐扎根海南，至今已 700 余年。妈祖文化在推进社会公益事业、促进社会和谐进步、增强民族文化认同等方面均发挥着积极作用。台湾和海南作为中国最大的两个岛屿省份，地理位置特殊，海洋属性强烈，都经历了数次大规模移民，妈祖均随闽越移民深入本岛。海南、台湾妈祖信俗在信俗起源、祭典仪式、崇拜心理、社会基础、佛道兼容并蓄、妈祖信俗的内容及功能由单一向复合演变、妈祖海内外传播路径、社会教化、社会公益慈善等方面均存在一致性，但台湾妈祖信俗规模更庞大，举办主体主要为民间信众团体，宫庙经费来源更加多元、经费管理更加专业、社会公益成效更加显著。深入研究海南、台湾妈祖信俗文化特征，对促进区域海洋民俗文化交流、增强海洋文化“软实力”、建设“海洋强省”“海洋强国”战略有一定的现实意义。

探险、秩序与和平：妈祖文化与海洋国家政治认同的构建

林　晶

《韩山师范学院学报》2020 年第 1 期

作为中国海洋文化的代表，妈祖文化蕴藏的“探险”与“和平”等理念为古代海上丝绸之路的开辟和维护提供了强大的精神支持。在当前国家提出共建 21 世纪海上丝绸之路倡议的时代背景下，妈祖文化被赋予了新的时代内涵。妈祖文化在构建海洋

国家政治认同、海洋国家自我认同、“海洋东亚”秩序等方面有着其独特的功能，构建和谐有序的海上丝绸之路交往图景成为妈祖文化新的使命。

融合与构建：妈祖海外传播的多维文化力因素

林　晶

《武夷学院学报》2020 年第 2 期

妈祖文化源远流长，不仅在我国有着巨大的影响力，且借由“妈祖文化圈”的巨大辐射力而远播海外。在此过程中，分布在世界各地的无数座天后宫成为妈祖信仰“实体化”的主要表现。而借由构建于此基础上的文化认同，妈祖对海外地域文化的发展与转变过程产生了潜移默化的影响，并以多元、多维度的文化力因素体现。在政治上，协助构建和稳定海洋东亚体系；在经济上则为贸易双方提供了难能可贵的互信互助空间；在文化上，积极输出中华文化的普适性，追寻中西文化的内在统一。可以说，妈祖文化不仅在促进构建以妈祖文化为核心的海上丝绸之路沿岸国家民族感情联系与价值认同机制的建立，且在获得海上丝绸之路沿岸国家民众的认同与支持方面有着不可替代的积极影响。

论妈祖图像的艺术生命形式
——基于苏珊·朗格艺术符号理论

张蓓蓓　张晨暄

《南京艺术学院学报》2020 年第 2 期

妈祖信俗是妈祖图像艺术产生的土壤之源、生命之本，妈祖图像艺术是民间信仰中一种富有生命力的艺术形式与符号表达，图像中的妈祖形象是虚构的、比拟式的意向描述，又是一种具象式的艺术表现形式。基于苏珊·朗格艺术符号理论而言，妈祖图像不仅构成了民间信仰意象和情感载体的艺术符号，同时妈祖图像艺术存在的空间、多元的艺术承载体又以抽象的方式蕴含不同暗指和意喻以体现神像的神格与神性。

文旅融合背景下妈祖文创的发展研究

陈婧怡　庞晓婷

《现代营销》2020 年第 2 期

妈祖文化是中华优秀传统文化的重要组成部分，“立德、行善、大爱”的妈祖精神是妈祖文化的核心精神，妈祖文化元素是文创设计中的重要灵感源泉，妈祖图像是妈祖文化最重要的视觉图像符号，是莆田文创的形象代表之一。在文旅结合的发展背景下，对文化进行创新，结合旅游业，促进文化创意产业经济的发展是时下的流行趋势。本文在莆田文化创意产业蓬勃发展的背景下，对妈祖文创发展进行全方位分析，为妈祖文化的传播和湄洲岛旅游的发展提供思考。

由“南海 1 号”船员的民间信仰说

马显冰

《哲学与人文科学》2020 年第 2 期

目前“南海 1 号”出水玉雕观音像与玉雕罗汉像各一枚。据分析，该类型文物数量少，且带有穿孔，初步判断为船员的随身佩戴物件。本文拟根据这两件文物对宋代船员的精神世界进行初步探讨。据目前的研究可知，观世音菩萨最早在东汉末年由印度传入中国，又译为鸠摩罗什，唐代玄奘新译为观自在，中国简称为观音。一直以来，观世音在中国本土是“救苦救难”的神明化身。

民俗信仰与城市文化资源
——上海妈祖信仰的历史沉浮

蔡丰明

《上海城市管理》2020 年第 1 期

上海作为一个位于东海之滨的港口城市，深受海洋文化的影响，同时也具有深厚的妈祖信仰传统。自宋代以来，上海的妈祖信仰几经沉浮，几经兴衰，虽多有波折，却从未中断。从上海地区妈祖信仰的发展脉络来看，大致可以分为创始期、发展期、全盛期、衰落期、复兴期。追述上海妈祖信仰的历史发展过程具有十分重要的意义，不但有助于人们更好地认识上海在妈祖信仰方面的特点与发展轨迹，也有助于城市文化资源的挖掘和丰富。

“海丝”文化品牌下的传统手工艺产品定位研究
——以泉州“金苍绣”为例

郑 黎

《美与时代》（上）2020 年第 1 期

传统手工艺产品承载着区域文化，呈现出地方文明的精神核心。21 世纪海上丝绸之路建设中，面向“海丝”地区，打造传统手工艺产品文化品牌，促进各区域文化交流，具有突出的战略意义与现实意义。结合品牌战略与定位理论，分析传统手工艺产品的文化内涵，探讨其基于文化的定位战略，面向“海丝”地区，在细分市场和资源优势分析的基础上，提炼品牌核心价值，构建传统手工艺产品品牌定位，并以泉州传统民间“金苍绣”手工艺产品为实例展开分析。

利用创意微缩剧场推广粤港澳大湾区地方旅游特色民俗活动体验

骆丹丹

《当代旅游》2020年第28期

粤港澳大湾区根植岭南，岭南文化独特而丰富，传统地方特色文化如佛山秋色、广州珠村乞巧节、香港长洲抢包山、澳门妈祖诞等等，这些集工艺与演出于一身的民俗活动，既体现了民间艺术的智慧，也展现了岭南文化独有的魅力。但受节日时间和地域限制，这些传统文化的影响力很少跨出各自城市。本文选取佛山秋色为研究对象，创造性地利用西方微缩剧场形式试验湾区地方文化推广，是一项结合手工艺术创作和文化传承交流的综合性研究，饱含了中西艺术形态的碰撞与融合。

浅探汕尾民间信仰

朱桂芳

《新丝路》2020年第16期

汕尾在宋代已有观音、妈祖、北帝和土地神等民间信仰，明清时期，逐渐形成固定的信仰主体，并初步具有地域特色。传至现在，形成了以妈祖为代表，关帝、城隍、三山国王、天神爷和土地神等民间信仰体系。在当前社会经济发展和信仰多元的形势下，民众信仰与社会生活联系更紧密，在激活地方经济、优化生活方式、建设和谐社会等方面发挥着重要作用。

大三巴牌坊前的断想（下）
——纪念澳门回归祖国20周年

代　明

《北京纪事》2020 年第 4 期

16 世纪中叶，第一批葡萄牙人抵达澳门，曾向当地居民打听这里是什么地方。当地人误以为问的是庙宇，答道“妈阁”，葡萄牙人就以其音译成“MACAU”，这便成为澳门葡文名称的由来。当年，这批葡萄牙人登陆的位置，就在妈祖阁附近。

大明寺游记

王小梅

《工会博览》2020 年第 6 期

中国各地的佛教圣地多如繁星，大规模的如龙门石窟、云冈石窟、莫高窟、麦积山石窟等; 盛名满天下的如少林寺、白马寺、寒山寺等，其中都有无数庄严的佛教造像、梵音佛香缭绕，旅人盘桓其中，为其悠远历史而赞叹，而愈来愈多的大型佛像在各地矗立起来，如马祖山头号称世界最大的妈祖像、南投中台禅寺的巨佛、江苏灵山的大佛、都令人为之动容与惊叹。行走其间，固然未能免俗地沾染了无数馨香，但更令我怀念与喜欢的还是回绕其中的感人故事或文风，扬州的大明寺就是其中的代表。

瓣香湄洲作品展

五　月

《油画》2020 年第 4 期

“灵妃一女子，瓣香起湄洲。”这是宋朝著名文学家刘克庄的诗句，也是诗人对故乡女神妈祖的深情颂咏。福建省莆田市是妈祖的故乡，独具特色的妈祖文化经过千年演化已成为中华优秀传统文化的重要组成部分，成为全人类的文化遗产。2009 年 9 月，妈祖信俗被联合国教科文组织列入人类非物质文化遗产代表作名录。

三山国王：潮汕民间的保护神

陈友义

《寻根》2020 年第 3 期

潮汕人敬神乐生的意识十分强烈，祭祀的神祇有 200 多种，有观音菩萨、番公等外来神明；有妈祖、水仙爷等神明；还有独自创造的地方性神明，如三山国王、雨仙爷、捕蛇爷等。其中三山国王是最为著名、最具影响的地方保护神。

遗风古韵湄洲行

王清铭

《厦门文学》2020 年第 9 期

水是眼波横，山是眉峰聚。在文甲码头远眺湄洲岛时，我脑中就冒出宋词人王观的词句。王观送要去见浙东的朋友鲍浩然：“欲问行人去那边？眉眼盈盈处。”我要去湄洲祖庙朝拜立德行善大爱的女神妈祖，自然就走进了妈祖的眉眼盈盈处。湄洲岛面积约 14.35 平方公里，南北长 9.6 公里，东西宽约 1.3 公里，恰似妈祖的眉峰。湄洲得名也由此而来。从空中俯瞰，湄洲岛南北纵向狭长，形如眉宇，是女子的柳叶眉。因眉在水中，故称湄洲。这里的每一棵蓊郁的树木都似睫毛，周遭蓝绿色的海水，又似她的眼瞳，可以看见海上的风雨和苦难。我走在湄洲岛上，其实有多半的时间是走在那个叫林默娘的宋代女子的生平传奇故事里，产生这样的遐想自然而然。

“抗疫传说与文学治疗”

夏　敏

《民族艺术》2020 年第 4 期

疫情来袭时，口头抗疫传说的出现具有“文学治疗”的功能。福建以妈祖、神医与瘟神为抗疫主体的传统民间叙事，体现了仪式治疗和文学治疗的互为消长；以泉水、草药、茶、酒为抗疫宝物的各种传说，又具有“寻宝”型民间故事的一般特征。福建的民间抗疫传说，遵循着“平衡（安宁）/ 失衡（疫情 / 抗疫）/ 平衡（安宁）”的普遍结构模式，成为抗疫语境中调适传闻者不安心理注意力的有效渠道，同时也是社会焦虑的减压方式。

石雕艺术中的乡愁
——湖南芷江天后宫门楼石雕艺术探析

王庆婵　罗明金

《美与时代（上旬刊）》2020 年第 8 期

芷江天后宫位于湖南省芷江县舞水西岸，与县城隔河相望，是我国内陆现存规模最大的“妈祖庙”。芷江这座天后宫之所以著名，不仅是因为占地面积广，更因为其门坊石雕艺术历史悠久、内容丰富、技艺精湛，融合福建湖南两地地域文化特色。通过对门坊石雕的内容分析，探究这座妈祖庙能够在距福建千里之外的芷江长存且被当地人广泛认同的原因。

场域空间与艺术镜像天津世茂·浪花艺术馆

北京日清建筑设计

《室内设计与装修》2020 年第 11 期

世茂·浪花艺术馆项目位于天津东部沿海的滨海新区，地处环渤海经济圈的中心地带，周边有天津航母主题公园、海洋博物馆以及滨海妈祖文化园，是一个集娱乐放松、寓教于乐及文化于一体的多元化生活地块，临海的优越地理环境使其成为一个独特的展示和体验区域。

“一统”与“万显”：海洋神灵信仰的“地方性”
——从粤西的海洋保护神说起

刘雄峰

2020“海洋广东”论坛暨广东历史学会成立 70 周年学术研讨会

由海洋对人类社会的生产生活的重大影响而产生的“自然崇拜”——海洋崇拜，经由人类所赋予的“宗教”色彩，在将海洋予以“人格化”之神佛的同时，亦将那些为民众做出过重大贡献的人物“神格化”，并使其担负起了护卫一方“和谐平安”的重任。肇始于宋代之妈祖、罗侯王、招宝七郎等海洋神灵信仰，便是这样产生的“人型神”。时至今日，同为“地方性”神祇，妈祖信仰已是风靡海内外，粤西（湛江）

的罗侯王信仰亦仍在继续辉煌，而浙东（宁波）的招宝七郎信仰却已经消亡（在日本改换了门庭）。因此，如果说妈祖信仰之“世界性”发展昭示着民间信仰“万神殿”之“一统”体系的确立的话，那么，像罗侯王和招宝七郎等众多地方性神灵的涌现及其演变则是对“一统”体系之“向心力”的彰显（“万显”）。“一统”与“万显”，正是海洋神灵信仰之“地方性”的鲜明体现。

世俗价值与信仰本真：民间信仰宫庙的新转型
——惠安小岞霞霖宫个案研究

范正义

《华侨大学学报》（哲学社会科学版）2020 年第 2 期

改革开放以来，我国民间信仰在发展中出现了“资源化”的明显趋势。在民间信仰的“资源化”中，政府官员、文化产业者等“他者”居于主导地位，民间信徒等“自者”的信仰需求遭到漠视，从而影响了民间信仰的“自然发展”之路。当前福建惠安小岞霞霖宫走的也是“资源化”的发展转型。通过发展跨地区信仰文化交流、弘扬地方特色传统文化、参与地方慈善公益事业等，霞霖宫构建起新的社会资本、文化资本和象征资本。借助于这三个资本，霞霖宫得以将妈祖信徒以外的人员、小岞镇外的资源等“他者”都动员到宫庙里来，由此扩大自身的影响。值得注意的是，霞霖宫的发展转型是当地信徒，即“自者”主导的。“自者”通过强调该宫的世俗价值来实现影响力的提升，并没有导致信仰本真性的失落。霞霖宫挖掘世俗价值的同时又能保持信仰本真性的发展转型，为我们理解传统民间信仰如何更好地融入现代社会提供了一个可资借鉴的范例。

浅析泉港沙格海上端午龙舟赛的形成及其背后多元的文化意义

王　钦

《山东青年》2020 年第 5 期

泉港的端午节相对于国内其他地区而言有着独特的文化意义，从明永乐年间世代相传，至今有 600 多年的历史，更是全国最早举办端午“龙舟竞渡”的地区之一。沙格龙舟赛很重要的一部分包含着对妈祖文化的信仰，另一部分又是追悼沙格先祖与郑成功一起收复台湾的民族英雄王忠孝。每年端午佳节观众纷至沓来，人山人海，川流不息。观众与观众之间摩肩接踵，此时沙格海堤充满一片生气。台湾宗族同胞也赶来观看，以表对先祖的思念。

澳门妈阁庙文化产业 SWOT 分析和发展策略

李济翔　张雨婷

2020 年首场粤港澳大湾区学术研讨会

妈祖文化传入澳门有 500 多年历史，而在海上丝绸之路的背景下，如何利用好文化产业传播发展澳门本土妈祖文化已经被提上日程，因此，本文利用 SWOT 分析理论，探讨以本岛妈阁庙为代表的澳门妈祖信俗发展文化产业所面临的现状。显而易见，已经融入澳门居民日常生活的妈祖信仰，在政府政策支持和闽台可借鉴案例的经验下具有发展文化产业的良好土壤，但同时也不得不承认宣传力度不够、文创设计不够潮流和缺乏产业链条化阻碍了这一进程。虽然目前妈阁庙文化产业发展的风险在于妈祖文化受到现代文化冲击，并存在文化辐射面狭窄以及信众老龄化的现象，但妈祖信俗申遗成功和 21 世纪海上丝绸之路带来的更广阔的文化产业市场，为澳门妈阁庙的文化产业发展提供了新的机遇。因此，基于澳门妈阁庙现状，形成“互联网 + 妈祖”产业模式，打造“文化景观圈”，在吸引更多领域的人才投入妈阁庙文产发展中的同时，打造独具特色的妈祖 IP，设计开发有效文化创意旅游产品是行之有效的文产开发路径。

推进两岸心灵契合的民心工程
——以台湾四大民间信仰为媒介

云霄县委统战部课题组　汤毓贤

第七届海峡两岸（厦门）陈元光文化论坛中国会议

2020 年 9 月 19 日

妈祖、关帝、保生大帝、开漳圣王信俗由来已久，深植于闽南文化沃土，在闽台民间长盛不衰，都是信众广泛的民俗大神。这些信仰的特点与社会功能，起初在于避灾祈祷的功利实用目的，给予人们精神支柱，起到安定社会的作用。后来随着台湾移民社会的建构，又逐渐被赋予政治化倾向和社会化功能，亦成为促成两岸同胞心灵契合的民俗文化能量，发挥着推进契合两岸心灵的效应，对于新时期增强民族凝聚力，促进国家完全统一有着重要实践意义。

两岸妈祖宫庙连线祈福抗疫

《台声》2020 年第 3 期

2 月 16 日 10 时，由湄洲妈祖祖庙和台湾台中大甲镇澜宫、台湾妈祖联谊会共同发起举办的“天佑中华祈福武汉——海峡两岸妈祖宫庙携手抗疫线上祈福”活动分别在“妈祖故里”福建湄洲岛和台湾台中同时举行。

沧海共祝　大爱同沐

——纪念妈祖诞辰1060周年春祭典礼侧记

《台声》2020年第8期

4月15日，一场没有往年盛况却引发海内外广泛关注的祭典在妈祖故里湄洲岛等地举行。妈祖诞辰1060周年纪念日，妈祖文化机构负责人、妈祖文化学者等通过视频直播，与湄洲妈祖祖庙线上互动，两岸及海内外信众分别以特殊祭典方式同谒妈祖，齐心为战胜疫情、共享平安祈福。

莆田湄洲岛：以妈祖文化搭两岸融合发展之桥

陈盛钟　陈荣富　许双萍

东南网　2020年5月27日

“虽然人还在台湾，但我一直牵挂着湄洲。”25日，身在台湾高雄的台商郑雅萍在电话中这样表示。春节前，她从湄洲岛回到台湾老家过年，不料突如其来的新冠疫情阻断了返程之路，但心系“第二故乡”的郑雅萍四处筹集200件医用防护服和护目镜等防疫物资，捐赠给湄洲妈祖慈善基金会，助力当地疫情防控。

烟台街上的福建会馆

范雅琳　小　草

《走向世界》2020年第32期

清晨，当万道霞光笼着一层紫色的轻纱，掠过海面，照耀港城时，它一下子就鲜活起来。此刻拥堵的马路、喧嚣的市井，也挡不住你看它的满眼爱意。伫立在市区中央最繁华的南大街胜利路口的天后行宫远远就映入了眼帘。碧绿的琉璃瓦覆在房顶上，像块老玉，绿还润泽。红色的墙跟故宫的大红墙长一个模样，看着就喜庆吉祥。

用影像为两岸民众互见打开一扇窗
——对话《妈祖回家》电影导演蒲剑

修　菁

《台声》2020 年第 24 期

11 月 20 日，电影《妈祖回家》在大陆上映。有台胞观众抱着妈祖像赴影院观影，而官方海报与一部预告 MV，更在社交媒体上撩开妈祖文化电影的最后一层面纱。影片《妈祖回家》电影改编自福建著名作家王鸿的小说《台北来信》。讲述了一个福建小船主吴天桂（赵亮饰）与台籍老兵林奇伟（关德辉饰）共同渡海的曲折经历。

妈祖文化与人类命运共同体
——第五届世界妈祖文化论坛举行

郑已东　吴伟锋

《妈祖故里》2020 年第 3 期

2020年11月1日上午，备受瞩目的第五届世界妈祖文化论坛在莆田市湄洲岛举行。全国政协副主席、民革中央常务副主席郑建邦讲话并宣布论坛开幕。

第五届世界妈祖文化论坛湄洲共识

《妈祖故里》2020 年第 3 期

2020 年 10 月 31 日至 11 月 1 日，我们齐聚福建省莆田市湄洲岛，出席由文化和旅游部、自然资源部、中国社会科学院、民革中央委员会、澳门特别行政区政府和福建省人民政府共同主办的第五届世界妈祖文化论坛。

构建海洋命运共同体

蒋兴伟

《妈祖故里》2020 年第 3 期

妈祖文化是中国海洋文化的代表，是中华民族重要的文化瑰宝，是全人类共同的精神财富。

中斯友谊源远流长

约伽纳旦

《妈祖故里》2020 年第 3 期

妈祖是中国最具影响力的海神，多年来一直为中国和世界各地的华人所崇拜。妈祖信俗于 2009 年 9 月 30 日被联合国教科文组织列入人类非物质文化遗产代表作名录。妈祖文化已经深深地融入了沿海华人及其后代的生活。

妈祖文化与构建人类命运共同体

卜宪群

《妈祖故里》2020 年第 3 期

肇始于宋代的妈祖信仰与传承一千多年的妈祖文化，是中华优秀传统文化的有机组成部分。今年妈祖论坛的主题是“妈祖文化与人类命运共同体构建”，我认为这是一个非常好的主题。

携手共建人类命运共同体

吴伟锋　郑巳东

《妈祖故里》2020 年第 3 期

文化相通、民心共鸣、发展共享。2020 年 11 月 1 日，来自海内外的领导嘉宾、专家学者齐聚妈祖圣地湄洲岛，参加第五届世界妈祖文化论坛。在新冠疫情大背景下举行的论坛尤其令人关注。新冠疫情引发全世界对人类命运共同体的重新认识。本届论坛即以“妈祖文化与人类命运共同体”为主题。

让妈祖文化展现永久魅力和时代风采

吴伟锋

《妈祖故里》2020 年第 3 期

2020 年 10 月 31 日，作为第五届世界妈祖文化论坛重要组成部分的第六届国际妈祖文化学术研讨会在莆田市湄洲岛举行。疫情大背景下，与会的日本、越南、泰国、马来西亚、澳大利亚等国家和海峡两岸80多名学者通过线上与线下相结合的方式参与。

斯洛伐克大使恭请妈祖像回国

《妈祖故里》2020 年第 3 期

2020 年 11 月 1 日，参加第五届世界妈祖文化论坛的斯洛伐克共和国驻华大使馆大使杜尚·贝拉特地恭请两尊陶瓷妈祖像回国，推动妈祖文化传播，密切两国交流。

硕博论文、期刊

博士论文

倒风内海妈祖文化之空间再现与诠释

卢薇乔

（高雄师范大学地理学系，指导老师：吴连赏）

本文探讨台湾西南沿海洲舄海岸“倒风内海”之区域发展。介于笨港与台江内海主要古港口的倒风内海，自平埔族群、郑氏时期至清代汉人移垦定居，发展街市，商贸热络，三汊港发展出同祀湄洲妈祖信仰聚落，分别是新营区铁线桥通济宫、下营区茅港尾天后宫和麻豆区护济宫，前两者为清代堡头庙，今日却共同面临古港口淤积，重要交通干线转移，以及人口老化与外移情形，约莫2010年前后，三个案以妈祖信仰各自开展出对未来发展的再现与诠释方式，展现地方能动性。本文可作为区域研究的案例，具有丰厚历史蕴含、独特性与稀少性价值和急迫性需求。研究目的为三：1. 探讨倒风内海发展变迁；2. 了解三个案地方发展独特性特色与价值，链接北港入府城古香路历史路径价值；3. 探讨地方信仰发展与地方居民能动性的展现。本文为质性研究，分生活、信仰、制度与情感四个方面向综论地方发展。研究发现，三个案共同体现郑氏至清代台湾西南沿海汉人来台开垦过程妈祖信仰对地方的影响与转变以及近现代的文化再现与诠释方式。其地区发展特色有五：1.“水域”的发展链接；2. 清代古官道至今日城乡发展不均地区的转变；3. 妈祖由海神信仰转变为地方守护神；4. 作为北港入府城古香路的中继站；5. 由传统到未来的文化再现与诠释的地方能动性价值。

两岸关系视阈下的福建涉台文物研究

赵 巍

（福建师范大学，指导老师：方宝川）

台湾与大陆仅隔着一道平均水深不到60米的海峡，漫长的自然地理变迁和人文历史发展都表明台湾是中国不可分割的一部分。福建与台湾自古以来就有密切的联系，在长期的人类活动和社会实践中遗留下大量反映两岸社会政治经济发展、人员往来、文化习俗等各方面的珍贵资料及历史遗迹遗存，即涉台文物。涉台文物在福建的各地皆有分布，其中又以沿海地区为多。整体而言，这些涉台文物分为可移动文物和不可移动文物两大类。可移动文物中不乏各大博物馆、纪念馆收藏的精品，包括涉及闽台地区政治联系、经济往来、宗教信仰、手工工艺、戏曲艺术、书法绘画等各方面的文物，包含丰富的文化内涵。不可移动文物大多为古建筑、古遗址等各级文物保护单位。这些珍贵的文物，反映了从远古时代的原始人类利用东山陆桥穿行台海，到明清以来闽台间的往来互动和商贸活动的历史事实，证明了两岸人民血浓于水的同胞之情。本文通过综合运用历史学、文献学、考古学、文物学、博物馆学、社会学、统计学等多学科理论指导，整理和分析各个时期和类型的不同文物个案及其历史背景，从文物本身的历史价值和所蕴含的工艺价值等各方面进一步厘清了两岸关系发展的宏观历史脉络。特别是在对个别典型文物进行考证研究中，发现大量历史信息，对于特定历史时期内，两岸一体化之微观研究起到文物与文献双重印证的作用。鉴于这种重要的历史文化价值，本文还对如何保护和利用这些历史文化遗产提出相应的观点。文物是历史和文化的物质载体，也是维系民族精神和文化传统的坚强纽带。对这些珍贵的历史文化遗存遗物的研究，不仅可以深入发掘中华传统文化的精髓，剖析闽台关系乃至两岸关系的继承和发展，同时对增进两岸人民的民族认同感和归属感，具有重要意义。海峡两岸同属一个中国，历经千百年风雨的涉台文物不应简单成为历史的见证，静躺在博物馆或旷野之中，而应通过不断地发掘和研究，在当今特定的历史背景下发挥其应有的现实功效，引起全社会的广泛关注，为两岸最终的完全统一提供理论支持和精神动力。

硕士论文

湄洲岛妈祖文创产品设计研究
——以妈祖服为例

吴依曼

（新疆艺术学院，指导老师：聂春辉）

福建莆田湄洲岛为妈祖的故乡，妈祖是世界级首个信俗类非物质文化遗产，距今已有 1000 多年的传承历史。经过笔者实地考察，随着人们对妈祖关注度的增加，湄洲岛内与妈祖相关的文创产品也正在不断兴起，逐渐丰富了岛内商品的多样性，但目前已有的文创产品设计内容相对集中，存在产品同质化现象，导致文创产品存在吸引力不足的问题。湄洲岛作为莆田文化旅游的名片，大多游客因妈祖而前来朝拜旅游，岛内文创产品的开发创新，不仅能够提高游客购买文创产品的机率，同时也让人们更加关注了解妈祖文化。根据实地调研，笔者发现岛内还有许多与妈祖相关的文化资源开发较少，特别是妈祖服相关的文创产品开发目前正处在初步阶段，是一个亟待扩展的旅游文化设计资源。妈祖服作为妈祖文化的载体之一，服饰与宋朝朴素风格相像，以上下装为体现，带有当地的地域文化特征，蕴含传统韵味，由于地域封闭性的原因，目前只能在旅游景点区域、音像宣传、庆典演出和舞台表演得以看见，大部分妈祖信仰者以及当地人对妈祖服的了解只停留在表面，且与之相关的文创产品较少，因此，在非物质文化遗产保护的背景下，本文借由妈祖服饰所象征的寓意，结合海洋性地域文化背景，在此基础上设计带有地域特色的文化符号，弘扬妈祖精神文化，设计出系列化传统与现代相融合的妈祖文创产品，为推动当地的旅游文化产业贡献绵薄之力，将妈祖服饰特色引出去，同时也带领人们更加深入地了解妈祖文化，达到传承与创新的目的。

多元文化影响下莆田地区当代建筑地域性表达研究

陈朝蓉

（厦门大学，指导老师：张燕来）

全球经济一体化带来的全球文化趋同现象改变了建筑学的内涵与外延。全球化背景下的建筑文化使当代建筑产生了更多的交流与趋同，也逐渐丧失了其地域性与独特性。当代建筑地域性表达是全世界建筑师共同关注的建筑课题，也是中国建筑师关注的热点。建筑是城市的重要组成部分，也是地区文化的折射和反映，所承载的物质形态和精神内涵是相互关联、共同作用的。本论文先以莆田多元文化的特征及其对地域建筑的影响为切入点，分析莆田传统建筑地域性表达的特征。莆田多元文化中中原文化、宗族文化、科举文化、妈祖文化等多种文化对建筑功能、空间、形式、装饰等形成一定的影响。再从文化的时代性与可持续视角出发，研究多元文化影响下莆田当代建筑地域性表达策略。通过文献研究、田野调查、比较研究、类型分析、列举与例证分析等方法，在宏观上，基于自然气候、建筑空间、建筑形式、历史文化、材料技术等方面系统论述莆田当代建筑在地域性表达中运用的设计策略；在微观上，对莆田当代建筑地域性表达的典型案例进行分析，选取世界妈祖文化论坛永久性会址、莆田市博物馆、莆田学院新校区这三个带有一定象征性的当代建筑作品做出分析与研究。本论文通过分析多元文化与地域建筑特征之间的关系，构建文化与建筑之间的联系，深度解读地域建筑的文化特征。总结在多元文化影响下莆田当代建筑地域性表达的策略：关注气候回应地形的地域性处理、关注地域文化的形式与空间地域性表达、现代材料与技术地域性适应。提出文化适应性的建筑设计观，当代建筑地域性表达应立足地域文化，并不断创新适应时代的需求。

台湾妈祖文化资源的产业开发

范斐菲

（福建师范大学，指导老师：李诠林）

本文以台湾妈祖文化资源的产业开发为研究对象，以文献分析、案例分析与田野调查为研究方法，在回顾相关研究现状的基础之上，整体掌握台湾妈祖文化资源产业开发的现状，分析台湾妈祖文化资源产业开发的策略与意义，进而总结出对于其他文化资源产业开发的可资借鉴的经验。本文选取的主要研究个案为台中市大甲镇澜宫的文化资源产业开发，案例代表性在于，其最早进行妈祖文化创意开发，所涉足的文创产品最为丰富，其节庆活动在台湾具有极大号召力。将文化资源活化利用以实现文化与经济的双赢一直是众多拥有传统文化资源地区的发展目标，大甲镇澜宫可谓是成功的典范。研究发现，以大甲镇澜宫为代表的台湾妈祖文化资源的产业开发成功经验主要基于以下六个方面：1. 以文化精髓保存与传承为开发前提；2. 以文化资源整合与创新为开发原则；3. 多方社会力量为开发主体；4. 以文化本产转换、文化品牌与文化 IP 打造为开发策略；5. 形成多种开发模式并存的开发局面；6. 鼓励并培育代表性文化产品。但是台湾妈祖文化仍然面临文化观光客锐减、现代文化艺术机构利用率低、文化内容产品开发与营销能力有待提升与区域文化资源开发不平衡等困境。大陆对两岸文化交流的促进以及“一带一路”的推进又是台湾妈祖文化资源产业开发的新机遇。

明清海南岛女性神信仰的文化地理学考察

李沛琦

（暨南大学，指导老师：郭声波）

古代海南岛很长一段时间作为中原王朝统治的“化外之地”，即便萧梁恢复行政治理之后，其政治、经济、社会、文化等各方面仍凸显自身特色。相较于其他地区而言，女性神信仰发达是海南岛地方神灵信仰的一大特征，具有鲜明的地域特色。本文通过重点叙述海南岛主要的三种女性神信仰，揭示出明清时期在海南岛的地方社会维系下，如何通过国家提倡、民间社会各阶层积极参与，使国家神灵地方化或地方神灵进入正祀，取得合法身份，并与国家大事、民众生活结合，构筑信仰空间。本文主要分为六个部分。绪论主要介绍了为何选择这一论题以及它所具有的讨论价值、本文拟采用的研究与写作方法、创新点。第一章整体介绍海南岛神灵信仰发展的自然与社会背景、女性神信仰整体发展情况以及突出的原因。第二、三、四章分述海南岛主要的三种女性神信仰：妈祖、冼夫人、水尾圣娘各自的发展过程、庙址分布及信仰传播范围、神职演变及信众情况。第五章具体比较三者的异同，分析女性神信仰如何在地方发挥作用构建信仰空间，从国家到地方共同协作，不断融合儒释道元素，在民众通过信仰神灵获得精神慰藉的同时，女性神信仰也起到教化民众的作用。

原创舞蹈诗《香火》创作实践

焦雨婷

（泉州师范学院，指导老师：翁世晖）

福建泉州作为妈祖文化的盛行地，每年都会举行隆重的妈祖祭祀活动，海内外信众齐聚泉州天后宫，共同祈福，祈求妈祖保佑平安健康、生意兴隆、家族香火旺盛。原创舞蹈诗《香火》从天后宫妈祖祭典仪式中提取妈祖祭典乐舞“八佾舞”和泉州传统戏曲“梨园戏十八步科母”的舞蹈形式和动作素材，以妈祖信众祈求内容之一的“家族香火旺盛”为舞蹈诗所诠释的核心，并以“祈”为线，探索其中的文化内涵，以舞蹈的形式传扬闽南文化，探索具有泉州地域特色的宗教文化与舞蹈艺术创作，并尝试用舞台舞蹈艺术的方式呈现，让更多的人关注、了解泉州宗教文化与舞蹈艺术结合的魅力。笔者通过创作实践，在保留其原有的民俗仪式、闽南戏曲科范的基础上不断创新，从《香火》创作理念实践与呈现等方面进行分析，将实践创作与理论研究相结合。

“音和食德”：霞莲铺天后宫奉旨特祭仪式音声与饮食研究

王珊艺

（厦门大学，指导老师：周显宝）

所谓“音和食德”，是基于对“饮和食德”这一词语所表达的含义而对其作出的新的理解。饮和食德，指的是在饮食后感受到自在、享受先人的恩泽。饮和，指的是使人感到自在，享受和乐。食德则是对先人德泽的感恩。中国传统文化中对音乐“和”的追求，与“饮和”所表达的概念上有联系，因此本文以“音和食德”作为论文所希望研究出的结果，而“音”与“食”如何使人在仪式中获得“和”“乐”的享受，对于这二者的探究则是本文研究的重点所在。音声与饮食，作为构成祭礼仪式活动中精神与物质的行为特征，在祭礼仪式中随处可见。而作为中华三大祭典之一的妈祖祭礼仪式，在历经历史的演变、信仰传播中，逐渐成为饱含地方风俗、地域特色的优秀民俗文化传统。霞莲铺天后宫奉旨特祭仪式作为惠安县最为重要的民俗文化活动之一，既是传统民俗文化在地方的文化展演，也是地方生活习惯在历史中的传承。对霞莲铺天后宫奉旨特祭仪式的研究，也是对本土文化进一步的理解和感悟。本文以霞莲铺天后宫奉旨特祭妈祖祭礼仪式的实地考察为研究基础，在民族音乐学、饮食人类学、结构人类学等学科理论的支持下，发现音声与饮食在仪式中的具体内容与关系，从音声与饮食在仪式阈限过程中的作用、象征内涵，探究信仰群体在音声与饮食互动作用下达到的情感体验。基于这一情感体验分析音声与饮食在仪式中的意义与功能，探究妈祖祭礼仪式对于社会、文化的作用。最后结合妈祖祭礼仪式的实地考察，对惠安县妈祖传统民俗文化的发展提出些许建议。

福建龙岩妈祖信仰调查研究

陈　枫

（山西师范大学，指导老师：延保全）

妈祖信仰起源于福建莆田，是我国最具影响力的民间信仰之一。妈祖信仰属于海神信仰，因此，以往的研究成果大都聚焦于我国东南沿海地区的妈祖信仰，对于流传到内陆地区的妈祖信仰关注不够。龙岩位于福建省西部，属内陆地区，妈祖信仰在南宋时传入此地，在明清时期迅速发展，并且龙岩地区的妈祖信仰与沿海地区的妈祖信仰相比有其独特的职能与文化内涵。妈祖其人在历史上有迹可循，由于历代官方出于维护统治等目的对妈祖信仰倍加推崇，妈祖信仰逐渐成为我国最具影响力的民间信仰之一，龙岩地区群山环绕、水网密集的自然环境以及浓厚的文化氛围给妈祖信仰的传入和发展提供了条件，在长期的传播过程中妈祖信仰根据当地民众的心理诉求而发生了一定的变异。龙岩地区妈祖宫庙分布广泛，其选址受到妈祖职能、风水、传统观念等多种因素影响，建筑布局多为一进或二进四合院，主要建筑包括山门、献殿、正殿，有些还建有戏台及看楼，装饰手法多样，绘画、雕刻、文字装饰皆有。龙岩地区一些规模较大的宫庙中仍然保留着完整的祭祀活动，其流程完整、组织有序、祭品丰富、参与人数庞大，体现了妈祖在当地所具有的崇高地位。神庙演剧是祭祀活动的重要组成部分，龙岩地区的妈祖宫庙中保留有大量舞台题记和表演记录等演剧史料，其中包含有演出剧目、演剧时间、演出班社、表演剧种等信息，从中可以看出无论是过去还是现在龙岩妈祖宫庙中的演剧活动都十分繁盛，具有娱神娱人的双重功能。

温州民间信仰道教化研究

黄丹丹

（温州大学，指导老师：陈安全）

独特的地理历史环境是温州多元民间信仰孕育的温床，西汉时期已出现民间神的祭祀活动。两晋时期，道教传入温州，民间信仰与道教在信仰主体、思想文化来源以及信仰终极目的上具有相同性。道教在自身发展过程中，通过册封、塑像建庙、道士主持祭祀等方式将民间信仰吸收到道教中，不断完善道教神仙体系。本文以民间信仰为研究对象，通过梳理温州民间信仰的发展脉络，将民间信仰与道教的发展历程相结合。两宋、明清时期是温州民间信仰与道教融合的顶峰期，通过对唐宋之后温州地区主要民间神灵的研究分析，重点阐述民间信仰道教化过程。通过对温州民间信仰道教化的研究，揭示民间信仰与道教之间的内在联系以及民间信仰道教化对温州地域的影响。随着温州民间信仰道教化的深入，一方面以信仰为纽带，促进温州各族群的融合；另一方面随着道教势力扩大，使温州成为浙东地区的道教重镇。民间信仰、道教与地域文化三者间的相互渗透、融合，对温州文化乃至社会心理产生了重要影响。

舟山社区信仰与市场的互动
——以天丰禅院为考察中心

刘家琦

（温州大学，指导老师：韩雷）

舟山独特的自然地理环境以及历史文化渊源，滋养了其丰富多元的宗教信仰现象。现阶段舟山地区以佛教信仰为主，基督教信仰次之，道教信仰以及民间信仰潜移默化地融入民众的日常生活之中；各信仰之间相互融合、和谐共处。宗教信仰的兴盛有利于当地相关商业行为的产生和经济的发展，并对当地社会具有一定的影响。本论文以舟山市普陀区泗湾社区天丰禅院为考察中心，运用田野调查所获得的一手资料和文献分析所得到的二手资料，对社区信仰与市场之间的互动问题进行初步研究和探讨，试图更好地理解当下舟山民众的生活世界，抑或能给民俗学研究提供某种参照或反思。论文共有五个部分。第一部分为绪论，主要介绍了选题的缘起和意义、国内外研究现状、主要研究方法以及对相关概念的界定。第二部分主要介绍了舟山地区多元信仰的现状。本部分通过对以佛教为主的制度性宗教和以海龙王信仰为代表的民间宗教信仰的具体分析，探讨了舟山地区信仰的多元化和复杂性，并力图呈现二者的互动和微妙的边际位移。第三部分借助较为扎实的田野资料，对作为泗湾社区和相邻几个社区佛教信仰中心的天丰禅院与市场之间的互动情况，做了一次“深描”。进而阐释了其复杂的存在情境：天丰禅院通过供养明灯、举办法会、进行经忏佛事等方式盈利，促进周边相关经济发展的同时也有利于当地相关产业的发展，有助于社区经济甚至当地经济的增长。第四部分以天丰禅院经济情况为例，总结了引起社区信仰与市场互动的主要原因及其所存在的弊端。第五部分为结语，是文章总结收尾部分，对上文论述做出总结，同时还提出了若干思考和疑惑，以期待今后做进一步研究。佛教之于中国已不仅仅是一种宗教信仰或哲学体系，而更是一种生活方式以及行为方式。佛教对于舟山地区民众而言不是一种高高在上的宗教哲学，它渗透到日常生活的方方面面，是当地习俗的重要组成部分，甚至是普通民众生活不可分割的一部分。因此本论文虽涉及大量佛教相关内容，但所研究论述的主体实属民俗学范畴。需要强调的是，本文内所涉及的一些佛教仪式和佛教用具意义均以当地习俗为主，有不符合正统佛教要求的情况实属正常。

创新与重构
——沙坡尾社区信仰民俗变迁研究

李欣蕊

（厦门大学，指导老师：杜树海）

沙坡尾社区在历史上是典型的渔业社区，数百年来形成了极有特色的渔业文化，孕育了独特的海洋民俗信仰。当前厦门市整体处于转型发展的进程中，沙坡尾社区也顺应时代潮流进行了自我革新，经济、文化、社会各个方面都呈现出不同以往的样貌，正在逐步实现从渔业社区到商业社区的转型。信仰民俗作为社区文化的重要组成部分，也在积极地进行着改变。目前，关于沙坡尾信仰民俗在社区转型中的研究还比较有限，本文想就此进行调查研究。本篇文章主要探讨的问题就是沙坡尾的信仰民俗如何在社区转型的大背景下改变自己，让自身与社区进行有机融合，实现共同的发展。通过笔者的观察和归纳，发现沙坡尾信仰民俗在当下有了许多创新与改变。一是给传统仪式活动赋予时代新内涵，比如在传统的“七娘妈生”的仪式中增添当代的成人礼环节；二是开创性地举办了许多新活动，比如定期举办“玉沙坡讲堂”这一类的公益性讲座；三是自身的开放程度到达新高度，对外互动交流的频次显著增多；四是重新界定了神圣空间的边界，不单单是在地理位置上进行调整，也注重在网络空间里的扩展。文中通过对多个实例的具体分析，多角度展示了信仰民俗与社区的新型互动模式。同时关注到民俗文化本身的改变，即如何通过线上线下多种方式增强自身影响力，维持民俗信仰神圣性与威权的这一过程。当下信仰民俗不仅跟上了社区的转型节奏，组织的各项活动还增强了社区凝聚力。社区也给了信仰民俗很多正向反馈，比如自由的发展环境和资源政策的支持。二者形成了新时期下良好的互动关系，实现了双赢的局面。

福建传统村落的场所精神研究

卢旖旸

（福建农林大学，指导老师：陈祖建）

近年来，我国对传统村落保护与复兴越发重视，越来越多的传统村落纳入国家名录，福建第一批至第五批总计 494 个传统村落被纳入国家名录。然而，仍然还有一部分传统村落没有能够较好地得到保护和延续，也存在摈弃独特的当地文化而去效仿追求现代化的村落，导致传统村落遭到严重破坏或呈“千村一面”的局面。传统村落承载着地区的场所精神，是当地文化的载体，挖掘传统村落的场所精神有利于引起传统村落文化的保护和重视，并且可为复兴传统村落提供参考。本文以福建传统村落为研究对象，挖掘其场所精神，并进行深入的剖析。首先，探讨福建山地型、平原型和沿海型的传统村落的自然场所构成，分析适宜福建居民生存繁衍的传统村落空间构成以及演绎福建传统村落特有的人文氛围。其次，从民俗文化的视角对福建传统村落的场所精神进行解读，依次对福建传统文化的婚嫁习俗、祭祀习俗等人类的民俗活动流程和形式进行解析，探讨当地人在民俗文化活动与场所互动产生认同感的过程，分析民俗文化活动的场所空间、细部装饰、仪式流程等形成的人文氛围，总结和归纳婚嫁和祭祀等民俗文化下的场所精神。福建传统村落承载着当地的场所精神，不仅要从场所本身，更要从民俗文化等人类活动的视角深入挖掘其内涵，对注重民俗文化的传统村落保护、延续和复兴有参考价值，对于场所精神的研究提供新的思路。

菲律宾华人民间信仰调查研究

——以马尼拉华人区为中心

刘润元

（华侨大学，指导老师：朱东芹）

受近代西方国家殖民的历史影响，菲律宾是一个宗教氛围极其浓厚的国家，几乎全民信教，生活在这样的大环境中，菲律宾华人对宗教也体现出较高的热诚，其价值观念、行为方式、家庭关系、社会网络等许多方面都受到影响。华人除了信仰天主教、基督教、佛教等制度性宗教外，也有一些人信仰来自祖籍国的民间信仰，可以说，民间信仰也是认知菲律宾华人社会的一个独特视角，有助于深化我们对菲华宗教文化及菲华社会发展的认知，对于全面把握菲华侨情现状也具有参考意义。本研究以实地田野调查获取的一手资料为主，以其他学者的相关研究资料为辅，结合马尼拉华人区民间信仰庙宇的典型个案，分庙宇性质、神祇体系、仪式过程、传道方式等几个专题对菲律宾华人民间信仰现状展开了深入剖析。一、庙宇性质：菲华民间信仰的庙宇分为公庙和私庙，公庙所有权、管理权归属庙宇隶属的社团，经营权部分下放，但由于公庙不具有营利性，因此，在吸引信众方面并不积极，随着代际更替，信众流失严重，公庙传承信仰方面的功能在弱化，作为社团联谊平台的功能还在维持。私庙所有权、管理权和经营权均归属个人，庙主将其作为生计，经营颇为积极，服务内容也比较丰富，因此，尽管动机比较功利，但在维持信众、传承信仰方面有较好效果。二、神祇体系：菲华民间信仰的神祇体系多元而杂糅，神祇不仅数量多且背景多元，东方与西方、制度性与非制度性、自创性神祇混杂在一起。造成多元与杂糅的原因除了功利的考虑外，还与菲华在多元宗教背景下，信仰业已融合有关。多元与杂糅的主要目的在于吸引信众，但是否能达成则由多方面因素决定，除了庙宇的性质外，神祇的功能最为重要，在菲华这个典型的商业社会里，具有“求财”功能的神祇最受青睐，功能随时代发展弱化的神祇则被冷落。三、仪式过程：菲华民间信仰的仪式活动虽然多样，但总体来说仪式过程较为简单化和灵活化，仪式的简化和变通不仅是受宗教信仰世俗化的影响，同样也受制于专业神职人员的缺乏。仪式变迁中的去神圣化、生活化的趋势日益突出，一方面它降低了信仰的门槛，便利了参与，但另一方面神圣感的淡化也成为致命伤，会失去对信众的吸引力，导致信众的疏离。四、传道方式：菲华民间信仰的传承方式多沿袭传统，并无主动的传道方式，信仰的代际传递依赖习惯，因此，在传统宗教信仰式微的大趋势下，民间信仰诸多庙宇前景堪忧。其中有一个特例，由台湾地区传入的一贯道近年来在菲发展较快，主要与其较为积极外向、有组织的传道方式有关，此外还与其将目标人群拓展到主流社会，以及将一些时新的内容融汇到传统教义中有关。总的来说，受融合发展、代际更替、科技进步及教育的影响，加之民间信仰本身资源的匮乏，目前，菲律宾华人的民间信仰正呈现明显萎缩的现象，主要表现包括：信众明显很少；庙宇减少；现存的庙宇大都香火和人气比较萧条；专职的人员尤其是经过专门训练的神职人员极少。总体来看，这种衰落的势头还会加剧发展。

高雄市蚵仔寮社区庙宇神灵崇拜的现代转型研究

周昌华

（西南大学，指导老师：田阡）

自古以来，人们就怀有对未知的敬畏，从敬天地日月到动物崇拜，从祭拜列祖列宗到古圣先贤。我国是四大文明古国之一，有着长期的历史文化沉淀，尤其是民间信仰，有着复杂且庞大的体系，充满着神秘的色彩，一直都是学术界颇为感兴趣的议题。随着现代文明的发展，在日益追求速度的今天，传统民间信仰文化逐渐暗淡，甚至出现了有些传统文化后继无人的现象。与大陆有着一脉相承联系的宝岛台湾，信仰文化丰富多样，且信众遍布，渗透在民众生活的方方面面，与信仰文化相关的神明、庙宇的发展速度令人瞠目。社会现代化是一个历史进程，也是人类文明演进的必由之路。时代在进步，“现代”不应当与“传统”对立，应当如何梳理传统文化与现代化进程之间的关系，使之在社会大环境下维持平衡？如何把历史悠久的中国传统文化保持原味地延续下去？这些是社会各界对于传统文化保护所面临的共同问题。本论文以台湾地区高雄市的蚵仔寮社区为田野点展开田野调查，采用访谈、观察与查阅文献等研究方法，通过深描台湾社区民间信仰与民众生活的现状，结合民间信仰的现代转型等相关所学，来考察民间信仰的传统与现代的持恒问题及深刻内涵，探索传统文化的传承路径。相信通过研究台湾地区的民间信仰能以小见大，探究出传统文化的保护路径，具有现实意义和借鉴意义。本论文主要分为五个章节，包括绪论、正文和结论。绪论阐述了本论文的研究缘起，基于相关的概念阐述，分析了学界相关的研究现状，重点梳理了“民间信仰”“台湾民间信仰”及“民间信仰的转型”，并讨论了该研究的意义。第一章，田野点概况。主要是从地理、历史、经济文化三个方面介绍了田野点的概况。第二章，阐述田野点的庙宇概况，并小结了当地庙宇分布的特点，通过对蚵仔寮的庙宇进行分类分析，同时对庙宇的现状进行小结。第三章，阐述田野点的神灵与民众的互动活动。总结出神灵与人互动的形式特点，并小结了仪式活动的特点，完善了蚵仔寮民间信仰的整体面貌。第四章，现代转型的内外因素剖析。这是本论文的关键部分，对蚵仔寮民间信仰转型的原因进行深入剖析，指出民间信仰现代转型的本质是结构的变迁，在现代化要素下，人们的认知行为重构，实现了文化与社会的动态平衡。主要是从外核因素和内核因素两方面来描述。第五章，总结。这是本文的结论，继上一章后，对怎样去传承民间信仰、如何保护民间信仰文化进行深入探究。通过本论文研究表明：基于地域和血缘关系的脉络，现代化进程中台湾地区的民间信仰依然繁荣兴盛，这必然要归功于民间信仰的转型成功。其原因在于两个层面：一是外核因素，经济、人口的结构性变迁，当地的民间信仰体系“自觉”地将陈旧、不适用的生活方式剔除掉，转而变得与现代性融合程度更高；二是内核因素，个人与族群的认知行为，对现代化转型也带来了影响。最终，文章推导出了关于传统文化保护的三条路径：第一条路径是设立民间信仰组织，并加以系统化、制度化；第二条路径是紧跟政府的引导，加强传统文化宣传；第三条路径是经费开支等控制在一定范围的前提下，适当、定期地开展传统文化的相关活动，同时将信仰活动加入“科技”元素。基于以上，我们仍需看到民间信仰中的糟粕部分，及时摈弃，找到一条恰当的民间信仰保护路径。本文论证了只要找到民间信仰的现代转型机制，“传统”与“现代”并不会矛盾，文化的传承依然有规律可循。

明清时期道教与梅州民间信仰的交融与整合

刘敏健

（云南大学，指导老师：郭武）

梅州是粤闽赣客家聚居区的中心，也是客家文化的中心。在梅州客家文化中，道教和民间信仰是两个不可或缺的重要因素。明清时期，道教和梅州民间信仰的交融与整合，更是推动梅州客家社会发展的动力之一。道教自两晋始，便随着南迁移民迁入粤闽赣地区时传入梅州，直到光绪十四年（1888）梅州吕帝庙（今赞化宫）建成，道教在梅州已有上千年的发展。到了明清时期，在国家、士绅和民众等各层面的影响下，梅州的道教宫观数量和活跃的道士人数较之以往都有所增加，吕帝庙的建成更是千百年来梅州道教史中最有影响力的事件，因此，明清时期是道教在梅州发展的重要阶段。

而在梅州客家人祖先的漫长迁徙过程中，面对沿途的艰难险阻，他们往往会祈求神灵的庇佑。而到了定居地后，也会尊崇各种神灵，期望风调雨顺、丰衣足食，这渐渐形成了梅州民间信仰的内容。梅州民间信仰，整体上体现出实用性和层次性两大特点。实用性体现在神灵各司其职，而民众在不同时期会拜不同的神灵。层次性则体现在神灵，尤其是土地神所守护的范围上，从伯公到公王，层层叠进。梅州民间信仰中最重要的神灵当数祖先神，这是梅州民众祀奉最为虔诚的神灵。明清时期，道教和梅州民间信仰的联系体现在两者的交融与整合中。所谓交融，即两者形成了“你中有我，我中有你”的情况，这体现在明清时期梅州的道士家族和梅州的庙会中，道士会主持上表环节，这一环节来自道教“上章”仪式。总的来说，虽然道教和民间信仰产生了交融，体现出浓厚的民俗色彩，但也保持了一定的自身宗教的色彩，是宗教性和民俗性并存的现象。而道教与梅州民间信仰的整合，这是在梅州士绅，即宗族和士大夫的主持下形成的。梅州士绅在地方推行儒家的礼仪标准是，将两者整合，使其成为符合儒家标准的地方文化。士绅在地方实行的儒家化运动，是明清时期华南地区的普遍现象，道教与梅州民间信仰的整合，是这一运动的其中一环。而两者的交融与整合，不仅维持了梅州社会的稳定，更是推动梅州客家社会向前发展的动力。

漳州西街社的民间信仰与记忆之场

陈晓慧

（闽南师范大学，指导老师：郑勇、刘云）

西街社是漳州府城西门外的一个杂姓居民聚落。地处漳州平原，地势低平，水道贯通，季风气候，洪旱常发，早期水利设施不健全等环境因素，给村社带来了生产、生命威胁。农耕时代的西街社人，除了求诸人、求诸己外，也选择求诸神，希望借助超自然力量解决生存危机，并延续至今。在为期一年半田野调查、文献爬梳的基础上，论文通过以图辅文的方式呈现了西街社历史上的民间信仰状况，即历代的西街社民众不断从民间诸神中，主观能动地选择了能够寄托生存生活希望的神明，形成了由医药神崇拜、水神崇拜、佛教道教俗神崇拜、土地崇拜等组成的具有当地特色的信仰体系，构建起以“西街社教苑王爷公庙”“西清宫”“西湄宫”为主的宫庙群。通过进一步的现状观察和探讨，可以深入了解西街社民间信仰是如何随着村社的发展，经历了兴起、盛行、被限制到恢复、合法化、功能与核心变迁，再到进一步发展的一系列过程。研究发现，村社民间信仰并不是孑然存在于村社中，而是与村社普通信众、信仰精英、地方政府、土地开发商、旅行社等多方力量存在互动关系，并表现为宫庙信仰关系的变迁。因民间信仰与民间社会的紧密关系，西街社的宫庙和信仰活动在代代相承中，嵌入了村社民众的日常生活，成为村社民众记忆的重要组成部分，发挥着村社整合、精神寄托等功能，也因此成了村社民间信仰的“记忆之场”。随着城镇化的推进，这“记忆之场”的存在，不仅让“文化乡愁”有归处，民间文化有载体，也让“村社记忆不死”。西街社民间信仰的“记忆之场”，留存着西街社民间信仰的差异性、多样性和复杂性，使得西街社民间信仰记忆在城镇化进程中不至于泯然无存，也可以此来补充并反抗同质化、统一化、线性化的民间信仰主流历史叙事。

清代台湾宫庙赴湄洲进香之研究：以鹿港天后宫和新竹长和宫为中心

萧信宏

（逢甲大学历史与文物研究所，指导老师：王志宇）

本文的主旨是要以文献来还原清代台湾宫庙赴湄洲进香的真实情况。以目前实证的资料来看，宫庙受限于地理、交通、经济与赛会习俗等因素，清中叶以前福建地区的宫庙并不盛行赴湄洲进香。各种神明的宫庙间短期进香盛行在台湾和闽南的部分区域，而其中的宫庙赴湄洲进香，在众多方志中只有台湾方志的两则记载，分别为道光年间的《彰化县志》记载鹿港天后宫岁往湄洲进香和清末的《新竹县采访册》记载新竹长和宫每三年往湄洲进香一次。所以本文以这两间庙为研究中心，但研究范围包含台湾、福建及粤东地区。

透过本文的分析，清中叶以前福建、粤东与台湾的妈祖庙并不盛行赴湄洲进香，原乡的宫庙赴湄洲进香反而有可能是受到台湾宫庙影响而开始盛行的。其背后原因一方面为台湾妈祖信徒多且为移民社会，部分地区盛行进香，而清中叶以后台湾各方面条件逐渐让湄洲进香可以成行，当时少数宫庙因湄洲位于郊商的航海商贸圈内，行郊可透过湄洲进香经营商业网络，并提高行郊的声望和地位。另一方面往最高位阶的湄洲祖庙进香后，可建构位阶更高的宫庙地位，故兴起了湄洲进香。后因清末北港进香的风行，不想加入北港进香的一些宫庙，为增强香火的灵力因而加入湄洲进香（但从数据来看，宫庙数量不多），此举反而影响泉州府同安县的一些妈祖庙加入，遂形成清末两岸的湄洲岛祖庙进香潮。

新北市瑞芳区妈祖绕境、地方文化与观光之研究

潘政鹏

（台湾海洋大学海洋文化研究所，指导老师：林谷蓉）

妈祖是许多人信仰的对象，妈祖绕境更是许多人每年期待的活动。绕境不是单纯的宗教科仪，而是善念的传承手段，也象征时代进步的契机，而此契机正与善念结合，在各场界默默地影响每个人。宗教与文化虽然具有地域性的特色，但是善的本质是放诸四海皆准，广纳各时代的新元素。诚如老子所言：上善若水，水善利万物而不争。

早期妈祖信仰的文化，多半是跟随先祖而来，因请金身奉祀不易，多半会以香火或符令代之，所以也衍生了独特性的港口妈祖。同时，每个聚落就产生了特有的妈祖绕境活动，也就是我们所说的迎妈祖。

台湾北部瑞芳区即是一个拥有特色的地理环境区，其行政区划可细分为四部分：滨海区、山区、市区、郊区。本研究以文献研究法、田野调查法与及对当地耆老、文史工作者和学者专家进行深度访谈来汇整资料，在地独特的传统祭祀所代表的意涵加以详加调查与探讨。未来若能规划此地区特有的宗教文化观光行程，并透过小区赋予地方文化的意义，增加观光的内涵，深信必能带来观光的经济效益，并为小区带来创生和永续的发展。

庆典活动对于空气质量之影响：以大甲妈祖为例

彭启铨

（中兴大学环境工程学系所 2020 年，指导老师：望熙荣）

1972 年联合国规定每年的 6 月 5 日为世界环境日，旨在鼓励全球居民提高环保意识，并实际采取环保行动。近年来，由于全球暖化日益严重，民众永续经营意识抬头，空气质量议题逐渐受到各界密切的关心，空气污染成为政府与民众刻不容缓的问题。造成空气污染的原因有很多，包括人为排放、火山爆发、工厂排放、移动污染源、自然逸散、火力发电厂、海盐飞沫等。而在亚洲地区，还有一种特殊的污染源：民俗庆典。其可能造成短暂时间之空气污染，若遇上扩散条件不佳之情况，甚至有可能影响当地人民健康。本研究为了解宗教庆典对空气质量之影响，使用台中市之沙鹿测站与嘉义县的新港测站之采样结果进行讨论，分别针对绕境日与非绕境日进行研究。本研究之取样时段为 2013 年至 2018 年大甲妈祖绕境期间，并且加入了因为新冠肺炎而取消绕境之 2020 年作为对照组比较。针对有无绕境之差异进行研究发现，在绕境日时之 PM10 与 PM2.5 质量浓度均大于非绕境日，由此可推测由于妈祖绕境带来车潮人潮及燃烧拜香、施放鞭炮、烟火。短时间内污染物在该区域积累造成，另外更监测到 SO_2 于绕境日时皆具有较高的浓度。绕境日期间，PM2.5/PM10 之占比约为 40%～88%。由此可知，虽然采样点为完全开放式且位于 11 ～ 15 米之高处，但由于焚烧拜香和施放鞭炮之关系，PM2.5 为 PM10 中主要污染物的贡献源。

天妃显圣录在台湾妈祖宫之呈现

邱晟玮

（台北大学民俗艺术与文化资产研究所，指导老师：陈清香）

《天妃显圣录》为妈祖事迹典故之集成。传统的妈祖宫建筑装饰相同于一般台湾常见的通俗宫庙，无论宫庙所供的主神为何，一般装饰题材多出于民间传奇小说，如《三国演义》《封神演义》以及一般文人逸事等的内容情节。然而，板桥慈惠宫的建筑装饰，却不同于一般传统宫庙，此宫将主神妈祖的事迹，即《天妃显圣录》的典故，呈现于庙壁上。因为这个契机，笔者展开台湾南北各地妈祖宫的考察。《天妃显圣录》之典故呈现于妈祖宫的建筑装饰。笔者北至基隆庆安宫，南至屏东慈凤宫，排列如下：北部地区有基隆庆安宫、淡水福佑宫、关渡宫、新庄慈佑宫、板桥慈惠宫、三峡紫微天后宫、新竹长和宫七座。中部地区有大甲镇澜宫、丰原慈济宫、大肚万兴宫、北斗奠安宫四座。南部地区则屏东慈凤宫一座。共是十二座妈祖宫。

发现这些妈祖宫的庙宇装饰流行了二十几年。笔者考察各妈祖宫表现《天妃显圣录》所呈现的图像，使用浮雕、浮雕线刻、高浮雕、梁坊画、擂金画、交趾陶等。运用媒材相当广泛。台湾南北具代表性的妈祖宫内，其建筑装饰几乎均表现了林默娘生前与成神后的形象，从降诞、少女到天后之造型，符合了《天妃显圣录》所记载的内容，包括林默娘从出生、修行、济世、成神以及成神后的显化事迹，反映了福建地区的百姓生活。在明清之际林默娘是女性成长、女性济众、女性成神的典范。综合田野调查之材料为本论文最重要的处理工作。以图像学方法将《天妃显圣录》的典故原文、《敕封天上圣母实录》的图像以及采集台湾各地妈祖宫，有关《天妃显圣录》典故之建筑装饰图像，做三重对比。本论文的主要内容，即考察并整理台湾各地妈祖宫中天妃显圣录图像，结合文献与田野调查进行比对分析。

云林北港地区传统工艺之研究

叶千荧
（高雄科技大学文化创意产业系，指导老师：谢贵文）

北港镇为台湾较早开发的古老聚落之一，也为台湾妈祖信仰重镇，北港在清中叶的发展已颇具规模，因位于交通要冲为北港带来了贸易荣景，但也承受了民变与械斗的战火，再加上水患不断造成的河道淤积，本已衰颓的北港街，在日据时期以宗教机能崛起，朝天宫自清治时期累积的信仰能量，在日据时期达到高峰，并开始形塑北港的妈祖文化。本研究以北港传统工艺为研究核心，以文献分析法配合台湾工艺发展脉动，将北港传统工艺分为庙宇建筑、神像雕塑、岁时节庆三类，探讨北港传统工艺的发展脉络，在多重因素影响下，北港传统工艺的发展介于台南期与鹿港期之间，错失发展的先机，但随着日据时期朝天宫的崛起，受到妈祖信仰总本山的信仰圣地的思维建构，间接影响北港传统工艺今日的产业规模，迎神赛会的活络也为朝天宫妈祖信仰圣地的建构打下基础，并间接影响北港传统工艺今日的样貌。并辅以参与观察法与访谈法，透过研究者、艺师与推广者的视角，分析北港传统工艺的现况与面临的困境，并探讨朝天宫对于北港传统工艺三个分类的互动关系，构成北港镇的日常运转，并且透过各种推广活动与契机，形塑北港传统工艺的未来发展。

妈祖绕境之艺阵表演艺术研究

郭美照
（高雄师范大学表演艺术系，指导老师：姚村雄）

妈祖信仰与台湾生活社会密切契合，妈祖文化在台湾传播特点是以庙宇为传播轴心点，民俗艺阵扮演传承衔接角色，透过妈祖绕境活动在民间热烈展演，台湾民俗艺阵以宗教仪式与妈祖绕境活动结合的特殊表演艺术形式已从传统形态发展为台湾本土化多元性创新展演表演艺术形式，现今多元性发展已成为台湾传统艺阵文化一种新文化表现。本研究基于妈祖绕境活动之艺阵演变文化发展探讨研究宋江阵、艺阁表演艺术类型与在地文化结合运作发展模式，研究者以质性研究采用深入访谈法、汇整文献数据分析、影像纪实研究进行本次研究。本研究以宋江阵、艺阁传统艺阵为出发点，分析传统宗教性开脸宋江阵、地方性创意宋江阵竞赛、全国创新宋江阵竞赛以及艺阁文化传统艺阁蜈蚣阵与北港艺阁研究表演艺术对地方性、教育性及周边文化产业影响与发展。本研究发现，民众透过庙宇举办大规模酬神庆典、绕境活动形式精神纽带，让人民向妈祖神灵寻求心灵上的安宁与精神上的仰望，进而发展小区互助凝聚力。在地化庙宇绕境活动亦牵动宋江阵、艺阁文化创造发展与创新契机，在政府对文化产业的推动下，台湾近年来对宋江阵、艺阁文化的保存与维护，让地方性民俗艺阵活化再生，如今随着小区在地化计划发展已逐渐改良打造成一门精致的民俗艺术，也带动地方性相关文化产业发展。宋江阵、艺阁文化除了扮演酬谢神明恩典仪式的重要角色，也成为台湾妈祖绕境活动、迎神赛会表演形式独特性在地化标志景观。民间结合政府推广在地化活动，透过民俗艺阵文化精髓，进行传统艺阵文化传承与创新推广，旨在打开传统艺阵新视界，展现创意民俗技艺表演艺术新文化艺术魅力。本研究在分析在地文化酬神祭典、节庆活动结合创造影响与效益结果时，整理归纳出以下五点表演艺术运作模式。1. 传统宗教性开脸宋江阵以小区再生、活化传统生命力运作模式。2. 内门创意宋江阵竞赛以在地文化跨领域教育、发展推动国际化运作模式。3. 全民运动竞赛以媒体为健康营销、推动国家文化软实力运作模式。4. 学甲上白礁蜈蚣阵传统艺阁以落实台湾乡土艺术文化教育、发展在地文化深化国际交流运作模式。5. 北港艺阁以文化造镇营销国际、发展城市美学运作模式。

人群祭祀组织之研究：以西河林姓七角头妈祖会为例

林冠娴

（屏东大学社会发展学系，指导老师：曾光正）

本文使用文献的探讨配合史料的搜集、观察访谈耆老和相关人士、相关仪式活动的实地观察记录方式，以了解西河林姓七角头妈祖会的形成、组织架构、运作，所进行的祭祀活动和人群之间的关系：同样来自厦门同安的林姓人士，在渡海来台的同时，也一并将妈祖神像由故乡带入台湾，以求神明保佑能平安渡过黑水沟，对于林姓人士而言，妈祖除了是保佑渡海平安的海神之外，更具有祖先的成分，所以在角头组织内将所祭拜的妈祖称为林姑婆祖。本文透过来台汉民族的开发过程：以堂号西河并且同为林姓的厦门同安人群，在淡水河下游两岸形成了七个处于不同空间的角头，分别是关渡角、江子翠角、南路厝角、狮头角、南港角、菜寮角以及三重角，本文所研究的角头组织，因应着淡水河的自然环境及人群活动，促使各角头间的人们建立合作互助的关系，同时也因淡水河运的发达使得两岸物资得以交换，也让人们向外迁徙，得以扩展其人群生活空间。然而在不同的角头中，可以发现每个角头间的人们对于其所属的空间都有其特有的解释方法，进而形塑出具有不同特色的角头空间。不同角头的人们在每年农历三月十八、十九举行的妈祖祭祀仪式、过头仪式、绕境活动的过程中，得以聚集进行共同活动，加强七角头人对组织的认同，并且以带有人文意涵的方法，对七角头人进行组织的诠释。然而，在日据时期即展开了陆上交通设施的兴建，配合一连串淡水河防治工程的建设，让原本生活和淡水河息息相关的七角头组织发生了改变，再加上各都市计划的实施，让部分人群离开了原本生活的空间，从而使得七角头组织不再像从前般运作。

妈祖文化意象：王清源漆画创作研究

王清源

（台湾艺术大学书画系造型艺术硕士班，指导老师：陈炳宏）

虚实为东方的人文思想，也是营造水墨画氛围的重要元素。水墨画和漆画是两种不同媒材的表现，如何成为笔者在未来创作时的灵魂依归，是一种新的挑战。汉文字艺术化后的书法，有其特殊的线质与韵致，缘起于对妈祖慈爱、悲悯如母亲般的情怀，是早期随先民渡海来台，为异地垦荒庶民精神上的依托，因此庙宇遍布全台，自然而然形成所谓的妈祖文化，是在地文化的象征，也是笔者创作的灵感素材。因机缘得以学习传统工艺中的漆艺，古代漆器属于贵族阶层，现今新兴媒材的普及性及价格低廉，早已取代其实用的功能性，而渐趋式微。因此思索如何应用天然漆的特殊性，加上笔者在台湾艺术大学所学习的水墨、书法艺术学养，秉持用古老的媒材、新的思维来诠释创作，意图寻找出属于自己的漆画诠释，形塑现代感的风貌，并具有艺术性的内涵与意蕴。

积无数先人智慧的结晶，现今因时代的变迁也渐趋没落，如何把书法透过构思与绘画融合，产生另一种新的可能，不再只是传统上书法、绘画而各自分流，也是此次研究的重要尝试。错置、分割、重叠，让绘画表现形式不再只是描写性，能有更多元性的表现手法。分割后的画面，因技法和色彩不同的处理，形成几何性色块般的形式或不同时空性的错置。线质、质感则应用天然漆的特性，尝试性为漆画寻找更多元的艺术性与不同的视觉效果，因为漆画同时具有绘画性与工艺性的双重属性。

如何形塑自己的艺术风格，并非短期内就能有所收获，祈愿借由这次研究训练，来探讨系列性作品的艺术语汇，进而思索漆画的艺术品位与自我风格的形塑。现阶段的创作与论文学理的探讨，笔者视为未来创作上的起点，秉持不断的尝试、失败、再尝试，借以激荡启发出新的探索性精神，使未来创作上有所依归，并坚持爱我所爱，无怨无悔。

庙会进香活动之魅力因子探讨：以白沙屯妈祖为例

郑雪真
（东方设计大学文化创意设计研究所，指导老师：林明宏）

台湾民间习俗在神明诞辰、庙会祭典前夕都会举行绕境出巡仪式，这类传统庙会的进香活动有抚慰人心、安定人心的作用，因此台湾传统庙会祭典或是传统庙会进香活动成为传统民俗信仰中重要且不可或缺的一环。台湾传统庙会进香活动，以白沙屯的进香算是最为特别的，白沙屯拱天宫妈祖銮驾绕境于其他庙会进香活动不同的地方在于整个流程中，只有起驾与回銮的日期会事先公告，其他绕境路线与时程全依照当下妈祖的指示进行。除此之外，白沙屯庙会进香活动最受人瞩目的就是沿街民众会在庙方人员的引导下排成一直线，接受钻轿脚的洗礼。综理来说，白沙屯拱天宫妈祖庙会进香活动丰富，杂糅与展现了妈祖信仰背后的文学、艺术、建筑技艺以及文化创意。

本研究之目的，系在透过深度访谈参与进香的个体，明确讨论出进香活动的相似性与差异性，探究吸引大众参与白沙屯妈祖进香活动的因素，同时以魅力工学之评价构造法作为分析工具，具体解析白沙屯进香活动的魅力因素，继而探究白沙屯妈祖进香活动该如何维系其魅力因素。本研究进行白沙屯庙会进香活动之魅力因子分析，归纳与分析找出五大原始理由之魅力因子文化传承、独特的活动、带动观光发展、增加曝光度、安定人心以及人际交流，以及 5 个具体理由之魅力因子与 6 个抽象理由之魅力因子，能够让吾人了解白沙屯庙会进香活动之魅力因子并可作为问卷设计之依据项目。最后以重要绩效分析法（IPA）分析白沙屯妈祖进香活动喜好度和满意程度，可以聚焦在魅力因子属性的相关重要度以及满意度，提供白沙屯拱天宫或是其他庙宇在庙会进香活动的安排上吸引参与者。本研究结论发现，增加其能见度、带动地方经济、提升具有人际关系互动与交流之机会为三个主要需改善的魅力要素以及建议。

宗教进香活动之服务设计与分析：以白沙屯妈祖为例

施天麟

（云林科技大学信息管理系，指导老师：施东河）

妈祖信仰是台湾地区长久以来重要的宗教信仰，而妈祖进香是历史悠久的宗教活动，历年参与人数也持续成长，截至 2019 年进香人数已超过 5 万人。然而由于进香路程较长，全程徒步行走需要耗时数天，因此大部分进香成员往往无法走完全程，只能中途参与某段进香路线。此外，妈祖进香路程的安排皆由神明指示而行，随时可能有转折点，无法事前预知。因此，欲中途参与的成员亦很难事前规划中途加入的起讫点，增添参与的难度。本研究为解决此问题，让想要参与进香的成员增加参与的可行性，依据过去 15 年的历史路线资料，定义出进香最长路径与最短路径，找出进香路程长度的上下限，统计出过去高频率的路径转折点并计算出各种路线的概率，提供成员在每个转折点能够动态规划自己加入与离开的路线和时间，并且提供转折点在下一站的预测概率，让后勤补给以及沿路饮食与住宿地点能够提前规划，让信徒能够共襄盛举，俾利进香成员参与人数最大化。

白沙屯妈祖徒步进香的身体行动方法研究

颜佩珊

（台北艺术大学戏剧学系，指导老师：钟明德）

白沙屯妈祖徒步进香是信徒集体性的生活共识，以具体的活动行为传达了信徒们共有的文化意识与价值观念，成为社会生活的精神支柱与行动指南。就宗教本质而言，妈祖信仰是信徒自发性的一套精神操作系统，其仪式与组织活动是自成一格，虽然不同于其他制度化的宗教，却有其自身典范作用的实践模式。妈祖信仰具有宗教各种实质内容，表达了信徒共同经验下的信仰感情、信仰态度与信仰行为。在操作的过程中，与信徒的地缘组织有着密切的结合，发挥出社群整合与文化认同的信仰功能。本研究企图以史坦尼斯拉夫斯基、波兰戏剧大师葛罗托斯基、维克多·特纳等人，提供的身体行动方法的实践与理论架构为切入点。再者，本论文主要从仪式参与者的角度，关注在白沙屯妈祖徒步进香的身体行动方法，进而从中探究参与者从日常的意识状态转化到非日常的意识状态。从本论文可以看出白沙屯妈祖徒步进香能作为表演者或个人有效的自我训练模式，经由具体可行的身体行动方法实践，达到有机身心的转化。

期刊

●《中华妈祖》CN-35（Q）第0071号　2020年第1期　总第88期

中华妈祖文化交流协会主办

栏目：

刊首语

文化始于春

新闻视点

中华妈祖文化交流协会举行2020年新春团拜会（晓　烨）

“妈祖缘·翰墨情”首届全国书画名家作品展开幕（黄　婠）

三苏大地耀灵光　妈祖书院喜荣升（林　芳）

海峡两岸妈祖宫庙携手抗疫线上祈福（林群华）

中华妈祖文化交流协会　开展元旦春节送温暖活动（黄志霖）

湄洲祖庙董事长林金赞为岛上防疫一线送物资（墨　华）

湄洲妈祖服饰首次亮相澳大利亚国庆日（林亦瀚）

连江妈祖文化研究会举行防疫募捐活动（杨文健）

防控疫情　涵江妈祖文化交流协会在行动（小　张）

陆丰妈祖敬仰者派发口罩防疫（保　虔）

越南妈祖董事会汤志强支援家乡抗击疫情（张鑫艳）

澳洲乡亲爱心驰援（陈锋琴）

防控疫情环球妈祖人行动集锦

特别报道

牢记使命践大爱　不忘初心再前进（三）（俞建忠）

凝心聚力谱写妈祖文化新篇章（黄海声）

妈祖民俗活动异彩纷呈（周丽妃）

专题笔会

大爱妈祖　抗疫赞歌（正　谐）

妈祖圣泉抗瘟疫（朱合浦）

妈祖灵药祛疾病（王小七）

大爱情缘

闪光的足迹（良　宽）

他，匠心独运传承妈祖文化（林保虔）

史料宝库

南京文物里的妈祖文化（王世清）

广西桂江黄氏船民与妈祖文化（黄金华）

艺苑揽胜

十二集电视历史人文纪录片《丝路女神》艺术特征（宗　和）

大型经典连环画《妈祖》面世（海　广）

妈祖九宝吉祥物鉴赏（林成彬　陈玉彬）

永恒的民歌（林洪国）

艺术抗“疫”（陈春阳　李福生　黄玉坤）

信俗大观

全国名家书画展　创新艺宣新品牌（苏丽彬）

品味妈祖文化　弘扬大爱精神（李爱媛）

纸语神韵（秒　秒）

书画会友通两岸　翰墨留香叙真情（黄国祥）

文论纵横

谈《天妃显圣录》与妈祖信仰的关系（蔡相煇　中国台湾）

元代漕运与天津妈祖文化的传入（尚　洁）

地区巡礼

妈祖文化源流远　荔城大地底蕴深（刘福铸）

匾额短语表虔意　楹联偶句颂神功（福　裕）

非遗项目纷呈彩　信俗文化永传芳（文　寿）

文物无声纪庙史　碑文有字铭昔贤（金　昔）

圣迹寻踪

照神火陈侃离凶（仕　雄）

●《中华妈祖》CN-35（Q）第0071号　2020年第2期　总第89期

中华妈祖文化交流协会主办

栏目：

刊首语

沾恩万象尽昭苏

新闻视点

赞歌庆华诞　礼乐献妈祖（李　记）

纪念妈祖诞辰1060周年春祭典礼在湄洲岛举行（黄国清）

湄洲岛妈祖庙会启动　升幡挂灯仪式引人关注（周建国）

弘扬妈祖精神　示范文明行为（晓　吾）

中华妈祖文化交流协会规范会员队伍管理（郑已东）

4项妈祖民俗列入莆田市级非遗名录（件　件）

全球妈祖文化征文大赛结果揭晓（郑小正）

全球妈祖原创文艺作品竞赛启动（晓　政）

工行妈祖文化主题贵金属产品亮相（宗　禾）

践行立德行善共同理念　书写妈祖大爱抗疫赞歌（苏丽彬）

四海同祭　共祈康宁（肖　笑）

特别报道

沧海桑田木兰溪（蔡天新）

阅古读今木兰溪（牧　云）

木兰溪水·妈祖文化·千年文脉（沙　白）

专题笔会

木兰溪南畔的古老与崭新（周丽妃）

木兰溪畔的两座顺济庙（孟建煌）

木兰溪流域的妈祖信仰传播（李福生）

木兰溪治理与妈祖精神（许元振）

木兰溪水运与妈祖信仰（黄黎强）

大爱情缘

做妈祖精神的践行者（科　广）

他为妈祖文化鼓与呼（陈金狮）

木兰溪畔画《妈祖》（李　涵）

史料宝库

钱妃信俗与妈祖信俗的关系（刘福铸）

妈祖与钱四娘的大爱情怀（林庆扬）

木兰溪畔两巾帼　海神水神宋合祀（刘爱红）

默娘钱媛二“女神”木兰溪畔传佳话（吾　农）

信俗大观

刘克庄：南宋文坛诗咏圣妃（东　梧）

陈俊卿：木兰溪畔献地建庙（陈锦石）

李富：木兰溪下游扩建圣墩顺济庙（李　明）

中马之约

妈祖与航海（丁才荣　马来西亚）

艺苑揽胜

为两岸文化交流而奔波——深切悼念邓有立先生（周金琰）

徜徉永泰嵩口天后宫（翁志军）

木兰溪史诗（黄国怀）

木兰溪抒怀（郑靖岳）

文论纵横

历史上第一座赐额“顺济”妈祖庙遗址考证（陈春阳）

白塘李氏与妈祖信仰的传播（李　影）

地区巡礼

余姚境内的妈祖信仰与天后宫（黄承漳）

宁海境内的妈祖信仰与天后宫（李恒迁）

象山境内的妈祖信仰与天后宫（竺桂良）

圣迹寻踪

承后恩册使消灾（妈祖儿）

●《中华妈祖》CN-35（Q）第 0071 号　2020 年第 3 期　总第 90 期

中华妈祖文化交流协会主办

栏目：

刊首语

岁月沉香

新闻视点

聚焦“两会”看妈祖（中　和）

湄洲妈祖祖庙六届三次会员代表大会举行（周建国）

俞建忠一行考察妈祖文物保护工作（宗　禾）

中华妈祖文化交流协会　为新组建服务队授旗（翁劲松）

中华妈祖恒丰佳创奖学金设立（晓　嫁）

妈祖义工“红色马甲”点亮一座城（周小舟）

福建省林氏委员会参访中华妈祖文化交流协会（李　记）

推动妈祖文化在北美地区规范化发展（美　文）

德化妈祖文化交流团到协会参访交流（晓　桦）

湄洲妈祖祖庙董事长参谒妈祖先祖（湄　文）

莆田文峰宫妈祖义工为创城献力（郑己东）

山东省妈祖文化交流协会成立（玄　子）

陆丰妈祖文化团体慰问战“疫”医护人员（陆　文）

专题笔会

环球妈祖祭祀习俗大观

大爱情缘

锦绣香江　盛开红梅（李福生）

史料宝库

妈祖陪神新意象

艺苑揽胜

纪念妈祖诞辰 1060 周年诗词集锦

妈祖赋（林启贤）

妈祖（曲｜方超　词｜林志洪）

纪念妈祖诞辰 1060 周年楹联作品选登

纪念妈祖诞辰 1060 周年书法作品选登

纪念妈祖诞辰 1060 周年国画作品选登

纪念妈祖诞辰 1060 周年摄影作品选登

妈祖文化与妈祖绘画（俞宗建）

翰墨颂妈祖　丹青绘虹桥（罗　镲）

纪念妈祖诞辰 1060 周年篆刻作品选登

信俗大观

非遗——妈祖信俗活态化传承（马　顿）

祭典——慎终怀远的重要形式（周金琰）

巡安——隆重又热烈的嘉年华（正　谐）

典籍——妈祖文化的脊骨（陈金海）

文论纵横

谈妈祖的封号与爵号（刘福铸）

妈祖宫庙建筑物中文化内涵探究（金文亨）

读《夷坚志·林夫人庙》有感（陈春阳）

地区巡礼

天津皇会（陈秀琼）

南京天妃宫“乌龟会”（学　苑）

泉州蟳埔“妈祖巡香”（真　秀）

浙江象山祭海（陈　莆）

潮汕地区“做妈生”（一　范）

长汀汀州天后宫“妈祖信俗”（王　炎）

凤山妈祖庙元宵灯会的魅力（罗　肖）

妈祖宫庙古建筑　艺术殿堂尽辉煌（志　书）

圣迹寻踪

护使航朝廷祭祀（妈祖儿）

●《中华妈祖》CN-35（Q）第0071号　2020年第4期　总第91期

中华妈祖文化交流协会主办

栏目：

刊首语

为了文化的明天更美好

新闻视点

协会推进各地妈祖文化公园规范建设（家　和）

助力妈祖故里建设　共绘文化发展蓝图（张丽明　周建国　维　升）

妈祖人协理文明城市创建（翁劲松）

妈祖义工进社区义诊惠民（晓　烨）

童心绘妈祖　礼赞新时代（吴　猛）

俞建忠会见海南临高客人（晓　政）

协会迎来汕头市妈祖文化交流协会进香团（宗　禾）

天后祖祠朝圣下广场项目加紧建设（陈　琛　开　斌）

苏里南总统单多吉的“妈祖缘”（络　夏）

大型壁画《天后圣迹图》绘制将定稿（李卫国）

美籍商人爱心乐捐口罩共抗疫（林保虔）

霞浦县妈祖文化交流协会召开第四届会员大会（陈　杰）

广东华阳珠珍妈祖庙夏季大典举行（华　阳）

厦门市台商协会一行参访祖庙（首　拙）

海丰县妈祖文化交流协会成立（小　工）

台南府城广安堂赴湄洲祖庙谒祖（州　果）

上海华漕台联会到湄洲祖庙请香（菜　根）

特别报道

携手共建两岸同胞的幸福家园（黄海声）

专题笔会

湄洲妈祖文化读阅（周金琰）

北岸妈祖文化概览（筱　舟）

仙游县妈祖文化述评（何　索）

荔城区妈祖文化概述（宋　昌）

城厢区妈祖文化述略（陈祖芬）

涵江区妈祖文化简述（公　羽）

秀屿区妈祖文化概览（肖　肖）

大爱情缘

妈祖情缘（殷建红）

祖父周秀廷的“妈祖”绘画艺术（周翔华）

来自茶乡的妈祖情缘（吴维泉）

史料宝库

元世祖与天妃（金文亨）

清圣祖与天后（陈金海）

明代内阁首辅叶向高与妈祖文化（刘福铸）

林麟焻受命册封琉球国王（闻　道）

王景弘与妈祖文化传播（潘真进）

艺苑揽胜

天下妈祖（余志鹏）

大自然的神韵（郑祖杰）

信俗大观

国家级妈祖信俗非遗项目巡礼（马　顿）

省级妈祖信俗非遗项目简介（黄秀琳　祖　芬　丽　妃）

文论纵横

上海地区最早的妈祖庙（时　平）

西北印度洋圣诞岛上的妈祖娘娘庙（林亦瀚）

地区巡礼

历尽沧桑的丹东沿海天后宫（许延光）

海丝之路推动妈祖文化传播（晓　光）

“木头老倌”虔诚传承妈祖文化（原　野）

改革开放迎来妈祖文化的春天（言　光）

圣迹寻踪

旋上风反败为胜（妈祖儿）

●《中华妈祖》CN–35（Q）第0071号　2020年第5期　总第92期

中华妈祖文化交流协会主办

栏目：

刊首语

秋天的祭献

新闻视点

携手促进两岸经济文化融合发展（郑已东　伟　锋）

展现“天下妈祖·祖在湄洲”文化大观（晓　吾　黄国清）

民政部等机构对中华妈祖文化交流协会现场评估（宗　合）

昆山台协会一行来莆参访交流（翁劲松）

中华妈祖全球行奖学　暨壶兰教育基金奖教颁奖（晓　烨）

厦门市莆田商会“中国梦·妈祖缘”庆典活动举办（周建国）

山东省海峡两岸妈祖文化交流协会成立（天　下）

妈祖之声

特别报道

缘聚妈祖　融泽两岸（吴伟锋）

营造好氛围　推进新高潮（苏丽彬）

家贫子读书　扶贫先扶智（晓　烨）

专题笔会

定位——立足高端开拓视野（周金琰）

旅游——提升妈祖文旅格局（郑世雄）

两岸——结缘妈祖心灵契合（何　索）

主题——重视实施“世界妈祖 +”（李志坚）

研讨——深化主题结果运用（周丽妃）

大爱情缘

传承弘扬妈祖精神　提升应急处置能力（颛　礽）

史料宝库

福康安督建三座妈祖庙（朱合浦）

吴英与朱天贵（金文亨）

艺苑揽胜

文峰天后宫赋（余志鹏）

张向阳的《妈祖》连环画艺术（李福生）

写给妈祖的情诗（玄　子）

那片闪着灵光的海（倪伟李）

信俗大观

心意与艺术共美　守正与创新同在（维　升）

辽宁兴城天后宫概览（邢明慧）

文论纵横

关于举办“世界妈祖文化博览会”的探讨与建议（陈立人）

以“文”融合　推动心灵契合（吴　春　叶金魁）

探析妈祖个性化邮票的文化功能及创意邮品（程元郎）

略论宋代海上丝路拓展　为海外妈祖信仰传播（蔡天新）

地区巡礼

尾暝元宵呈异彩（刘福铸）

“三献”大礼从古制（福　裕）

“妈祖供品”美誉传（林成彬）

“弄大五福”喜气腾（文　寿）

文峰“烛山”渊源远（李福生）

“诵经”规范“签诗”特（刘　师）

“总簿”独特“宫灯”美（金　昔）

“行外家”仪式隆重（福　珠）

圣迹寻踪

祷妃佑擒王平乱（妈祖儿）

●《中华妈祖》CN-35（Q）第0071号　2020年第6期　总第93期

中华妈祖文化交流协会主办

栏目：

刊首语

大海的潮声

新闻视点

世界妈祖文化论坛在湄洲岛举行（伟　锋）

中国·莆田湄洲妈祖　文化旅游节开幕（郑已东　一纸轻枫）
中华妈祖文化交流协会三届五次会员大会举行（郑已东　吴俣棖）
龙岩市妈祖文化交流协会成立（宋　客）
莆田市靖恭妈祖文化交流中心揭牌（晓　苏）
妈祖之声

特别报道

凝心聚力寻新机　锐意进取开新局（俞建忠）
第五届世界妈祖文化论坛湄洲共识
携手共建人类命运共同体（吴伟锋）
文化自信　发展共享（晓　吾）

专题笔会

妈祖文化当代价值及其他（黄少强）
构建和谐社会　传承传统文化（黄浙苏）
异域妈祖信仰传播与地方文化融合（蔡天新）

大爱情缘

我和台胞叙说博美“姑婆妈”（林保虔）
龙岗妈祖谒祖进香记（苏丽彬）

史料宝库

信仰的力量——拜读《妈祖精神摭谈》偶感（朱炳初）
以人类共同体视野看妈祖文化（王　炎）

信俗大观

完美诠释妈祖九宝文化魅力的錾刻（周建国）

艺苑揽胜

存在的意义是对有限性的超越（陈　丹）
妈祖，赞美的诗歌（外二首）（杨文霞）
景泰蓝妈祖圣像（林　辉）

文论纵横

民国时期妈祖庙“存废之争”与妈祖文化内涵提升（蔡天新）

地区巡礼

仙游枫亭镇妈祖文化述略（王福梅）

枫亭妈祖信俗：元宵游灯与皂隶舞（梅　子）

度尾镇的妈祖文化（静　娴）

仙游县妈祖信俗文化特点浅析（无为子）

圣迹寻踪

扬赤旌神镇恶风（妈祖儿）

2020 年妈祖文化交流大事记（翁劲松）

●《妈祖文化研究》CN-35（Q）第 0130 号　2020 年第 1 期　总第 13 期

中华妈祖文化交流协会主办

栏目：

新闻视点

中国区域妈祖文化传播

颜思齐登陆垦拓台湾笨港刍议——以新港奉天宫、北港朝天宫为中心（连心豪）

海外妈祖文化传播

湄公河地区天后信仰之传播和变迁——以湄公河三角洲的越南人为例（阮玉诗）

马来西亚妈祖信仰与乡籍文化——以吉隆坡三座天后宫为例（刘崇汉）

越南庯宪的天后信仰（朱　斯）

妈祖文化与文学艺术

清代诗人陈文述及其妈祖诗咏（刘福铸）

中越女神信仰中的蛮娘与妈祖形象比较——以《蛮娘传》和妈祖传奇为例（朱　洁）

妈祖文化与当代社会

论大运河文化带的妈祖文化创意开发（尚光一）

妈祖文化与大湾区当代女性的身心灵健康（梁沛好）

“互联网 +”时代高校妈祖文化传承的机遇与挑战——莆田学院妈祖文化在线开放课程建设实践与反思（王成良　王福梅）

妈祖信俗源流

试析妈祖信仰中“灵验”的人为操作因素——由黑脸妈祖的灵力诸说引发的人类学思考（刘晓婕）

传承与发展：澳门妈祖信俗文化景观研究（裴齐容　王　忠）

学术会议综述

传承融合、盛聚新辉：第五届国际妈祖文化学术研讨会综述（林明太）

《妈祖文化研究》CN-35（Q）第0130号　2020年第2期　总第14期

莆田学院妈祖文化研究院主办

栏目：

中国区域妈祖文化传播

辽宁妈祖文化研究现状及其文献资料体系建构（曹　萌　张剑钊）

妈祖文化与北方“海丝”交集中的登州节点——基于古代相关涉海文献的分析（倪浓水）

西南地区明清妈祖信仰体系的构建（管庆鹏）

海外妈祖文化传播

妈祖文化在澳大利亚的传播和发展（林亦瀚）

越南南部女神信仰背景下的妈祖信仰探索（范怀风　段玉钟）

妈祖文化与当代社会

英美西方社会对妈祖文化认知的现状（陈　昉　李丽娟）

“一带一路”视野下粤港澳地区妈祖文化联合旅游开发研究（胡梅慧　林明太）

从莆田港里村的变迁看妈祖信俗与乡村振兴的内在联系（高　静）

妈祖文化融入社会工作价值观的理论与实践探索——以X社区文化建设为例（杨　国　许元振）

社会工作介入非物质文化遗产保育工作的研究——以妈祖信俗为例（陶陈晨　吉　峰）

妈祖民俗体育研究

立德树人视域下的高校文化传承与创新研究——以莆田学院妈祖体育文化为例

（陈振宇）

闽台妈祖民俗体育产业化发展SWOT分析（林立新　陈少腾　林　荣　武　炜　林丽萍）

妈祖文化与文学艺术

闽台妈祖音乐文化数据库的构想与策略研究（陈美静）

●《妈祖文化研究》CN-35（Q）第0130号　2020年第3期　总第15期

莆田学院妈祖文化研究院主办

栏目：

妈祖文化与海上丝绸之路

妈祖文化融入海洋命运共同体的价值与路径（郑丽萍）

海外妈祖文化传播

越南金瓯督河镇渔民社群的天后信仰（阮玉诗　杨黄录　魏瑾媛）

越南胡志明市华人“天后圣母崇拜”的研究（阮福才　阮顺贵　陈氏金黄）

中国区域妈祖文化

两岸妈祖文化交流与民众文化认同感建构（连晨曦　李　晶　黄后杰）

闽台两地妈祖文化交流40年回顾与思考（陈国成　艾士易）

妈祖形象与妈祖崇拜的传播与接受（张宁宁）

民国时期闽粤申请保存妈祖庙史实考述（陈金亮）

民俗信仰的文化传承与实践（陈龄慧）

妈祖文化与经济

论妈祖文化与旅游经济的融合——以湄洲岛国际会展中心郡雅酒店为例（汪　琼　李文武）

妈祖文学艺术

身份认同：台湾新文学中妈祖书写的观察维度（许　正）

妈祖学学科建设

传统文化在高校拓展式教学的实践与创新——以妈祖文化类课程为例（吉峰）

●《妈祖文化研究》CN-35（Q）第0130号　2020年第4期　总第16期

莆田学院妈祖文化研究院主办

栏目：

第五届世界妈祖文化论坛暨第六届国际妈祖文化学术研讨会开幕式专家致辞选登

中国社会科学院古代史研究所所长卜宪群研究员致辞——妈祖文化与构建人类命运共同体（卜宪群）

长江学者四川大学姜生教授致辞（姜　生）

海南大学副校长傅国华教授致辞（傅国华）

妈祖信仰传播与发展

福州地区古代妈祖信仰的传播（范丽琴）

“双轮驱动”下妈祖文化的微信传播（许元振）

妈祖文化跨境联系在新媒体时代的展示——以湄洲妈祖祖庙为例（邹雨欣）

海外妈祖文化传播

妈祖文化在地化：马来西亚的一个个案研究（吴明珠）

妈祖文化综论

潮州妈祖信仰传播初探——以东门天后宫为核心（苏何诚）

道士驻庙与妈祖信仰（林美容）

妈祖文化信仰中的灵性与叙事治疗效果探析（刘峰铭　姜　哲　郑若宜）

妈祖文化研究的新资料、新视野——读《妈祖文化与明末朝鲜使臣》有感（翟金明）

妈祖艺术与体育文化

论妈祖“六佾舞于庭”礼义乎——以台湾为例（陈致颖）

由民间走向剧场的妈祖舞蹈——以舞蹈诗《妈祖》为例（吴小涵　杨旻蔚）

莆田市妈祖民俗体育项目开发研究（詹金添）

妈祖文化与人才培养

妈祖精神融入地方高校人才培养的过程、困境与对策——以莆田学院为例（叶燕霞）

闽台青年文化融合发展的困境与对策（林兆龙　杨　晓）

学界概况

研究机构

●青岛市妈祖文化联谊会

2020年1月12日，青岛市妈祖文化联谊会2020年度理事会圆满召开。刘明冉会长指出，自妈祖大讲堂在青岛开设以来，联谊会切实将妈祖文化传播到当地的中学生中，引起了良好的反响。

●台湾新港奉天宫妈祖文化研究暨文献中心

中心与台湾淡南民间文化研究会合作，成立于2010年，并常与新港奉天宫共同举办、参与妈祖文化相关活动。2020年2月13日，农历正月初二，“天佑中华　两岸合和”——海峡两岸妈祖宫庙携手辛丑年迎春祈年大典活动，分别在福建宁德市霞浦县松山天后行宫、台湾嘉义新港奉天宫和台湾新北板桥慈惠宫同时举行，两岸妈祖信众“云端”共同祈福。现场，祈年祭祀典礼遵循传统礼制方式进行，在妈祖金身像前，参祭人员循迎神、上香、行初献礼、行亚献礼、行终献礼、行三跪九叩礼等传统礼仪依序展开。台湾新港奉天宫董事长何达煌在连线中说，妈祖是两岸同胞共同信仰的和平女神，两岸人同根、神同缘，我们是血浓于水的一家人，祈愿妈祖保佑，两岸和平、人民安康。

作为妈祖信俗的重要传播地，霞浦松山天后行宫是大陆现存历史悠久、规格较高的祭祀海神庙宇，距今已有900多年历史。据考证，这是继湄洲妈祖祖庙之后的第一个妈祖行宫，故有“妈祖行宫之尊”的美誉。近年来，该行宫开展了30余次的两岸妈祖文化交流活动，先后与台湾妈祖联谊会、新港奉天宫、北港朝天宫、大甲镇澜宫、板桥慈惠宫等百余家妈祖宫庙和机构建立联系，交流活跃。霞浦松山天后行宫董事会秘书长陈杰称，妈祖文化是中华民族传统文化的瑰宝，希望通过这种民间文化联谊，进一步加强两岸的交流和往来。

●连江县妈祖文化研究会

连江县妈祖文化研究会成立于 1995 年 12 月。2020 年 2 月 24 日，福建省连江县妈祖文化研究会在管头会所召开春节期间防控疫情以来第一场会长办公会议。参加人员包括：连江县妈祖研究会会长杨文健，副会长唐宗斌、郑德佺、吴福顺，顾问张振英以及主要成员郑成乐、黄国盛、杨银太、骆明勇、董尧婵等。会议中，杨会长首先对这次 2020 年春季防控“新型冠状病毒肺炎”工作的捐款及党员志愿者协助社区进行防控瘟疫活动和措施进行总结，并公布和讨论捐款款项的专用用途，以及捐款之后，妈祖研究会的爱心活动相关工作。其次，拟聘任陈绍仁、黄国盛两位同志为第四届理事会副会长、董尧婵女士为副秘书长。再次，开展联谊交流工作，讨论疫情解除后出访目的地、交流项目及人员组成。最后，为纪念我会成立 25 周年举行庆典大会，做好筹备工作。成立筹备小组，编辑纪念画册，选择纪念物品，拟定日期规模。

●加拿大中华妈祖文化交流协会

2020 年 4 月 15 日（农历三月二十三）是妈祖诞辰 1060 周年，加拿大中华湄洲妈祖庙举行妈祖诞辰祭典。此次祭典因受全球新冠疫情的影响和加拿大政府的政策规定，不能大规模齐聚欢庆。加拿大中华湄洲妈祖庙董事长吴珍发代表加拿大广大妈祖敬仰者点燃心香，向妈祖行三献、三跪九叩之礼，祝妈祖 1060 周年华诞！祈愿风调雨顺，国泰民安！祈愿四时无灾，八节有庆！祈愿中华昌盛，世界康宁！祈愿华夏儿女共战疫，湄洲妈祖佑苍生！祈愿家家美满，人人安康，吉祥如意！诞辰仪式由加拿大中华妈祖文化交流协会会长林天佑宣读祝文。林天佑表示：“新冠疫情和距离阻挡不了我们虔诚的心，热烈祝贺妈祖诞辰 1060 周年，愿在妈祖灵光的普照下，我们一定能够战胜疫情，愿疫情早日结束，让我们尽快相聚在湄洲圣岛同谒妈祖，共享平安。”

●中国北方妈祖文化研究中心

中国北方妈祖文化研究中心成立于 2016 年 4 月 26 日。第五届中国北方（曹妃甸）妈祖文化研讨会于 2020 年 4 月 25 日以视频形式成功举办。来自中国民俗学会、天津、河北的 17 名专家学者参加研讨会。研讨会以“融入一带一路，文化创造价值”为主题。中华妈祖文化交流协会特约研究员尚洁、河北大学社会学系副教授孙晓天、天津财经大学财政与公共管理系教师李晓非、河北大学副教授马兰、《京津冀文学》总编冯连满、《蚕沙口传奇》作者刘爱春、作家耿湘春等专家和学者积极进行专题文化交流。中国北方妈祖文化研讨会已连续五年在曹妃甸举办。

●莆田妈祖中学

该校为全国唯一以“妈祖”为名的学校，坐落在妈祖故乡湄洲岛。前身为湄洲附中，始建于 1959 年，2008 年更名为“莆田妈祖中学”。2020 年 5 月 9 日，莆田妈祖中学家委会组织开展“妈祖故里文明有礼”游园研学活动，在湄洲岛妈祖平安里景区举行。学生们身着各式汉服，在郑丽娥老师的引导下，现场学习行作揖礼，并参加了“引水作诗”“投壶”“寻根问底”等趣味体验活动，寓教于乐、寓教于趣，让同学们在游园研学中感受妈祖文化魅力。

●涵江区妈祖文化交流协会

涵江区妈祖文化交流协会成立于 2014 年。2020 年 9 月 9 日，“涵江区妈祖文化交流协会 2020 年奖学金发放仪式”在该区教育中心举行。包括协会创会长蔡金水，协会高级顾问、莆田兴兰实业有限公司董事长李玉火等人出席发放仪式。涵江区妈祖文化交流协会 2020 年捐资 6 万元奖励该区 51 位优秀学子，其中考取北京大学的翁逞浩同学获得李玉火董事长提供 1 万元奖学金。此外，协会也提供 15.2 万元奖教基金奖励本区优秀中小学教师。自成立以来，协会已奖助140多万元用于教育公益慈善事业。

2020年10月7日，莆田市涵江区妈祖文化交流协会第二届三次理事（扩大）会议顺利召开。协会会长林国珍、协会高级顾问李玉火、涵城集团副总黄杰峰带领协会全体同仁在东岳观妈祖殿举行三献礼仪式。中华妈祖文化交流协会副秘书长、涵江区妈祖文化交流协会创会会长蔡承武、协会党支部书记、会长助理蔡金水先生，以及协会理、监事会成员、会员代表等260多人参加了本次会议。蔡金水主持会议并作协会工作报告。大会决定聘任王少飞为协会名誉副会长，聘任畲云为协会法律顾问，并颁发证书，还为新增的常务副会长、副会长、常务副秘书长、副秘书长、常务理事、理事、办公室主任、副主任等颁发了荣誉证书。中华妈祖文化交流协会副秘书长蔡承武也代表中华妈祖文化交流协会向大会的顺利召开表示热烈祝贺。

●台湾妈祖联谊会

2020年9月18日，联谊会与台中明道大学妈祖文化学院举行“2020台湾妈祖联谊会临时会”。台湾妈祖联谊会会长郑铭坤说，明道大学妈祖文化学院设立后，可以透过学校系统化收集与保存妈祖文化相关文献与文物，办理妈祖文化推广课程及国际学术研讨会或出版妈祖文化相关的书刊或影音短片等，透过妈祖主题来传承传统民俗文化，并透过各种创意设计来彰显妈祖文化的内涵，促成民俗信仰及传统文化与产业发展产生更多的联结。在本次会议中，明道大学也颁发首届妈祖文化学院荣誉院士给大甲镇澜宫颜清标董事长、北斗奠安宫陈在主委及明道大学董事长李超群博士。明道大学校长郭秋勋说，三位荣誉院士长期推动妈祖文化传承，大甲镇澜宫颜清标董事长与大陆同仁共同推动将妈祖文化列为世界非物质文化遗产，并发挥妈祖大爱，设立“镇澜儿童家园”关怀弱小；北斗奠安宫陈在主委，力倡妈祖文资保存，推动三级古迹奠安宫古庙回乡，并成立北斗奠安慈善功德会，大力投入社会公益。明道大学董事长李超群博士，担任海峡两岸教育交流促进协会理事长，协助推动两岸妈祖交流，并传承妈祖信仰传统，资助妈祖文化学院兴学。未来妈祖文化学院每年将遴选对妈祖文化研究有贡献或彰显妈祖精神的社会贤达担任荣誉院士，共同推动妈祖文化的传承。

●莆田学院妈祖文化研究院

2020年9月22日，莆田学院妈祖文化研究院与海启星共建妈祖文化传播实践基地签约暨授牌仪式圆满举行。妈祖文化研究院院长姚志平、莆田学院发展规划处处长黄少强、莆田学院妈祖文化研究院副院长林明太、莆田学院妈祖文化研究院教授詹金添，海启星董事长林祖祥携公司主要负责人参加授牌仪式。姚志平为莆田学院妈祖文化传播与研究广东海启星海洋科技有限公司实践基地授牌，海启星董事长林祖祥揭牌，双方签订了共建协议。

●海丰县妈祖文化交流协会成立

2020年10月20日，海丰县妈祖文化交流协会举行成立暨揭牌典礼，来自福建、广州、深圳、汕尾、陆丰等地及本县各界嘉宾暨协会会员欢聚一堂。吴佩锦当选协会会长，陈介仁担任名誉会长。海丰县政协副主席柯小林代表地方党政对关心、支持地方传统文化建设，对长期致力弘扬妈祖精神，传播妈祖文化，推动地方文化事业发展的各界人士表示衷心感谢，也对协会寄予厚望，期盼众人在党中央坚强领导下，同心同德，传承弘扬优秀传统文化，建设美丽幸福家园，为中华民族伟大复兴添砖加瓦。

●中华妈祖文化交流协会

中华妈祖文化交流协会三届五次会员大会于2020年10月31日在福建省莆田市湄洲岛世界妈祖文化论坛会址召开。来自海内外近300家妈祖文化机构代表，以及众多为妈祖文化事业作出较大贡献的企业家、慈善家共襄盛举。大会由中华妈祖文化交流协会副会长兼秘书长林金榜主持。中国侨联顾问、中华妈祖文化交流协会原副会长林兆枢，中华妈祖文化交流协会名誉会长、福建省人大常委会原副主任袁锦贵，莆田市政协主席周青松，中华妈祖文化研究院院长、中华妈祖文化交流协会原常务副会长林国良，中华妈祖文化交流协会顾问、福建省人大常委会原常委林光大，中华妈祖文化交流协会常务副会长俞建忠，协会副会长、上海玉成天赐珠宝有限公司董事长赵柳成，中共湄洲岛国家旅游度假区工委书记林韶雯，湄洲岛国家旅游度假区管委会主任林锋，协会副会长兼秘书长林金榜，协会副会长、莆田市湄洲妈祖祖庙董事会董事长林金赞，福建泉州天后宫董事会副董事长黄泽民等嘉宾出席大会。

龙岩市妈祖文化交流协会

2020 年 11 月 21 日，福建省“第七届客家文化节暨龙岩市妈祖文化交流协会揭牌仪式”在龙岩学院举行，活动由该校闽台客家研究院院长、师范教育学院院长陈弦章教授主持。福建省人大常委会原副主任袁锦贵，福建省人大常委会原常委林光大，龙岩市人大常委会副主任阙朝阳，龙岩市政协副主席、闽西客家联谊会会长刘友洪等领导和嘉宾，龙岩市直有关部门负责人、专家学者等众多来宾与会。揭牌仪式前在厚德楼二楼学术厅召开了龙岩市妈祖文化交流协会会员代表大会，宣读了龙岩市文化和旅游局、龙岩市民政局批准同意成立龙岩市妈祖文化交流协会的批复文件，审议通过了协会章程、会费收取标准及使用管理办法，并根据协会章程选举产生了第一届理事单位（22 个）、常务理事单位（14 个）、常务理事（38 人）、理事（63 人）、监事会（3 人），选举林红勇为会长，陈弦章为常务副会长兼秘书长，林玉营等 15 人为副会长。随后召开的龙岩市妈祖文化交流协会成立大会上，袁锦贵被聘为龙岩市妈祖文化交流协会总顾问，林光大、俞建忠、林金赞为顾问，紫金集团董事长陈景河为名誉会长。全球 21 家社团发来了贺信贺电。

广东省妈祖文化交流协会

广东省妈祖文化交流协会于 2020 年 11 月 28 日在汕尾市泰林酒店举行广东省妈祖文化交流协会第二届第二次会员大会。

惠来县妈祖文化交流协会

2020 年 12 月 5 日至 7 日，惠来妈祖文化交流协会举行惠来林氏祠堂重光晋祠晋主庆典，开展座谈会，就传承、发展妈祖文化及增进妈祖文化交流深入探讨。

●海南省临高妈祖文化交流协会

2020 年 12 月 17 日，由海南省临高妈祖文化交流协会与国际旅游岛商报社共同主办“2020 海南（临高）欢乐旅游节暨妈祖文化交流会”。活动以“妈祖佑华夏，延续海丝路，潮起海之南，逐梦自贸港”为主题，在海南省临高县展示了妈祖信俗项目，并推介海南省临高县渔家优秀传统文化和当地旅游资源。活动平行论坛“2020 海南（临高）妈祖文化交流会”在 17 日下午举行，国内妈祖文化机构、研究院等专家学者共同探讨发挥妈祖文化的积极作用，服务国家“一带一路”倡议。在海南自由贸易港建设的重大历史契机下，将妈祖文化作为全球知名文化 IP，进一步深化妈祖文化和海南旅游产业的融合，同时以“立德、行善、大爱”的妈祖文化核心精神构建和谐社会。

●日本关西妈祖会

2020 年 12 月 22 日关西妈祖会召开创会第一次筹备会议，由会长川野荣子主持，20 多位成员与会，相关侨务人员也应邀出席。日本关西妈祖会成立宗旨在于发扬妈祖慈悲施德于世，并凝聚侨社人员与资源，服务旅日华人同胞，贡献大家的力量。

●陆丰市妈祖文化研究会

广东省陆丰市妈祖文化研究会成立于 2002 年 7 月。2020 年 12 月 29 日，农历冬月十五，是陆丰福山妈祖民俗感恩祈福日。陆丰市妈祖文化研究会在福山妈祖旅游区举行活动，游客、香客会聚福山天后宫辞别旧岁、祈福迎新。

●世界妈祖文化发展交流中心

湄洲妈祖文化研究中心成立于 1997 年，于 2016 年更名为世界妈祖文化发展交流中心。2020年持续协办妈祖文化旅游节，并出版《妈祖故里》杂志。同时应对新冠疫情，协助湄洲妈祖祖庙紧紧围绕中心工作，服务大局，以打造妈祖文化国际品牌为载体，开展“天下妈祖回娘家”、两岸妈祖文化交流等活动，自觉践行妈祖精神，扎实做好新时代妈祖文化工作，为保护好湄洲岛，建设美丽莆田而不懈努力。

研究课题（国家级、省级）

序号	课题名称	负责人	单位	项目类别
1	台湾妈祖宫庙在大陆地区之传播、发展与影响研究	于明华	莆田学院妈祖文化研究院	国家社会科学基金项目
2	妈祖文化在两岸融合发展中的独特价值	宋建晓	莆田学院	福建省中国特色社会主义理论体系研究中心后期资助项目（重点项目）
3	新时代妈祖文化融入高校体育、美育改革发展的理论审视、现实反思与实践进路	彭素珍	湄洲湾职业技术学院	2020年度福建省中青年教师教育科研项目（社科类）
4	妈祖文化与全球治理体系建设的历史学考察	梁　曦	莆田学院外国语学院	福建省社科研究基地莆田学院妈祖文化研究中心重大项目

续表

序号	课题名称	负责人	单位	项目类别
5	信仰与融合：妈祖文化与海峡两岸命运共同体建设研究	周岚峰	莆田学院药学与医学技术学院	福建省社科研究基地莆田学院妈祖文化研究中心重大项目
6	妈祖文化在中国·东盟命运共同体中的黏性作用研究——基于跨文化适应性理论的视角	张宁宁	莆田学院文化与传播学院	福建省社科研究基地莆田学院妈祖文化研究中心重大项目
7	闽台妈祖工艺美术创意产业合作研究	黄　劲	莆田学院工艺美术学院	福建省社科研究基地莆田学院妈祖文化研究中心重大项目
8	闽台妈祖文化创意产业合作研究	黄　璟	莆田学院音乐学院	福建省社科研究基地莆田学院妈祖文化研究中心重大项目

学术动态

研讨会信息

●“妈祖与健康”两岸医学研讨会孤独症康复教育专题

于 2020 年 9 月 18 日召开。专题研讨会在莆田瑞仕国际潜力少年综合中心举行，会聚了海峡两岸儿童康复教育干预行业专家，探讨先进医教协同一体化干预理念及发展现状，进一步推动两岸孤独症康复教育行业发展。本次研讨会由莆田医学会、台湾中华医养健康总会主办，瑞仕潜力少年特殊教育投资有限公司、福德旺（福建）医疗管理有限公司、社团法人海峡两岸医事交流协会承办，福建省精神残疾人及亲友协会协办。研讨会共设置两个会场，以莆田瑞仕国际潜力少年综合中心作为交流落地平台，台湾会场以线上视频方式连线。研讨会的成功举办，有力推进了莆台两地医疗健康领域的合作发展，对于促进海峡两岸医疗健康行业对接交流具有重要意义。未来，主办方将不断推动两岸医疗健康产业技术交流与创新发展，积极践行莆台医疗健康合作，引进台湾地区先进医疗技术和人才，促进共同发展的目标，为妈祖国际健康城打造两岸医疗健康产业合作试验区助力。

●第六届国际妈祖文化学术研讨会

于 2020 年 10 月 31 日在福建省莆田市湄洲岛海景大酒店会场开幕。本届研讨会由中国社会科学院古代史研究所、中国海洋发展研究会、莆田学院、福建省社会科学研究基地莆田学院妈祖文化研究中心、福建省妈祖文化传承与发展协同创新中心、福建省高校特色新型智库莆田学院妈祖文化研究院、福建省妈祖文化研究会、莆田市湄洲岛国家旅游度假区管委会、莆田市湄洲妈祖祖庙董事会联合主办。

●第五届世界妈祖文化论坛

于 2020 年 11 月 1 日在福建省莆田市湄洲岛举行。本届论坛以“妈祖文化与人类命运共同体”为主题，采取“线上 + 线下”相结合的方式开展，论坛包括主旨演讲、第二十二届中国·莆田湄洲妈祖文化旅游节的人类非物质文化遗产代表作——妈祖文化信俗的妈祖祭典展示、莆田市开放招商项目推介签约活动、2020 妈祖文化和旅游国际传播论坛、第六届妈祖文化国际学术研讨会、中华妈祖文化交流协会三届五次理事会、《妈祖回家》电影公映、《妈祖丝路·印迹》瓷器展、湄洲女发髻表演赛、平安塔灯光秀等活动。

●妈祖文化和旅游国际传播论坛

于 2020 年 11 月 1 日在湄洲岛举行。论坛由福建省文化和旅游厅、莆田市人民政府主办，中国旅游报社、莆田市文化和旅游局承办。文化和旅游部国际交流与合作局副局长封立涛，福建省文化和旅游厅副厅长林守钦，莆田市政府副市长陈惠黔等领导出席论坛并致辞。

研讨会综述

第六届国际妈祖文化学术研讨会综述

本次研讨会采取线上与线下相结合的方式，现场专家分组讨论外，还有来自日本、越南、泰国、马来西亚、澳大利亚与我国台湾地区的10多位学者通过视频共同参与交流研讨。“妈祖文化起源于莆田，全世界范围内，现有上万座妈祖分灵庙，妈祖信仰者三亿多人，已经发展成为世界性文化现象。”莆田市委常委、宣传部部长吴桂芳介绍道。他希望各位专家学者共同传承与弘扬妈祖文化的精神内涵，为促进21世纪海上丝绸之路及“海丝”沿线国家和地区的民心相通，构建海洋生命共同体和人类命运共同体提供更坚实的理论支撑。

中国社科院古代史研究所所长卜宪群研究员在致辞中表示，妈祖文化是海上丝绸之路发展的文化起点和文化纽带，目前妈祖文化已传播到国内28个省市以及世界40多个国家和地区。我们应在更高站位研究妈祖文化，提炼妈祖文化内涵，为当代社会建设性发展作贡献。

开幕式上，莆田学院党委书记陈柴生谈及学校长期以来致力于妈祖文化研究所采取的举措和取得的办学成效。莆田学院成立了妈祖文化传播学院，连续五届开设妈祖文化传播人才培养特色班，培育建设以妈祖文化为研究特色的硕士学位授权点，建设了目前国内独有的、最大的妈祖文化研究专题数据库，学报创办妈祖文化特色专栏，创办《妈祖文化研究》刊物。“学校先后承担了包括国家社会科学基金特别委托项目在内的多项妈祖文化研究国家、省市社科基金项目。”陈柴生介绍说，学校出版整理了《妈祖学概论》《妈祖文化研究论丛》《妈祖文化年鉴》《妈祖文献史料汇编》等学术著作、资料汇编。

泰国格乐大学校长克拉塞•查纳翁（Krasae Chanawongs）通过线上视频参与会议。他说，得益于“一带一路”倡议，近年来，中泰文化、经济交流日益频繁，格乐大学致力于实现中泰两国的教育互通。国际妈祖文化学术研讨会已举办到第六届，取得越来越大的影响力和知名度。他希望格乐大学与莆田学院有更深入的交流合作。本次大会共征集论文 74 篇，开幕式后，与会学者先后作主旨发言，就妈祖文化与海丝文化、海外妈祖文化传播、中国区域妈祖文化、妈祖文献资料及解读、妈祖文化创意产业研究等议题作交流探讨。

●第五届世界妈祖文化论坛综述

自 2016 年以来，在各方大力支持下，世界妈祖文化论坛已经在莆田市湄洲岛成功举办了四届，在全球华人华侨及“一带一路”共建国家和地区产生了广泛的影响，进一步推动了妈祖文化在世界范围内的弘扬和发展，促进了莆田与海丝共建国家和地区的交流合作。

莆田市委常委、宣传部部长吴桂芳表示，已经举办的四届论坛，吸引了 64 个国家和地区政府机构、学术单位和社会组织，200 多位专家学者参加，不断扩大了妈祖文化在海丝沿线国家和地区的影响力，应该说妈祖文化的朋友圈是越来越大。从第一届 2016 年举办以来，妈祖文化传播分布从 38 个国家和地区增加到 46 个。妈祖文化已成为更具代表性的文化符号和文明交流的纽带。“一直以来，我们以机制融合、文化融合、生态融合、产业融合、社区融合和创新融合‘六个融合’为抓手，致力于把湄洲岛打造成为台胞台企登陆的第一家园‘桥头堡’，着力深化两岸妈祖文化交流。”莆田市湄洲岛党工委书记林韶雯在此前的记者会上表示。

多年来湄洲岛持续打造了世界妈祖文化论坛、中国·莆田湄洲妈祖文化旅游节、春秋妈祖祭典、海峡论坛·妈祖文化活动周等活动品牌，每年来谒祖进香的台胞约 30 万人次，成为大陆吸引台胞最多最密集的地区之一。在疫情防控期间，携手举行了“天佑中华、祈福武汉”活动，吸引了众多台胞线上线下共同参与，打破空间阻隔和时间限制，进一步提升了海峡两岸文化交流水平。同时按照“邀请一个团，共植一片林”的思路，在湄洲岛一个淡水湖开辟了“两岸同愿林”，邀请台湾地区基层代表共植同愿树 100 多棵，体现了两岸同胞携手共创幸福家园。

妈祖文化和旅游国际传播论坛综述

本次妈祖文化和旅游国际传播论坛的举办，将有助于多渠道传播妈祖文化和旅游资源，传承妈祖文化的精神，赋予新的时代内涵，对推动建设文化强省和全域生态旅游省、打造“清新福建”“全福游、有全福”品牌、促进文化和旅游高质量发展超越具有重要意义。陈惠黔副市长则指出，举办2020年妈祖文化和旅游国际传播论坛，对于推动湄洲岛国家5A级景区创建、世界妈祖文化中心建设具有重要意义。莆田市将以举办此次论坛为契机，充分借助论坛影响力，大力推进妈祖文化的传承与弘扬，以妈祖文化引领旅游发展，继续深化与各方的区域合作，共同打造妈祖文化旅游品牌，构建旅游资源共享、客源互动、市场共建、利益共赢的旅游发展大格局。

此次论坛以“妈祖圣地　美丽莆田”为主题，北京师范大学新媒体传播研究中心主任张洪忠，世界旅游城市联合会（WTCF）联络部高级经理马瑞琦（Richard Matuzevich），中国建筑科学研究院文旅分院院长、源创汇国际文旅创新服务机构创始人吴熠炜分别发表了《城市文化形象国际传播的新媒体技术应用策略》《Place Branding》《妈祖文化超级IP再造　激活城市文旅产业发展》主旨演讲。在圆桌对话环节，黑山驻华大使馆大使达尔科·帕约维奇（Darko Pajovic）、突尼斯驻华大使馆参赞阿代勒·本·亚古（Adel Ben Yacoub），全国旅游标准化技术委员会主任委员、文化和旅游部科技教育司原司长孙若风，首都经济贸易大学教授、博士生导师李云鹏，莆田学院旅游系主任、教授黄秀琳，莆田市图书馆副馆长张翔，就妈祖文化和旅游国际传播路径进行深入探讨。中国社科院新闻与传播研究所副所长方勇主持对话。论坛上，文旅产业指数实验室也发布了《2020妈祖文化和旅游国际传播影响力调查报告》，莆田市文化和旅游局则发布了莆田城市形象片。此次论坛包括奥地利、黑山、斯里兰卡、保加利亚、尼泊尔、突尼斯等国家的驻华使节、文化和旅游机构代表，全国妈祖文化和旅游相关省市代表，福建省相关地市及莆田市相关部门代表，以及中央主流媒体、新媒体代表200多人出席论坛。

会议工作报告

湄洲妈祖祖庙董事会 2020 年度工作总结和 2021 年工作思路

2020 年已经与之挥手告别。回顾一年来的经历，我们感受风雨同舟，来之不易；感慨危难当头，彰显大爱。

一年来，我们面对新冠肺炎疫情冲击，日常工作面临许多困难，但祖庙全体员工以迎难而上的斗志，严防死守的担当，埋头实干的精神，攻坚克难的脚力，与全国人民一起共克时艰，全力支持一线抗疫，全体服从一线指挥，全面服务一线大局，为一线抗疫提供强有力的支援。

一年来，我们众和一心，命运与共，在各级党委政府，特别是湄洲岛党工委、管委会的领导下，践行妈祖精神，传播妈祖文化，以更加扎实，更为高效的工作状态，持续推动人文交流、文化提升，推动景点建设、管理创新、文旅经营，优化各项服务要素，取得了新成效。

——众志成城，线上线下构建抗疫“防护堤”

由于受到疫情的冲击，祖庙的工作，也同其他行业的工作一样，受到新挑战，面临新困难。景区正常运作被打乱，日常往来被“搁浅”，一些文化活动被“压缩”，一批文化项目被“叫停”。尽管肩头重，压力大，难题多，但全体员工讲团结，讲敬业，讲奉献，特别是在疫情暴发的关键时刻，大家心齐气顺，沉稳应对，众志成城，努力弘扬抗疫精神，在疫情面前奋发作为，第一时间借助网络平台发出捐助抗疫物资的《倡议书》。一石激起千层浪，海外内妈祖文化机构和敬仰者积极响应，短时间内，通过妈祖慈善基金会筹集善款 80 多万元，口罩 40 多万个，其中从海外捐赠 20 万个口罩，以及一批防护服、消毒液、洗手液、体温计等医用物资，第一时间转捐运抵武汉、莆田及湄洲岛抗疫一线，受到海内外各界人士的好评。在全国疫情严控期，祖庙又牵头组织台中大甲镇澜宫、台湾妈祖联谊会等，举办“‘天佑中华，祈福武汉’——海峡两岸妈祖宫庙携手抗疫线上祈福”活动，吸引海内外妈祖敬仰者共同参与，通过新媒体直播平台，见证“万人祈福，万众暖心”的线上活动，在空中筑起了抗疫“防护堤”。

我们同时高度重视常态化疫情防控工作，在圣旨门广场、源流馆、平安里入口等重要位置设立测温站点，为前来朝圣的香游客分发防疫口罩，累计达 17 万多个。在党和政府的正确领导下，海内外妈祖人的共同努力，湄洲妈祖祖庙在疫情防控工作中赢得了主动，取得了突出成效，达到了预期目标。

——砥砺前行，拓展品牌形塑祖庙新形象

2020 年，是湄洲岛顺利获评国家 5A 风景区。祖庙作为创建工作的核心景区，严格按照 5A 考评细则和质量评定标准，新增人文服务项目，补齐景区业态短板，优化设施功能配套，提高景区整体旅游观感。去年以来，祖庙在疫情面前，持续保持定力，砥砺前行，克服收入大幅缩减、工期缩短等多重困难，开源节流，累计投入资金 3576 多万元，重点用于 5A 景区创建和其他配套工程，包括祖庙南轴线配套工程、天妃故里遗址公园内的妈祖故居、林氏宗祠、妈祖书院、信俗传习所等续建工程，还有祖庙后山木栈道景点工程、平安塔灯光秀夜间旅游业态工程等一批硬件建设，并陆续投入使用。这些项目的完成，进一步完善了湄洲岛妈祖文化旅游区的旅游朝圣设施，为湄洲岛获评国家 5A 景区作出了贡献。

去年来，祖庙又再次深化细化创建项目的分工职责，围绕“5A”标准提出优化景区环境的“五制”举措。一是保洁责任制。对在岗的 41 名保洁人员实行分类分区责任制，确保工作到点，责任到人，保洁到位；二是垃圾分类制。景区严格实行垃圾分类，合理安排垃圾收集点，新增垃圾桶 200 多只，及时转运垃圾，做到“职责分区，消除盲区，洁净景区”；三是公厕管理专人制。对景区 18 座公厕分类管护，专人定位，全日保洁；四是班组联动制。对岗位员工按工作量大小轻重，划分工作类别，实行分类指导，班组人员联动调配，优化组合，合理使用。五是岗位督查制。严格实行出勤考评制度，由督查主管牵头抽调有关人员，组成督查组，定期或不定期开展督查工作，奖优评差，奖勤罚懒。同时全面整治景区摄影市场、商品摊位、车辆停靠等不规范行为。切实做到人性化经营，规范化运作，常态化管理，以“5A”标准为标杆，树立祖庙景区新形象。

——凝心聚力，提升内涵增强文化吸引力

2020 年，是“抗疫”与“办节”双兼顾的一年。在抗击疫情期间，我们成功举办妈祖诞辰 1060 周年大型纪念活动，并随着疫情的逐步“解压”，协助举办第十二届海峡论坛·妈祖文化活动周；举办纪念妈祖羽化升天 1033 周年暨妈祖金身绕境巡安布福湄洲岛，行程两天一夜，得到了全岛干群和各地妈祖宫庙、妈祖文化机构的大力支持，潮汕英歌舞，闽南蟳埔女、惠安女等各地特色民俗表演多姿多彩，妈祖义工、爱心驿站成为巡安路上的好风景；助力举办第五届世界妈祖文化论坛暨二十二届中国·莆田湄洲妈祖文化旅游节等重大节庆活动。祖庙董事会把抗疫精神与弘扬妈祖精神，把岛上文化生活、民俗风情和人文旅游业态有机地结合起来。天后艺术团全年演出妈祖文化题材歌舞节目近200场，妈祖诵经团举办诵经、晨拜妈祖等近400场，节庆文化活动依然精彩，表现如下：

北上南下话联谊——疫情难阻文化联谊。2020年，祖庙按照年初确定的联谊“路线图”，全方位开展文化联谊活动。多批次组织文化联谊团队，北上浙江、上海、江苏、天津、北京，南下广东、广西、海南等10个省市，全年“走出去”文化联谊达30多批次。通过深化节庆交流，庙事合作，文化联姻，进一步扩大妈祖文化影响力。年终岁末，祖庙大型妈祖祭典团队时隔七年，在海南再奏妈祖祭典乐；在福州马尾第二届福州船政文化节，祖庙诵经团唱起晨拜妈祖曲；在莆田及周边的闽南闽东等地区，祖庙再派精干小分队，广泛开展联谊交流活动，他们与当地的妈祖宫庙代表话妈祖，叙友情，征建议，享心得，受到他们热烈欢迎，大家纷纷表示新的一年将开展更多更有意义的妈祖文化活动，组织更多更大的团队回湄洲谒祖进香。

秀水秀山秀舞台——一年来，天妃故里平安塔灯光秀，《祥瑞湄洲》户外民俗文艺秀，平安里周末汉服秀、圣旨门广场电音三太子舞蹈秀、湄洲之夏音乐季文艺专场秀等系列化“文化秀”，秀出了精彩，秀出了美好，让海岛旅游业态和文化生活愈加丰富，《妈祖三献礼》、民俗表演下乡演出等广受欢迎欢迎。

新闻新事新亮点——祖庙新闻团队已初步组成。移动新媒体大力宣传妈祖文化，抖音直播、微赞直播开展活动30多场，互动近200万人次；新闻宣传屡有收获，刊发省级以上媒体新闻80多条；纪念妈祖羽化升天1033周年期间举办的《湄洲妈祖巡天下》大型图片展，好评不断；“瓣香湄洲”2020全国书画名家作品展，众多书画名家现场挥毫献作，妈祖故里翰墨飘香，吸引各界人士目光。

书海漫步添佳作——大力支持莆田学院出版《妈祖文献整理与研究丛刊》（第三辑）、《2019妈祖文化年鉴》《妈祖文化论丛六》《妈祖文化小故事》等多部新书；自主编撰的《湄洲岛民俗风情》《妈祖故里十五宫简志》《湄洲妈祖祖庙楹联译注》《湄洲妈祖分灵礼俗》等作品和小册子将陆续出版，《2019湄洲妈祖巡天下》画册和宣传专题片也分别定稿。

“双线”搭台天地宽——联手厦门市莆田商会，打造网上“妈祖缘”合作平台，为“线上祈福”“线上点灯”“线上朝拜”“线上公益”搭建新空间。妈祖巡安文物展示馆，妈祖神像展示馆，妈祖书屋等陆续开放。为线上线下“双线”文化交流搭建新平台，开拓新天地。

信俗传承再推进——今年新增省、市级妈祖文化非遗代表性传承人 6 人，传承人队伍不断扩大；筵桌供品文化作为非遗项目，陆续展示吸引香客游客目光；展馆讲解人员趋向专业，讲解质量持续提升；妈祖文化园，妈祖莆田会馆发挥文化往来作用，去年接待中外来客 20 多万人次；妈祖源流博物馆改造提升方案经多方论证已定稿，工程即将动工。

通过文化宣传，节庆活动，新书出版，场馆展示，互动沟通，网络联通等形式，进一步推动妈祖信俗研究和文化传播，为丰富“文化祖庙”建设增添新活力，展现新风采。

——规范运作，创新机制推动管理上台阶

以机制推动管理，以管理完善机制。2020 年，祖庙在现有机构设置的基础上，尝试推行“大处室”改革，重组和合并一批机构设置，以增强机构的协调能力、办事能力、保障能力和服务能力，实现管理机制的有效提升。不断加强队伍管理建设，严格实施目标管理责任制，定岗定位，定位定责，定责定人，将工作职责与奖金福利“挂勾”。以围绕提升员工素质为目标，依次落实员工培训计划，去年共举办妈祖文化、思想道德、交通安全、文明礼仪等 10 个培训主题，突出业务技能、言语技巧、表演技艺，参训人数达 5000 余人次，参训率达 95% 以上。安全管理逐步完善，安全责任和安全追责“双责”并行，先后制定《湄洲祖庙预防突发事件预案》等 11 个节庆突发事件应急预案。强化文物保护管理，落实文物安全条例，完善全国重点文物保护综合管理体系。切实加强建设施工项目管理，严格施工安全责任，不折不扣完成施工任务。加强知识产权保护和管理，2020 年申请 3 个国家版权和 15 个地方版权，基本完成认证工作。树立“常态疫情防控”意识，做好香（游）客流动管理，落实体温测量、口罩分发等防控措施，确保防控工作万无一失。严格实施“全员督查”制，全年开展岗位督查、项目督查等 300 多次，查处违纪处罚 60 多件，有力地促进了全员风貌，整体面貌，景区新貌的再提升，实现队伍管理更上一层楼。

——文明同心，职责明确带动创建常态化

2020 年，是莆田创城“双连冠”之年，也是祖庙景区连续第五次荣获全国文明单位殊荣之年。一年来，祖庙景区与文明同心，携创建同行，以莆田创城为标杆，以景区创建为己任，“小步快跑”，精准发力，“对标”创城举措，“对表”创建项目，实现创城和创建“双发力”。一是创城创建精细化。立项议事，细心做事。根据创城创建项目标准量化细化，制定详细的项目分解表，以景区处、科室为单元，逐项对事，逐条对人，强化责任，分工落实。二是文明服务具体化。遵循“服务大局，服务来客”的服务宗旨，倡导以“微笑服务”为形象的服务理念，制定内容丰富，可操作的服务指南，重点包括文化咨询，现场导引，来宾对接，信众朝拜，以及方便弱者、老年人、残疾人等具体化服务举措，进一步提升了服务水平。三是团队服务专业化。以妈祖书屋，妈祖大学堂等为文化平台、文明讲台，悉心培养文化团队、文明骨干。一年来，先后举办讲解团队，导游团队，艺术表演团队等专业培训班，参训人员1000多人，提高了专业水平，提升了服务能力。四是义工服务社会化。为了做好文明创建，祖庙组建了一支600人的文明义工服务队，具体从事祖庙景区日常志愿服务，同时参与社会大型公益活动19次，成为了一支“做妈祖故乡文明人”的示范团队，得到社会的广泛好评。

——扶贫济困，暖心善举帮扶弱者再谋业

参与公益性慈善活动，是妈祖文化的重要组成部分。2020年，祖庙按照政府部门精准扶贫的要求，为岛上精准扶贫的对象建档立卡，把他们纳入祖庙慈善帮困的范围，全年发放扶贫资金25万多元，其中为岛上119户特困家庭送去春节慰问金18万元，为84名贫困学生发放助学金7万元。

尊师重教，奖教兴学是慈善事业的内容之一。今年来，尽管受到疫情的冲击，但董事会提出抗疫奖学“两不误，双兼顾”，压力再大，标准不降。2020年在收入大幅减少的情况下，仍为岛上师生、莆田市优秀教师、优秀学生、贫困学生发放奖教奖（助）学资金247万元。尊老敬老助老，又是慈善活动的另一重要内容。2020年，我们继续为岛上60岁以上老年人代缴2020年度医保金、意外伤害补充保险，为岛上70岁以老年人发放春节慰问金，这三个慈善项目覆盖岛上老人群体1.6万人次，总额达416万多元。除此之外我们还在其他公益事业上支出82万元。特别是在疫情防控的关键时刻，祖庙坚定践行妈祖的大爱精神，把防控疫情纳入了慈善捐赠的工作范围，在接受海内外捐赠的同时，及时向岛上防控部门捐赠医用口罩和医用物资，累计向岛上防护部门、庙区游客、莆田学院附属医院、湖北随州市、广水市，莆田涵江等单位捐赠口罩近13万个，向社团法人机构——日中“一带一路”促进协会，马来西亚马六甲兴安会馆天后宫、泰国林氏宗亲总会、泰国南瑶宫等海外文化机构捐赠口罩20万个，为战胜疫情作出了积极的贡献。日本前首相、日中“一带一路”促进协会名誉会长鸠山由纪夫收到防疫口罩后特地给祖庙写来了感谢信。祖庙慈善事业的持续进步，也得到社会的广泛好评，去年祖庙董事会在第三届“慈善八闽——海峡公益慈善项目大赛”中，申报的两个项目分别获奖。

总结成绩为了更好进步，关注不足为了更大成功。2020年，我们与全市人民一道，度过难忘而不平凡的一年，齐心抗疫、共克时艰，取得了不俗的成绩。但我们应清醒地看到，新的一年我们依然面临挑战，国内外疫情态势不容乐观，疫情防控工作不能放松；祖庙自身的员工素质、制度执行、文化建设、配套服务、品牌保护等一些短板还要补齐；5A 景区申报成功之后，规范管理，人性化服务等常态化提升任务艰巨。但是我们深信，有上级党委政府的正确领导，只要全体员工不忘初心，众志成城，砥砺前行，我们就一定能够克服前进道路上的一切困难，祖庙的明天一定会更美好。

2021 年工作思路

奋进新时代　筑梦新征程。2021 年，我们要在各级党委和政府的领导下，坚持文化引领，唱响主旋律；坚持“发挥妈祖文化作用”的国家定位，扎实推动文化发展；重点做好“文化祖庙，幸福家园”建设；弘扬“立德、行善、大爱”精神，竭力融合时代性，精心守护原创性，持续凸显独特性，主动诠释世界性，文化聚魂，敬仰聚力，联谊聚心，互动聚暖，书写更多的“文化佳话”，续写更美的“妈祖故事”。并从以下几个方面开展工作：

（一）文化引领再创时代业绩

适应时代要求，回应时代诉求，是妈祖文化长盛不衰的活力所在。2021 年，要着重发挥妈祖文化的传统优势，着力做强做好妈祖祭典、妈祖诵经、妈祖分灵等文化品牌；着手筹备妈祖诞辰纪念日和妈祖羽化升天纪念日等节庆活动；做好妈祖信俗系列文化展示，切实加强信俗传承和保护；兼顾文化多样性，突出莆仙戏剧，艺术展示，节目联演。发挥祖庙天后艺术团队的积极作用，展示民俗艺术特色。继续推动人文“双向交流”，重点推动宫庙互动交流，信众联谊交流，“遗产”共享交流；推动祭祀朝拜、绕境巡安、庙事联办等交流活动。发掘文化内涵，增进文化功能，提升文化效益。尝试“跨界融合”，试水“文创 +”发展模式，推介“海丝人文”，助力“一带一路”。积极运用新媒体，通过微信公众号、网络平台、“脸书”等线上宣传形式，不断促进妈祖文化在世界各地的广泛传播。耕耘“景点文化”，发挥妈祖文化园、妈祖平安里，天妃故里遗址公园和湄洲祖庙莆田会馆等平台作用，带动景区人文、谒祖朝圣、旅游业态等方面全面发展。

（二）齐心共建“幸福家园”特色景区

2021 年，要认真落实市委市政府倡导的建设两岸“幸福家园”、建设“妈祖文化特色小镇”的思路。视疫情情况，在现有交流的基础上，进一步加大交流力度，积极创造条件，发挥湄洲祖庙的“祖地”优势，增进与海外宫庙的互联互通，以“文”融通，增进“心灵”沟通；以文化交流为立足点，充分认识对台工作的“时”与“势”，积极支持政府探索两岸融合发展新路；以两岸宫庙代表为对象，联结妈祖情缘，对接文化血缘，打通邻里亲缘，带动两岸众多妈祖敬仰者，组团进香；力促内外人文互动。2021年，计划组织10多批的组庙联谊小分队，前往广东、江苏、浙江、上海、天津、广西、海南等妈祖文化敬仰区，开展宫庙联谊，庙务交流，文旅推广等活动；并根据实际条件，增强对台民间往来，为台胞提供更多的服务，展现两岸妈祖敬仰者和睦相处，祥和往来的同胞亲，手足情；加强两岸妈祖文化的学术往来，增进两岸妈祖文化专家学者的良性互动。要发挥祖庙顾问团的“智囊”作用，就建设两岸“幸福家园”提出指导性意见。要以湄洲岛建设妈祖文化特色小镇为契机，以“保护文化遗产，传承妈祖信俗”为主题，结合海洋文明，海岛风情，努力构建具有妈祖文化特色，合乎海洋文化特征的祖庙景区。

（三）丰富文旅业态提升服务能力

坚持5A景区建设常态化，强化项目配套，继续推进南轴线、西轴线、后山等景点工程建设，细化水电，道路、排水、卫生、安全等设施配套建设；完成天妃故里二期续建工程、妈祖文化源流馆项目提升工程；积极推动平安里改建以“龙”文化为主题的游乐场馆，推进平安里改造转型；规范进香程序，确保朝圣进香、晨拜妈祖等持续有序；充分发挥项目效益，重点做好海祭福船等综合利用；支持开展形成多样，内容丰富的文化活动，深化文创开发，产品创意，不断提升“伴手礼”产品品位，努力增强服务能力，增进服务水平。重点抓好后勤保障，庙务、接待部门，要以服务对象为重点，抓好礼仪培训，提升文化素质，扩大知识面，提高讲解力；安保、环保和妈祖义工队伍要在安全保护、医疗救助、公益事业等方面提供力所能及的保障服务，确保各项工作有序开展。

（四）量入为出确保收支平衡

要齐心协力克服疫情对各项工作造成的不利影响，千方百计压缩财务支出，保证董事会机构的正常运转，要从严把关在建项目、公用经费开支，全体员工要有过“苦日子”“紧日子”的思想准备。进一步强化财务管理，落实有关举措，合理调节各项支出，严格执行董事会开支审批程序，坚持增收节支，坚持勤俭节约，坚持制度理财，强化保运转，保支出，保平衡，切实保障联谊交流和重点项目支出。景区除天妃故里遗址公园项目、安全消防工程项目外，其余硬件建设项目基本延缓推进，保障员工工资福利不减，保障财务收支总量平稳。切实履行财务监管职责，不断提升财务管理水平。

（五）践行大爱参与公益事业

湄洲妈祖慈善基金会成立以来，本着“践行大爱，立善扶弱”的精神，依法依规积极开展工作，树立良好的社会信誉。今年，要进一步加强基金会的自身建设，发挥理事会职能，调动积极因素，大力拓宽筹资思路，增进筹资办法，增强筹资能力，集聚基金实力。充分利用互联网平台，做好宣传和推广，不断增强工作透明度、社会认可度和慈善公信度。要努力发挥基金会法人优势，对接各级各部门，增进机构活力，以“积极参与，有所作为”的姿态。积极参与扶贫济困、奖教兴学、关爱老弱病残等公益慈善活动。2021 年，尽管财力有一定困难，但基金会参与的公益慈善活动项目不能少，全年计划投放 700 多万资金。

征途波澜壮阔，几许风雨春秋。2021 年，我们既有压力又有动力。祈愿坦途无阻，大道至简；祈愿使命在肩，担当前行。走进牛年，“老牛亦解韶光贵”；步入开局，“不等扬鞭自奋蹄”。期待祖庙全体员工团结一心，一如既往，追随时代脚步，回应时代呼唤。深耕“海丝人文”，深入区域互动，深化内外联谊，深刻理解妈祖文化内涵，不忘德佑群生，扶危救难的初心；秉持慈怀举善，善心扶弱的初愿；奉承大爱无言，奉爱人间的初衷。携手文明行，5A 写新篇，不断开拓妈祖文化新境界，壮大妈祖文化大队伍，为进一步发展妈祖文化事业而努力奋斗！

2021 年 1 月 30 日

●中华妈祖文化交流协会　莆田妈祖文化研究院 2020 年对外工作总结和 2021 年工作计划

2020 年，面对新冠肺炎疫情严重冲击和国内外环境的深刻变化，中华妈祖文化交流协会、莆田妈祖文化研究院坚决贯彻习近平总书记关于妈祖文化的重要论述和国家“十三五”规划纲要的精神，在张克辉会长的带领下，落实市委市政府的决策部署，在中共莆田市委宣传部的直接领导下，充分发挥妈祖文化的积极作用，传播妈祖文化，弘扬妈祖精神，参与世界各地的疫情防控，并在服务“一带一路”倡议、构建人类命运共同体等方面作出了积极贡献。

一、2020 年对外工作总结

过去的一年，在莆田市委市政府的关心支持下，在世界各地妈祖文化机构和广大妈祖敬仰者的共同努力下，协会和研究院创造出了妈祖文化传播事业发展的新优势、新特色、新规律、新成就。主要表现在如下方面：

（一）疫情防控　携手应对

面对突如其来的新冠疫情，协会及时应对，在协会的推动下，2 月 16 日，协会副会长、湄洲妈祖祖庙董事长林金赞率湄洲妈祖祖庙，与台中大甲镇澜宫、台湾妈祖联谊会共同发起举办“天佑中华·祈福武汉”——海峡两岸妈祖宫庙携手抗疫线上祈福活动，直接连线湄洲岛和台湾，海峡两岸和海内外广大妈祖敬仰者通过新媒体直播平台共同参与了本次线上祈福活动，共同祈愿妈祖赐福武汉，中央电视台当晚播出活动盛况。

在国内疫情较为稳定阶段，海外疫情较为紧张的情况下，协会发动国内会员单位通过各种途径向海外各妈祖文化机构提供援助，湄洲祖庙董事会向泰国南瑶宫、泉州晋江联合总会、林氏宗亲总会捐赠口罩总共 5 万个，为马来西亚马六甲兴安会馆捐赠口罩 5 万个；向日本一般社团法人“日中一带一路促进协会”捐赠口罩 10 万个，日本前首相鸠山由纪夫发来感谢信对此进行点赞。福建泉州天后宫向日本东京妈祖庙捐赠一次性口罩等抗疫物资。天津天后宫、昆山慧聚天后宫、厦门朝宗宫等向境外、海外妈祖文化机构捐赠抗疫物资等。

（二）线上线下　联谊热络

今年，协会发动世界各地万个妈祖文化机构、亿众妈祖人均以各种方式，举办“千年妈祖·万场庆典·亿众献礼”喜迎妈祖诞辰 1060 周年活动，美国、加拿大、澳大利亚、菲律宾等妈祖文化机构还通过线上参与协会、祖庙举办的活动。人民日报海外网发专题报道并述评：“逢十吉庆，百歌献寿，千分颂唱，万众安康，妈祖吉诞，天下同歌”。

今年 9 月 18 日，协会参与主办了以“中华妈祖情　两岸一家亲”为主题的第十二届海峡论坛·妈祖文化活动周，活动采用线上线下互动结合方式进行，涵盖台商台胞妈祖文化研习、两岸线上妈祖文化联谊交流等系列活动。全国台企联会长李政宏、常务副会长孙德聪等领导应协会邀请出席并致辞。台湾十多家妈祖文化机构代表通过视频连线方式，在“云端”发来贺词。全国台湾同胞投资企业联谊会常务副会长孙德聪、昆山台协常务副会长蒋玉兰率昆山台协会、昆山妈祖交流协会团一行 39 人到访中华妈祖文化交流协会深化两岸同胞交流。

第十二届妈祖文化活动周期间，协会、研究院相继与中国网海峡频道等单位联合举办首届海峡两岸“讲好妈祖故事”创意传播大赛，与天下妈祖网联合举办首届海峡两岸线上妈祖文化书画作品展，与全国台企联和昆山台协会举行首届海峡两岸妈祖文化论文征文大赛、纪念妈祖诞辰 1060 周年海峡两岸妈祖文化原创文艺作品竞赛等活动，向海峡两岸和海外广大妈祖文化敬仰者广泛征集作品。征文大赛共收到境外、国外论文 11 篇，原创文艺作品共收到境外、海外作品 87 篇（副），创意传播大赛和书画作品仍在征集中。

协会的年会，是海内外会员机构交流联谊的重要平台之一，受疫情影响，今年在第五届妈祖文化论坛期间召开的三届五次会员大会，台港澳及海外的会员通过委托或线上参加，有10家境外会员、2家海外会员委托在境内的会员代表参会，其余会员通过京视网手机台直播参会，马来西亚雪隆海南会馆大会期间发来贺信。

（三）媒体融合　扩大外宣

协会会刊《中华妈祖》始终突出“特色”办刊，坚持“创新”办刊，重视“融合”办刊，着眼“精品”办刊，全年向台港澳和海外会员发行，得到《福建审读通讯》一年中三次对杂志的审读评价，充分肯定了编审工作的质量和水平。其亮点主要是：全方位多角度，报道内容丰富；全面汇集，具有很强的资料性；团结海内外中华儿女，促进两岸交流协作。特别是《中华妈祖》2019年第4期，恰逢中华妈祖文化交流协会成立15周年之际，编委会以此作为重头编辑专刊，放歌15年，呈现协会成立以来的历程与成就，受到海外读者的一致好评。同时，杂志社与马来西亚海南会馆所属的《海南之声》“脸书”合作，通过现代网络媒体在异国他乡宣传妈祖文化。

协会还有质有量办好妈祖公众号。一年来，【世界妈祖】公众号，累计编发妈祖文化图文信息1870条;《中华妈祖杂志》公众号，累计编发妈祖文化图文信息1000多条，《史料宝库》以一问一答的形式，推出雅俗共赏、图文并茂的图片，进行妈祖文化和妈祖精神的普及性宣传，至今已计达210个问答。

协会、研究院帮助升级妈祖网站。过去的一年，天下妈祖网站持续对天下妈祖网、“天下妈祖”微信公众号、APP移动阅读平台以及“天下妈祖”小程序等进行升级改版，及时更新平台内容；在各平台继续加强《中华妈祖》杂志在线阅读板块的建设运营，供全球妈祖敬仰者特别是中国台湾地区妈祖敬仰者阅读相关内容；对“纪念妈祖诞辰1060周年”“第十二届海峡论坛·妈祖文化活动周”等重大文化活动进行全面图文直播报道；今年7月，成功举办第四届我爱妈祖全球儿童画大赛评选会。本届大赛的参赛作品数量更多，质量更优，参赛者地域分布更广、参与度更高，让全球儿童尤其是海峡两岸的儿童共同感受中华民族博大精深的文化传统和积极向上的凝聚力。

协会、研究院还同有关单位联合摄制电视纪录片《丝路女神》，拍摄制作两岸信俗系列纪录片《大爱妈祖——妈祖非遗保护与传承》等，扩大文化宣传。协助发行12册《妈祖》连环画，电影《妈祖回家》公映等，形成妈祖文化对外大宣传的局面。

（四）文化品牌　守正创新

一年来，协会和世界各地妈祖文化机构坚持把社会效益放在首位，牢牢把握正确导向，守正创新，探索、打造、提升和重塑了妈祖文化品牌，取得了积极的成效。从年初两岸“携手抗疫·线上祈福”，到妈祖诞辰1060周年纪念日的线上拜寿、1060分钟的抖音直播；从天下妈祖回娘家的空中接力，到妈祖文化活动周的线上举办；从“赞歌颂党恩·礼乐献妈祖”中华妈祖莆仙十音八乐大汇奏品牌的分散举办，到“颂唱妈祖·感恩父母·立志成才·报效祖国”中华妈祖平安成人礼品牌在澳大利亚的扩大传播；从“心存善念·行践大爱”中华妈祖大学堂国学班品牌的深入人心，到“争当妈祖人·勤做公益事”中华妈祖志愿品牌的遍地开花；从“全球妈祖文化征文比赛”中华妈祖学术研讨国际品牌的稳步推进，到“妈祖信俗标准化体系建设”中华妈祖非遗传承国际品牌的辛勤耕耘，我们探索走出了一条线上与线下相协调、线上与线下相融合、线上与线下相和谐、线上与线下相促进的妈祖文化品牌打造新路子。

今年，协会和研究院进一步明确了妈祖文化研究的方向，加强对贯彻习近平主席关于妈祖文化重要讲话的研究，落实国家十三五规划纲要关于妈祖文化战略定位的研究，对发挥妈祖信俗积极作用的再研究等，把妈祖文化研究的重点放在为构建人类命运共同体服务上，放在服务世界和平、社会和谐、民族和睦、国家和昌、两岸和合、家庭和美上，放在打造妈祖文化的国际品牌上，取得了积极的成果。

（五）人文外交 扩展“朋友圈”

协会、研究院充分发挥妈祖文化的积极作用，推进公共和人文外交、民间外交，拓展妈祖文化国际“朋友圈”建设。今年，着力帮助莫桑比克莆仙同乡会成立妈祖文化交流协会，支持莫桑比克妈祖文化园建设。7月30日，俞建忠常务副会长与莫桑比克莆仙同乡会顾问张飞帆，莫桑比克莆仙同乡会常务副会长胡俊山，就建设莫桑比克妈祖文化园，一起赴莆田贤良港天后祖祠、北高鹅山妈祖文化园现场考察，在公园建设用材、风格等进行认真全面的商讨，为规范妈祖文化在海外传播发展提供了建设的决策意见。

同时，及时跟踪智利妈祖文化园和加拿大筹备建设妈祖文化景区情况，并提供及时服务。

二、2021年工作重点

2021年，是中国共产党成立100周年，是国家“十四五”规划开局之年，是中华妈祖文化交流协会换届之年。在新的一年里，我们要张克辉会长的带领下，围绕国家工作大局，不忘初心，牢记使命，开拓进取，团结奋斗，在新的时代创造新的更加美好的业绩。

（一）以交流为龙头，不断深化互动联谊。

新时代的妈祖文化交流要有新格局，要注重妈祖文化的国际化、多元化，进一步加大与海外 40 多个国家和地区的妈祖文化机构的交流，进一步加大与台湾妈祖文化机构的交流；突出两岸妈祖文化交流，突出妈祖非遗传承，突出妈祖学术研究，突出妈祖文化宣传。要策划好主题和活动方案，继续推动“妈祖下南洋·重走海丝路”活动，扩大妈祖文化在海外的影响力。

（二）以融媒为阵地，不断营造舆论氛围。

新媒体、多媒体的融合发展，是新时代妈祖文化传播的必然趋势。在新的一年里，各妈祖文化机构一定要高度重视妈祖文化传媒工作，建设实干的传媒团队，注重实际的宣传内容，形成实在的传播方式。运用新文化、新科技、新知识、新载体、新手段，以适应妈祖文化在新时代特别是对全世界传播的需要，特别是通过 IP、抖音、直播、互推、快转、PV、UV 等现代便捷传播，加强与京视网手机台、人民日报海外网的战略合作。

（三）以创新为主线，不断搭建活动平台。

新形势下，各妈祖文化机构要在“实、高、新、好”四个字上下功夫，开展好妈祖文化活动。做到活动主题实，活动起点高，活动载体新，活动效果好。继续办好“湄洲妈祖巡天下”“天下妈祖回娘家”“妈祖下南洋·重走海丝路”等活动，策划高品质妈祖文化主题对外交流活动。

（四）以研究为抓手，不断挖掘文化内涵。

研究，是做好妈祖文化的前提和基础。协会将发动各地各妈祖文化机构，高度重视妈祖文化的研究，特别是要弄明白自身的妈祖历史文化的起源、形成和发展情况，弄清楚自身妈祖文化的状态、特点和价值，弄清楚自身妈祖文化未来目标任务、工作重点和主要举措。把妈祖的历史研究好，把妈祖的文化研究好，把妈祖文化的未来研究好，把妈祖文化融入中华民族优秀传统文化和人类非物质文化遗产中进行研究，积极参与“世界妈祖文化论坛”，举办全球妈祖文化征文大赛等。

2020 妈祖文化和旅游国际传播影响力调查报告

前言

妈祖是流传于以中国东南沿海为中心的民间信仰。妈祖又称天妃、天后、天上圣母、娘妈等，是中国海神。相传妈祖原名林默，是宋代初期福建莆田湄洲岛人。她从小天资聪慧，既洞悉天文、熟习水性，又掌握医术、乐于助人，常帮助渔民摆脱困境，深受爱戴，声名远播。宋雍熙四年（987），林默娘因在海上搭救遇险船只而不幸遇难。

后人敬仰她，就在其经常举灯引航的湄峰上建庙祭祀，这是世界上第一座纪念妈祖的庙宇，史称祖庙。之后，又相传屡屡显圣，履海救船，呵护漕运。

妈祖文化肇于宋、成于元、兴于明、盛于清、繁荣于近现代。宋徽宗首次下诏封林默为“湄洲神女”，赐庙额为“顺济”。这是妈祖第一次受到皇帝册封。从此之后，历代皇帝对妈祖的褒封逐步升级。自宋徽宗宣和四年至清同治十一年，四个朝代 14 个皇帝先后对妈祖敕封了 36 次，从“夫人”“天妃”“天后”到“天上圣母”，封号最长达 64 个字。乾隆五十三年，御敕妈祖庙春、秋两季致祭，妈祖信俗被列为国家祭典，与陕西黄帝陵祭典、山东祭孔大典并列中华三大祭典。由此，妈祖上升为民族的神祇崇拜，妈祖信俗遂成为一种文化现象。

妈祖信俗也称为娘妈信俗、娘娘信俗、天妃信俗、天后信俗、天上圣母信俗、湄洲妈祖信俗，是以崇奉和颂扬妈祖的“立德、行善、大爱”精神为核心，以妈祖宫庙为主要活动场所，以庙会、习俗和传说等为表现形式的民俗文化。民间在出海前要先祭妈祖，祈求保佑顺风和安全，在船舶上立妈祖神位供奉。妈祖是集无私、善良、亲切、慈爱、英勇等传统美德于一体的精神象征和女性代表。20 世纪 80 年代，联合国有关机构授予妈祖“和平女神”称号。2009 年 9 月 30 日，妈祖信俗被联合国教科文组织正式列入人类非物质文化遗产，成为中国首个信俗类世界遗产。

妈祖文化是民间交流的天然平台和民心相通的重要纽带。也是连接“海上丝绸之路”沿线国家重要的文化纽带。妈祖信仰从莆田走向世界，已成为跨越国界的国际性信仰。目前，全世界 46 个国家和地区共有上万座从湄洲祖庙分灵的妈祖庙，有 2 亿多人信仰妈祖。

本报告通过定量与定性调查，全面把握妈祖文化在海内外传播现状与问题，为使妈祖文化成为更具现代性的文化符号和文明交流纽带，以及成为民间文化交流和发扬海洋文明的重要载体提供科学依据。同时，为进一步提升莆田和湄洲岛作为旅游目的地的国际品牌形象和影响力，吸引更多国际游客提供对策和建议。

第一章　妈祖文化在中国各地的传播

一、妈祖文化在中国大陆的传播

（一）妈祖文化在各省的传播

在中国大陆，妈祖庙分布在 22 个省市的 450 个县。从妈祖文化在各省的综合影响力看，福建排在第一位，其次是广东，浙江排在第三位。其后是江苏、海南、山东、天津、广西、辽宁、上海。全部集中在沿海地区。

福建省莆田地区是妈祖信仰的发源地之一，此后逐渐向福建其他地区传播。福州、厦门、泉州、长乐、平潭、福清、晋江、惠安、漳浦、东山、宁德、罗源、霞浦等沿海地区都有数量众多的妈祖庙；山区中，仙游县、永定区、上杭县、浦城县、安溪县、邵武等地妈祖庙最为集中。

广东地区妈祖庙宇众多，见于方志的妈祖宫庙就有380多处。广东紧邻福建，海域广阔、水网密布，以船舶为生者众，妈祖信仰从产生之日起，便逐渐由福建南下至广东，至明清时代广东妈祖信仰蔚为大观。潮州与闽南接境，民众将妈祖作为最重要的海神来崇拜。珠三角水网密集，妈祖奉祀也非常兴盛。

历史上，海南有200多座妈祖庙，目前保存完好的一共有47座，其中43座建于明清时期，其余4座则更久远，建于元朝。妈祖庙遍布海南13个州县，比如海口天后庙、琼海万泉河畔的南天圣娘庙等。

天津历史上有16座天后宫。第一座建在大直沽，称为“天妃灵慈宫”，后人也称之为东庙；小直沽天妃宫也被称作西庙，是规模最大的一座。天津除例行日常的妈祖文化活动外，每两年举行一届由天津市政府主办、南开区政府等承办的“中国天津·妈祖文化旅游节”，已成为海内外知名的妈祖文化活动，每届都设不同主题，广邀各界人士参与。

辽宁沈阳天后宫历史上曾是中国最北端的妈祖庙，是福建商人陈应龙于1782年兴建，那时，天后宫规模宏大、建筑壮观、风格独特，占地万余平方米，1905年因火灾烧毁。近年来，随着妈祖文化影响力的不断扩大、各地之间经贸合作与文化交流逐步密切，来沈阳创业的投资者不断增多。在辽的30多万闽商人士和爱心人士对恢复重建沈阳天后宫有着强烈的愿望和浓厚的兴趣。历经多年的不懈努力，沈阳天后宫于2017年9月23日重建落成。

非沿海地区的妈祖庙主要是通过福建商人和民众传播，如湖南、贵州等地。其中，最具影响的是湖南芷江天后宫。占地3700多平方米，现保存建筑面积1970平方米。坐西朝东，南北建耳室，中间三进；戏台、正殿、观音堂，左为财神殿，右为武圣殿和五通神殿。芷江天后宫最具代表性的文物，也最为人称道的是门坊的青石浮雕。坊高10.6米、宽6.3米，呈重檐歇山顶门楼形状。两侧雄狮蹲踞，石鼓对峙：顶盖斗拱飞檐，十二金鲤咬脊，葫芦攒尖，左右青石铺地平台，围以塑有双龙、大象、金瓜饰物的石质栏杆。

（二）妈祖文化影响力 TOP 10 城市

从城市来看，妈祖文化影响力排在TOP10的有莆田市、宁波市、泉州市、广州市、厦门市、汕头市、南京市、潮州市、烟台市和海口市。

莆田地区作为妈祖信仰的发源地之一，是妈祖信仰最早传播的地方之一。其中，宁海是妈祖信仰从海岛传到大陆的首要根据地。宁海古称圣墩，是兴化平原的核心出海口。目前，莆田是全国妈祖宫庙最为密集的地方，其中较为著名的有湄洲祖庙、贤良港天后祖祠、文峰天后宫、涵江天后宫、仙游显应宫、平海天后宫、莆禧天妃宫。

宁波的首个天后宫，是南宋时期福建莆田船主沈法询所造。相传沈法询出海时在南海遇险，因祈求妈祖保佑而化险为夷，回来后，他贡献了东渡路的住宅，又争取到一些官地，建成了“灵慈宫”，庙中的妈祖神像，是从莆田湄洲祖庙分炉而来的。灵慈宫一直延续存在，直到1949年被毁。据不完全统计，在最鼎盛的时候，宁波地区（包括舟山）有天后宫100多座。

宋元时代妈祖信仰已在潮汕地区流行开来。如元初在今莲花山南麓石壁头地方曾建有一祭祀妈祖的小庙，名“灵感宫”，那里的主要居民是渔户与疍户，需要经常出海，自然就信仰妈祖。

据道光年间编撰的《厦门志》载，其时厦门岛内共有宫庙66座，单独奉祀妈祖的就有西门外的朝天宫、东坪社的妈祖宫、厦门港的福海宫、草仔屿海边的龙泉宫、先锋营的平台官、火仔屿的寿山宫、鼓浪屿三丘田的三和宫、寮仔后海滨的潮源宫、斗涵的灵惠宫等，计9座。此外，还有混合奉祀天后和保生大帝的宫庙23座。

妈祖信仰北上在山东地区留下了丰富的文化印记。据史料记载，明清时期山东妈祖庙，主要分布在东部沿海及西部运河流经地，具有依托运河和海洋的特点。妈祖庙多在明清尤其是清代修建。烟台被辟为通商口岸后，南北船帮、商贾集结于此，成为北方最为重要的商贸码头之一。福建商人为了扩大同北方的贸易往来，于光绪十年（1884）开始动工修建福建会馆，前后耗时22年，于光绪三十二年（1906）竣工。福建会馆作为妈祖行宫，将妈祖文化传播给了这里的民众，每年来自海峡两岸的妈祖信众在这里祭祀这位海上女神。

（三）妈祖庙传播影响力 TOP 10

从综合传播影响力看，中国大陆的妈祖庙的影响力排序如下：湄洲妈祖祖庙、泉州天后宫、宁波庆安会馆、南京天妃宫、广州南沙天后宫、天津天后宫、平海天后宫、海口天后宫、贤良港天后祖祠、长岛庙岛显应宫。

湄洲妈祖祖庙位于莆田市秀屿区湄洲镇宫下村东北面。初建于宋代雍熙四年（987）是为纪念妈祖而设立的。是世界上最早的妈祖庙，故有“祖庙”之尊，意即所有妈祖庙之“祖”。湄洲祖庙在世界妈祖信仰中拥有至高无上的地位和影响力。郑和下西洋时，因妈祖庇佑有功，奉旨遣官修整湄洲祖庙。宣德六年（1431）郑和最后一次下西洋之前，亲自与地方官员备办木石，再次修整湄洲祖庙。康熙二十三年（1684）靖海侯施琅增建梳妆楼、朝天阁、佛殿、僧房。接着祖庙又建观音殿、中殿、土地庙等。清乾隆之后，湄洲祖庙已颇具规模，有99间斋房。

1966年，湄洲祖庙曾遭到部分损坏。1978年祖庙复兴重建，先后建起了寝殿、正殿、钟鼓楼、仪门、山门、大牌坊及梳妆楼、朝天阁、升天楼等。在祖庙山顶，矗立着高达14.35米，用365块花岗岩雕砌的巨型妈祖石雕像。

泉州是我国海外贸易最高峰——宋元时期的最大港口，妈祖因被引进至海外交通贸易繁盛的泉州港，成为泉州海神，并因漕运及海外交通的发展，成为全国性海神并远播海外。泉州天后宫始建于宋庆元二年（1196），所建官庙宫址地处城南晋江之滨，“蕃舶客航聚集之地”，国际观瞻所在，所建庙宇是海内外同类建筑中礼制规格最高。明清海禁，泉州港衰落，大批民众为了生计下南洋过台湾，妈祖信仰也随着商人和移民的足迹更为广泛地传播。在台湾，由泉州天后宫分灵而来的称“温陵妈”。目前，泉州天后宫也是大陆妈祖庙中第一座被国务院审定公布的全国重点文物保护单位。

庆安会馆，又名“甬东天后宫”，咸丰三年（1853）由甬埠北洋船商捐资建成，既是祭祀天后妈祖的殿堂，又是舶商航工聚会议事的场所，是融天后宫与会馆于一体的古建筑群。如今的庆安会馆，又增加了“浙东海事民俗博物馆”的内容，成了宁波对外交流的文化窗口，吸引了众多国内外的游客和学者。会馆内的陈列不仅讲述了宁波港口与造船业的发展历史，还呈现了妈祖文化和宁波在海上丝绸之路的重要地位。庆安会馆也在加强与国外博物馆的互动与合作中，搭建起中西方文化交流往来的桥梁。

南京天妃宫与郑和航海事迹有关。15世纪初叶，郑和七下西洋，一开始船队就是从下关惠民河出发，然后沿着长江顺流出海的。传说他率船队七下西洋中，第三次宝船穿过台湾海峡时，遇到狂风恶浪，有人颠落水中，林默驾舟踏浪前往抢救，化险为夷。当郑和船队从西洋顺利归来，将海上转危为安的经过上奏皇帝后，即封海神娘娘为天妃，并于永乐十四年（1416），在京师石头城仪凤门（今兴中门）外，大兴土木建造天妃宫。

平海天后宫位于平海镇平海村东至自然村，创建于宋咸平二年（999），是湄洲祖庙分灵的第一座行祠。清康熙年间，收复台湾后由施琅扩建，乾隆十四年（1749）福建水师提督张天骏重修，光绪年间依制重修，坐北朝南，通面阔19米，通进深51.9米，总面积978.5平方米。为二进廊院式建筑，由大门、内庭、两廊和大殿组成，布局保持宋代“工”字布局。大殿面阔五间，进深三间，抬梁、穿斗式木构架，悬山顶。宫内立木柱108根，俗称“百柱宫”，大门檐下沿用宋代棱形石柱门左嵌施琅的《师泉井记》碑，门右嵌《平海天后庙重修碑记》碑碣，研究闽台关系的重要实物。该建筑为研究莆田地方古建筑提供了实物资料。平海天后宫2013年公布为全国重点文物保护单位。

长岛显应宫即妈祖庙，始建于北宋宣和四年（1122）。明崇祯元年（1628）诏立官庙，由山东左都督杨国栋奉旨大规模扩建，崇祯皇帝御赐“神功济运”金匾。由于岛上建了这么一座大庙，故得名庙岛群岛。显应宫历经修葺，成为中国北方建筑最早、规模最大的妈祖庙，每年春天都有大量信众从各地涌来参加该宫举行的春祀仪式。岛上居民多以捕鱼为生，因此保佑航海平安之海上女神就成为岛上居民笃信之神，逐渐在长岛地区形成了妈祖信仰圈。

二、妈祖文化在港澳台地区的传播

（一）台湾

自古以来，从福建移居台湾的民众东渡前总要到妈祖庙进香，并在海船上奉祀妈祖神位。平安抵达台湾后，或设置神堂，或建立宫庙常年拜祭。台湾地区妈祖宫庙1500多座、妈祖信众1600多万人。“三月疯妈祖”妈祖巡安绕境，是全台湾岛每年农历三月规模最大的民间信仰活动，参加人数近150万人，名列世界三大宗教活动。

台湾的妈祖庙中，按照影响力排序，依次是北港朝天宫、大甲镇澜宫、鹿港天后宫、新港奉天宫、台南安平天后宫、高雄金銮宫、恒吉宫妈祖、嘉义新港奉天宫。

妈祖信俗对当代两岸信众关系的和解能起到至关重要的作用，两岸宗教直航的实现即为一例。1979年元旦全国人大常委会发表《告台湾同胞书》开始首倡实现两岸“三通”（通邮、通航、通商）。1982年，是台湾妈祖信众与湄洲妈祖祖庙的第一次较为正式的交流。1988年7月5日，搭乘两岸周末包机航班的台湾澎湖天后宫180名妈祖信众抵达湄洲妈祖祖庙朝圣。

1989年5月6日，台湾宜兰县苏澳南天宫组成20条渔船200多台胞信众，从海上直航湄洲岛谒祖进香，开启两岸隔绝以后的第一次海上组团直航。此后，以朝拜妈祖为由的海上宗教直航终于开始成为现实，是妈祖信俗的一大功绩。“宗教直航”是在两岸未能实现直航的情况下，台湾当局特许的一种比照“小三通”方式航行的台湾宗教界人士经金门到福建湄洲进香的“特殊直航”。

1997年1月至5月，湄洲祖庙妈祖金身巡游台湾102天，受到上千万人次的顶礼膜拜。岛内舆论感叹：从来没有一个活动能吸引这么多人参加，也从来没有一个人能把不同派别的政治人物聚在一起，只有妈祖做到了。目前，每年来到湄洲朝圣的旅游人数有 680 多万人次，其中台湾同胞就有 30 多万人次。

（二）香港

香港有 57 座妈祖庙，大多是在清朝兴建或重建的。其中历史最悠久的是佛堂门天后古庙，始建于宋代，至今已有 700 多年的历史。

佛堂门天后古庙位于新界西贡区清水湾半岛以南的大庙湾，邻近佛堂门及布袋澳村，是香港天后庙中最古老、规模最大的一间，故称大庙，也是广东沿岸现存最古老的天后庙。该庙正面非常壮观，前面有一大片空地。前檐突出，由正门前两柱支撑成门廊。左边偏殿分别供奉天后龙床及欢喜佛，左右各有两个偏殿，可从内左右月牙门转入。而右边偏殿则是司祝的办事处。正殿供奉天后，另有两艘长 2 米多的天后神舟模型，置于正殿两旁。

屯门后角天后庙是一座位于香港屯门旧墟天后路的天后庙，背靠小山丘，为屯门内其中一个著名景点。屯门旧墟古时为水道要冲，因此有不少渔民众居。渔民向来笃信天后，为求神明庇护以求工作平安，于是在屯门旧墟建天后庙来祀奉天后娘娘。直至明朝，经营盐业的陶氏族人定居于屯门，由于与当时的渔民关系紧密，于是联合渔民扩建该庙，后来屯门各围村亦有先后重修后角天后庙。

铜锣湾天后庙位于香港铜锣湾天后庙道 10 号，始建于清初，由戴仕蕃建造，当时称为“盐船湾红香炉庙”，天后庙的业权至今仍为戴氏族人（戴氏福堂有限公司）所拥有，1928 年通过的《华人庙宇条例》，规定全港庙宇由华人庙宇委员会管理，但红香炉天后庙获豁免，仍由戴氏族人自行管理，是一个非常特别的例子。铜锣湾天后庙主祀神灵是天后娘娘，另祀神灵为观音、正财神及包公。附近的地铁站亦命名为“天后站”。

（三）澳门

澳门现有妈祖庙 10 座。最著名的是妈阁庙，位于澳门半岛的西南面，沿岸修建，背山面海，石狮镇门，飞檐凌空，是澳门的三大禅院之一。澳门妈阁庙始建于明弘治元年（1488），已有 500 多年的历史。妈阁庙原称妈祖阁，俗称天后庙，主要建筑有大殿、弘仁殿、观音阁等殿堂。妈阁庙内主要供奉道教女仙妈祖。2005 年 7 月 15 日，在南非德班市举行的第 29 届世界遗产委员会会议上，包括妈阁庙前地在内的澳门历史城区被列入“世界遗产名录”。

妈祖阁为福建商人所建，称为“阿妈阁”。据说，1553 年葡萄牙人在庙宇前的古码头泊船上岸，向当地的福建人打听这是什么地方，福建人误以为问的是庙宇的名字，说是阿妈阁。此后，葡萄牙人就用福建方言“妈阁”的谐音“马交”来称呼澳门，叫作“马交港”。

第二章 妈祖文化在海丝沿线国家的传播

一、妈祖文化在国外的传播路径

妈祖文化在国外的传播主要有三种途径，一是古代海上贸易，主要为海上丝绸之路沿线。其具体路线是：由广东、福建沿海港口出发，经中国南海、波斯湾、红海，将中国生产的丝绸、陶瓷、茶叶等物产运往欧洲和亚非其他国家，而从海外市场输入象牙、香料、宝石、金银等。海上丝绸之路的开辟，使中国对外贸易兴盛一时，同时加强了古代东西方的文化交流。

二是福建、广东等地去海外的移民传播。随着出国谋生者增多，妈祖信仰传播到国外各地。向国外传播的缘起，有的是出国者携带的妈祖神像或香火在侨居地被供奉起来，有的是华侨因在故乡对妈祖信仰甚笃，同乡会为了满足侨民信仰的要求，在侨居地建庙进行祭祀。

三是当代华侨华人团体的积极推动。妈祖信仰崇尚善与爱的力量，随着时间的推移，海外华侨华人将之扩展为“和平、和睦、和谐”的范畴。旅居海外的华人，身处不同的世界观、价值观下，体认着与中华文化截然不同的文化氛围，正是妈祖信仰促进了华人内部的团结和谐。

到目前为止，妈祖文化传播区域已达46个国家和地区。其中，亚洲主要有日本、新加坡、马来西亚、印尼、菲律宾、泰国、越南、缅甸、朝鲜、韩国、柬埔寨、老挝、印度、文莱；欧洲包括法国、英国、挪威、丹麦、俄罗斯、意大利、荷兰、西班牙；美洲为美国、加拿大、墨西哥、巴西、阿根廷、智利、苏里南；大洋洲有澳大利亚、新西兰、瓦努阿图、汤加；非洲有南非、莫桑比克。

二、妈祖文化在各国的影响力

在国外，许多地方都在举办妈祖文化活动。美国旧金山设有美国妈祖文化基金会，每年在农历三月二十三前后举行巡游活动，团结华人，扩大影响力。澳大利亚妈祖文化交流协会，在妈祖节庆期间开展一系列活动，加强与澳大利亚当地各方的联系。妈祖文化民间活动在东南亚地区，更是一道亮丽的风景线。日本每年正月元宵期间，例行举办妈祖巡游活动，展示华人的传统文化。马来西亚、新加坡、印尼等，每年都在开展相关活动，促进各国民族之间的交流与合作。

马来西亚妈祖宫庙或会馆是凝聚华人社会群体、联结华人情感纽带的重要场所。

据统计，马来西亚共有天后宫 35 座，其中马六甲 8 座、槟城 6 座、霹雳 6 座、柔佛 5 座、彭亨 4 座、吉兰丹 2 座、雪兰莪 1 座、丁加奴 1 座、沙巴 1 座、沙捞越古晋 1 座。

此外，马来西亚兴安会馆总会属下有 32 个地方性兴安会馆，每个会馆的最高一层都设有专门供祀妈祖的神龛或殿堂。而供奉妈祖的海南会馆多达 46 个。

泰国的妈祖信仰主要是广东潮汕人传播的。随着潮汕地区侨居海外人数的逐渐增多，对妈祖的信仰大量传入泰国。在泰国流行的妈祖称呼是“七圣妈”。泰国的妈祖庙仍然突出了妈祖信仰的群体性：在泰国无论妈祖为主神或陪神，都是与其他神明供奉在一起的。一般有龙尾圣爷、慈悲娘娘、观音、关帝、本头公、清水祖师、李公爷、土地神“属府王爷”广泽尊王等神像。

其中主祀者有曼谷迈的集路的七圣妈庙，曼谷石龙军路 1638 号的七圣妈庙、1735 号的新兴宫，素叻他尼府班多路的天后圣母庙，洛坤主街的天后宫与洛坤达努普区莱姆村（海滨）的天后庙；附祀者则有曼谷达挠路的玄天上帝庙、佛统市区的普元堂、素叻他尼府班多路的顺福宫、素叻府班多的本头公庙、六坤府北浪县的广灵庙与那空沙旺市区的本头古庙等。

妈祖进入日本本土的信仰最初由航舶（或称“唐船”）带入，后随海岸线向东北方向发展，传到日本东部的水户、茨城的矶原一带，后则到达最北端的青森县。信仰者绝大多数是福建泉州、漳州、福州等地的渔民、水手、建筑者、造船木工者、商人。这些移民将原有造船、操舟、农业、建筑业等生产技术带去，也把中国的传统文化、生活习俗、民间信仰等传播于日本。据史载，仅明清时期，日本列岛的华侨所建妈祖庙宇就多达 100 多座。在日本，妈祖信仰先是与佛教寺院混合在一起，后转化与佛、关帝相融合，且日本华侨、华人对妈祖信仰渐趋于本土化，赋予妈祖谷神的功能，期盼“五谷丰登”，共同祭祀。在东部日本的水户市一带，妈祖还成为日本人的信仰被奉祀在神社里。

妈祖信俗传入澳大利亚，源于淘金潮时期（19 世纪 50 年代），在当时的“黄金时代”，吸引了广东、福建等东南沿海 4 万多华人移民澳大利亚。伴随着华人定居的同时，他们也带来了自己的寺庙信仰和传统文化。

20 世纪 70 年代白澳政策结束，澳大利亚开始推行多元文化政策，并逐步放宽了亚洲移民，使得许多华人移民来到澳大利亚。1975 年澳大利亚政府接纳了十多万的印支半岛难民，其中多数为华侨华人。而后更多以家庭团聚，或亲属担保的方式移居。并有一些越南难民在移居香港一段时间后，再移民至澳大利亚，在 10 年之后的统计中，澳大利亚境内仅填报出生地为越南的华人数量就多达 8.3 万。他们当中有不少是妈祖信仰者，因此，他们深信一定是妈祖护佑着他们渡过险关，脱离苦海，保佑他们平安来到这片澳大利亚新家园。代表他们各自移民背景的社团组织应运而生，这些社团的首要任务就是筹建脚踏实地的妈祖精神家园——天后宫。悉尼天后宫兴建于1991年，位于西悉尼的Canley Vale，是一个越南和棉寮移民集聚的地方。天后宫建在商场的二楼，规模不大。庙里除了供奉妈祖，还有观音菩萨、关圣帝君、土地公、财神爷、太岁君和虎爷。

三、国外最具影响力的妈祖庙

在国外上千个妈祖庙中，最具影响力的有新加坡天福宫、吉隆坡雪隆天后宫、长崎崇福寺妈祖堂、旧金山朝圣宫、墨尔本天后宫、胡志明市天后宫、印尼慈安宫、泰国林氏天后宫、马尼拉福海宫、缅甸庆福宫。

新加坡天福宫（Thian Hock Keng）坐落于市区的直落亚逸街，早期华人称这里为源顺街。天福宫始建于1839年，历时3年才建成，目前已有170多年的历史。天福宫供奉的是护航之神“天后娘娘”（妈祖、天妃），因是福建帮人士建造经营的，所以也叫“妈祖宫”。在新加坡开埠时期，南来北归的华人，因所乘帆船就停泊在宫前不远处，所以都会到宫内拜祀，南来者感谢妈祖保佑，北归者祈求海不扬波。天福宫在1973年被列为新加坡国家古迹，规模最大的一次修复工程是在1998年，当时耗资400多万新币来完成这历时3年的庞大修复工程。吉隆坡的雪隆海南会馆天后宫每年都要从福建湄洲岛妈祖祖庙迎回妈祖分灵一尊，并大张旗鼓地进行妈祖像巡游祭拜活动，朝拜的队伍浩浩荡荡、热闹非凡。他们在祭祀妈祖过程中联络乡谊、增进感情、共谋福祉；同时联系商情和解决纠纷，有效地促进同乡会馆内部的敦睦团结，形成华人的族群认同。马来西亚会馆妈祖庙不仅是“会同议事之所”，更是“教义重礼之地”，承担着传承中华传统文化和教化子民的功能。

日本长崎的妈祖堂位于崇福寺，其最大特点是由商人“商会”先建妈祖堂，然后把它拓建为佛祖和妈祖合祀的寺庙，把妈祖奉祀在寺庙中。而其目的在于祈求生意兴隆、海上平安。同时，利用神祇的节日活动加强与日本团结，对日本的民俗起着深远的影响。后来日本商船上也安放了中国妈祖的神龛，作为海上航行的护船神。

墨尔本天后宫是墨尔本最引人注目的东方庙宇建筑，澳大利亚多元文化的闪亮明珠。妈祖圣像高12米，由不锈钢铸造而成，重约5吨，座高4米，合高16米，是目前南半球最高的天后圣像。天后圣像于2008年11月10日（农历戊子年十月十三日）立像，2009年4月18日（农历己丑年三月二十三）开光。天后宫主殿于2012年1月落成开光；2013年5月，250吨石雕牌楼落成。建筑采用中国三合院模式，中间为主殿，模仿紫禁城而建，后殿及长堤为靠山，左右两翼建筑群为护廊。所有建筑物全部采用红色墙面、金黄色屋顶，尽显中国传统建筑特色之风采。

第三章　莆田妈祖文化旅游影响力

一、莆田市文旅新媒体传播力

（一）微信传播

截至2019年底，微信月活跃账户数达到了11.65亿，相比去年同期增长了6.1%。微信公众号是2012年推出的，历经8年发展，政府类微信公众号的队伍不断壮大、运营模式趋于成熟，成为微信舆论生态中的重要一员。文旅政务微信公众号搭建起了沟通的桥梁，承担着政策解读、沟通民意、服务百姓等多重功能，同时还在重大舆情事件中发挥着信息公开、回应质疑、澄清误解等作用。政务微信运营不只停留在与网民互动这一层面，而是更进一步地通过为网民提供实用性强的服务性信息加强了与粉丝之间的联系。

文旅微信公众号传播指数（Wexin Communication Index，WCI）从“整体传播力”“篇均传播力”“头条传播力”“峰值传播力”四个维度进行评价。这四个一级指标所占权重分别为整体传播力30%、篇均传播力30%、头条传播力30%、峰值传播力10%。

2020年9月，莆田文旅微信公众号在全国310个地级市微信公众号中排名第66位。在福建省的9个地级市文旅机构微信官方公众号中，排在第五位。福建地市级文旅微信公众号传播力指数得分如下：遇见福州、海上花园诗意厦门、中国绿都最氧三明、泉州市文化广电和旅游局、莆田文旅、文旅龙岩、文旅宁德、花样漳州文旅之声、南平文旅。

（二）抖音传播力

近年来，抖音凭借其平台覆盖面广、算法技术领先、内容创新力强和用户日活量高等优势，深度参与文旅产业的发展。2018年10月至2019年10月，抖音上旅游总投稿数达11.93亿条，文旅视频总播放量达24544.43亿次，总点赞数达685.15亿次，总评论数达48.21亿次，总分享数为12.88亿次。

投稿数和视频播放数代表了网民对文旅领域视频创作热情和传播范围，从月度传播数据维度来看，数据统计期间无论是文旅相关视频的投稿量还是视频播放量都呈现明显上升趋势，文旅视频月度投稿数量由千万级增至亿级，月度播放量更由百亿级升至千亿级。从文旅视频月度投稿数来看，2018年10月至2019年10月期间，共有7个月的文旅总投稿数突破1亿，其中2019年7月达到了1.26亿，创历史新高。从文旅视频月度播放数来看，统计期间，共有6个月的文旅视频播放量分别突破2000亿次，其中2019年7月达到了2515.78亿，创历史新高。

福建省地级市文旅抖音号中，能够监测到的有7个。其传播力指数得分排序为三明文旅、莆田文旅、海丝泉州文旅之声、遇见福州、大武夷旅游、文旅龙岩、海上花园诗意厦门。

二、妈祖文化交流活动传播影响力

（一）品牌活动

莆田妈祖文化交流活动主要有三类，一是各种节事活动；二是多种类型的论坛；三是“妈祖下南洋·重走海丝路”等国际交流活动。

从节事活动看，湄洲做到了“月月有活动，季季有盛事”。每年从正月开始举办妈祖祈福大典；农历三月二十三妈祖诞辰日举办纪念大会、春祭妈祖大典；六月举办妈祖文化活动周，作为海峡论坛的重要活动之一；暑期举办海峡两岸流行音乐季，两岸音乐爱好者一起在湄洲岛欢度假日；农历九月举办妈祖羽化升天纪念大会、两岸海上祭妈祖活动。

与妈祖文化传播相关的论坛，已经形成了“世界妈祖文化论坛”“海峡论坛·妈祖文化周”“中国·湄洲妈祖文化旅游节”等一系列品牌活动，在海内外产生了积极的影响。

近年来，“妈祖下南洋·重走海丝路”逐步成为莆田市打造妈祖文化国际品牌的生动缩影。2017年以来，莆田市开展“妈祖下南洋·重走海丝路”活动，湄洲妈祖先后巡安马来西亚、新加坡、菲律宾等地，组织开展妈祖祭典、非遗展示、文艺表演、联谊座谈等一系列妈祖文化活动，促进了海丝沿线的文化相通、民心共鸣、发展共享。

湄洲妈祖祖庙最早供奉的妈祖神像称为妈祖金身，被奉为妈祖分灵神像中最为珍贵的神灵。妈祖金身巡安在妈祖出巡中被视为最高规格的巡游活动，历代都成为妈祖民俗中最隆重的活动。妈祖巡安是非常有意义的一件事，不仅加强了各地妈祖宫庙之间的联系，也加深了各地妈祖信徒之间的感情。

（二）妈祖文化论坛传播影响力

世界妈祖文化论坛创办于2016年，每年举办一次，旨在为妈祖文化研究交流提供一个多元、开放、包容的平台，助力妈祖文化在世界范围内的传播与发展。

2016年10月31日至11月2日，第一届世界妈祖文化论坛系列活动在妈祖故乡福建省莆田市湄洲岛举行。论坛以“妈祖文化　海丝精神　人文交流”为主题，旨在弘扬“立德、行善、大爱”的妈祖精神，推动妈祖文化在世界范围内的传播与发展，展示中国和平发展合作共赢的真诚愿望，促进“一带一路”国家和地区经贸文化交流合作。国家有关部委领导、部分外国国家官员和驻华使节、联合国教科文组织专家及海内外专家学者等共 1300 多人参加。

2017 年 12 月 2 日，第二届世界妈祖文化论坛在福建省湄洲岛举行，24 个国家和地区的 116 个政府机构、学术单位和社会组织的 300 多名中外代表齐聚妈祖故里。此次论坛发出《湄洲·海洋文明倡议》，倡议呼吁海上丝绸之路沿线国家和地区及全球各界人士，携手努力，融入“一带一路”建设，传承弘扬妈祖文化。

2018 年 11 月 18 日至 19 日，第三届世界妈祖文化论坛在福建省莆田市湄洲岛举行。本次论坛活动主要设有 1 个主旨论坛、6 个平行论坛、8 个配套活动。首次举办了“妈祖文化与海外媒体”平行论坛，同期还将举行第二十届中国·湄洲妈祖文化旅游节、首批世界非物质文化遗产——妈祖祭典表演、第三届“湄洲女发髻”非遗技艺表演、妈祖文化灯光秀、中韩妈祖文化油画展、电影《妈祖回家》杀青仪式和湄洲妈祖巡安菲律宾等系列活动。论坛上宣读了《第三届世界妈祖文化论坛湄洲倡议》。

2019 年 11 月 1 日，第 4 届世界妈祖文化论坛在福建湄洲岛开幕。论坛由文化和旅游部、自然资源部、中国社会科学院、民革中央委员会、澳门特别行政区政府和福建省人民政府共同主办，来自世界五大洲 42 个国家和地区及国际组织的政府官员、专家学者、企业家和社会各界人士共 800 余人，会聚一堂，围绕“妈祖文化·海洋文明·人文交流”主题，倡行妈祖精神，共叙妈祖情怀。论坛发布了《第四届世界妈祖文化论坛共识》，举行了经贸项目签约活动，举办了“妈祖文化与海洋生态文明”分论坛以及第 21 届中国·湄洲妈祖文化旅游节开幕、妈祖祭典、第 4 届“湄洲女发髻”表演赛、文化旅游推广大会、海峡两岸妈祖文创展等一系列活动。

从 2016 年 10 月到 2020 年 9 月，世界妈祖文化论坛一直保持着一定的传播热度，在论坛举行前后期，都会有传播高峰，在其他时间内，媒体和网友的关注度较低。

在监测时间范围内，从 2016 年 10 月到 2019 年 12 月，四届妈祖文化论坛的舆情传播热度、综合影响力在不断提升，海内外媒体、网友对论坛的关注度也越来越高。

从历届世界妈祖文化论坛在各地的舆情传播热度来看，排名前十的依次是福建、北京、广东、湖南、上海、云南、浙江、天津、重庆、江苏等。

第四章　总结与建议

一、妈祖文化是提升中华民族凝聚力的精神纽带

海外华人祭祀妈祖，根本目的是不忘记祖先、不忘记根本。妈祖本来是海上保护神，后来当她的职能逐渐扩大，无论是商人、手工业者，也无论是难产或其他疾病，人们都认为妈祖能帮助他们排难解困。所以海外的华人同样建庙祭祀。人们总希望通过妈祖祭祀，将妈祖的博爱、扶弱济贫、勇敢无畏、不屈不挠的精神和尽孝的观念发扬光大，把妈祖文化的精髓融入日常生活中，并传给下一代。这就是“有海水处有华人，华人到处有妈祖”的真实写照。而影响所及，妈祖由航海关系而演变为“海神”“护航女神”等，因此，形成了海洋文化史中最重要的汉族民间信仰崇拜神之一。

妈祖文化在促进两岸同胞的情感交流上表现尤为明显，在海外华侨、华人中也同样成为民族认同感的象征。如印尼在军政权统治时期妈祖信仰被彻底取缔，民选政府调整华裔政策后，妈祖庙又纷纷修复起来。东南亚其他国家也经历过类似的情况。近年来在澳大利亚、中南美洲、南非等华裔新社区也出现以兴建妈祖庙作为弘扬民族文化、增强华裔团结的载体。

二、妈祖文化是中国文化走向世界的重要载体

妈祖信俗成了海上丝绸之路沿途各国共同的文化遗产，尤其在东南亚，越南、菲律宾、马来西亚、印尼、泰国等地无不建有妈祖庙，留下大量的史迹和文化。

妈祖信仰和妈祖文化的影响已不仅限于华人，而是逐步和当地宗教融合在一起。在泰国素叻他尼府班多路顺福宫，就是把妈祖作为当地土地神“属府王爷”的陪神，实际上这种现象在泰国的妈祖庙比较普遍。又如曼谷达挠路的玄天上帝庙以玄天上帝为主神，妈祖等诸多神明为陪神。华侨华人信仰的玄天上帝、妈祖等神明与泰国人民信仰的虎神，在同一庙中祭祀，混为一体，显示了中泰两种宗教文化的融合与交汇。泰国妈祖庙体现了中泰两国人民交往过程中的文化融合。

在今后的发展过程中，妈祖信仰必将进一步与当地宗教文化融合，而成为当地宗教文化的一个组成部分；从而也进一步促进华侨华人更好地与当地人民融合在一起，为当地的经济开发与社会进步作出更大的贡献。

历史上，妈祖文化经由海上丝绸之路传播到东南亚等20多个国家和地区。近年来，通过开展“天下妈祖回娘家”“两岸海上祭妈祖”“湄洲妈祖巡天下”等活动，妈祖文化足迹遍及五大洲46个国家和地区，成为“讲好中国故事、传递中国声音”的典型代表。

三、妈祖文化是莆田和湄洲岛成为世界级旅游目的地的核心IP

妈祖文化正在成为各地开发旅游经济的一个新热点。在福建、天津、澳门的带动下，许多地区也正在或酝酿举办规模不等的妈祖文化旅游节。妈祖庙皆已成为当地旅游资源的重要卖点。未来会逐步形成国内及海内外联组的妈祖文化旅游和考察专线；妈祖国际文化艺术节也正在上升为具有国际影响的品牌活动。

湄洲岛是四海共仰的妈祖文化发祥地，是“海上和平女神”妈祖的故乡，是海上丝绸之路的文化起点之一。妈祖文化的传播，以湄洲岛为中心，按照由南向北、由沿海向内陆、由国内向海外的路径传播。妈祖信俗在传播过程中，与各地的地方特色融合，留下了极为丰富的文化遗产。除了数量众多的妈祖庙宇外，还包括祭祀仪式，建筑碑刻、绘画等古迹文物，以及丰富多彩的民间传说与民情风俗等，内容涉及经济文化、科技艺术等领域。这些都是莆田文旅发展的重要资源，妈祖文化也成为湄洲岛打造世界级旅游目的地的核心 IP。

2016 年，莆田市委市政府出台《建设美丽莆田行动纲要》，把打造妈祖文化国际品牌作为市委市政府一项重要任务来抓，过去几年，莆田和妈祖品牌有了很大提升。但总体来看，知名度还相对有限，妈祖品牌和莆田旅游目的地品牌没有得到有效整合。

与此同时，妈祖文化品牌建设过程中由于所有者及品牌意识的缺失，使之在某种意义上成为公共物品，存在非排他性和非竞争性，导致使用与管理部门的责、权、利问题不明确。与妈祖文化相关的产业，各企业习惯于各自为政，缺乏产业集群、强强联合的观念，难以提升区域品牌的竞争力。

四、妈祖文化传播需要“酷文化”战略

做好妈祖文化传播，需要做好顶层设计，制定一个长期稳定的战略。在这方面，可以学习借鉴“酷日本”战略。这个战略将日本漫画、动画、电影、音乐、时装和设计等文化产品与日本料理、日本商品和日本观光相结合，通过在世界各地广泛传播，为世界青年人所喜爱。在“酷日本”产品海外传播的过程中，大幅度提升了日本的形象，增进了国际社会对日本的理解。在这个过程中，来日本观光的外国游客增加了 5 倍。

迄今为止，关于妈祖文化的传播，多限于国内传统媒体，没有在社交媒体形成热点；在国际传播上，也主要局限在华人媒体，很少有国际媒体参与；虽然出现了许多以妈祖为题材的电影、电视剧，但效果大都不尽如人意。

未来，妈祖文化传播需要充分汲取国内外的成功经验，吸纳国际传播专家与传播机构共同制定传播战略和参与传播。妈祖文化传播要摆脱传统思维的束缚，面向国际和年青一代受众，通过和动漫、短视频、社交媒体的深度融合，使妈祖文化真正成为有国际影响力的 IP。

通过在莆田设立妈祖文化国际传播中心，打造妈祖文创产业园，建立妈祖文化知识产权体系，不断提升妈祖文化国际传播影响力，进而推动莆田和湄洲岛成为具有国际影响力的旅游目的地。

●北岸妈祖健康城妈祖医学院项目工作进度

妈祖医学院项目于2020年1月6日已确认落地北岸妈祖健康城，计划于2022年建成招生。妈祖医学院项目总投资21亿多元，总用地面积为532.73亩，总建筑面积为28万平方米，2022年完成后，可满足6000名学生就读。妈祖医学院项目负责人彭志伟表示，目前该项目处在场地征用征迁阶段。医学院的建设可服务妈祖健康城发展，学生还可直接到这些专科医院进行培训和实习。妈祖医学院项目建设内容包含教学楼、图书馆、行政楼、专业院系大楼、实验中心、师生活动中心、学术交流中心、体育馆、体育场、学生宿舍等，还配套建设广场、道路、停车场、夜景工程、绿化工程、室内外给排水系统、供电系统、消防系统等基础设施。由市国投公司作为项目建设主体，建成后由办学主体莆田学院或市教育局承租校区进行办学。妈祖医学院项目建成后，将进一步改善和提升北岸的城市基础设施条件，促进莆田医学人才的引入和学科的完善，提升科研实力，助力海峡两岸生技和医疗健康产业合作区的快速崛起。

●莆田学院2019年度妈祖文化研究工作总结会暨省社科基地重大项目中期检查汇报会

2020年1月3日，莆田学院妈祖文化研究2019年度工作总结与2020年工作计划汇报会暨2018年立项妈祖文化省社科基地重大项目中期检查汇报会在学术交流中心三楼301召开。莆田学院副校长宋一然出席会议，妈祖文化研究院院长姚志平、副院长林明太及全院教师，2018年、2019年立项妈祖文化省社科基地重大项目10位负责人以及福建省妈祖文化研究会及中国海洋发展研究会妈祖海洋文化研究分会相关负责人黄少强、体育学院副教授詹金添参加会议。会议由姚志平主持。

会议伊始，林明太总结了妈祖文化研究院2019年度工作中取得的成绩和存在的不足，同时为进一步推进妈祖文化传承与发展，尽快将莆田学院打造成世界妈祖文化研究中心，对2020年工作计划做了详细的介绍。会上，各研究人员对总结与计划进行讨论，针对2020年关于怎样传承和发扬妈祖文化提出了更多建设性的建议。

接着，2018年立项妈祖文化省社科基地重大项目负责人俞黎媛、林晶（由课题成员连晨曦代表）、罗丹、陈金亮、吉峰分别从项目研究进度、存在差距和不足、下一步研究计划三个方面进行了中期检查汇报。听取汇报后，林明太介绍了省社科规划办关于省社科基地第二轮建设中基地重大项目结题的新规定，即以后基地重大项目结题权限回收由省社科规划办自己亲自负责，结题时要求阶段性成果至少要有1篇核心论文发表，结题报告查重不超过20%，结题一旦未通过，3年内不能再申报省社科基金项目等，介绍后要求各课题负责人务必严格按照新规定做好2020年结题准备。

最后，宋一然作会议总结，他指出，妈祖文化研究院2019年取得的成果有目共睹，2020年要再接再厉，学校三大任务，其中硕士点的申报非常关键，既要达到社会学硕士点申报要求，还要多出一些标志性、有重大影响力的成果，并要求现在就要做好硕士特殊需要项目申报的准备。

姚志平在会议结束之际传达了校长宋建晓对妈祖文化研究工作的指示精神。宋建晓表示，今年的妈祖文化工作在大家的共同努力之下，成效明显，向大家转达谢意，希望新的一年，继续围绕中心工作，在做好妈祖文化基础性研究的同时，聚焦妈祖文化与"一带一路"、妈祖文化与两岸融合发展、妈祖文化与乡村治理，开展针对性研究，统筹推进妈祖文化研究与人才培养、社会服务等工作，力争取得更大成绩。

●中国闽台缘博物馆2020年度工作报告

2020年，中国闽台缘博物馆领导团队坚持以习近平新时代中国特色社会主义思想为指导，深入学习贯彻党的十九大和十九届二中、三中、四中、五中全会精神，学习贯彻习近平总书记对福建工作的重要讲话重要指示批示精神，认真落实省委十届九次、十次、十一次全会精神及各项部署要求，围绕中心、服务大局，着力加强领导团队自身建设，增强党建工作生机和活力，扎实推进博物馆建设发展，较好地完成年度各项工作任务。现将有关情况报告如下：

一、突出政治统领，"两个维护"更加坚定自觉。一是旗帜鲜明讲政治，深入开展对党忠诚教育、理想信念教育，把党的政治建设摆在首位，强化政治引领，切实增强政治能力，馆领导团队始终在政治立场、政治方向、政治原则、政治道路上同以习近平同志为核心的党中央保持高度一致。把坚决做到"两个维护"作为最高政治原则和根本政治规矩，深化落实省委"三四八"贯彻落实机制，不断提高政治判断力、政治领悟力、政治执行力，以过硬的政治能力确保习近平总书记重要讲话重要指示批示精神和党中央决策部署，特别是习近平总书记对福建工作的重要讲话重要指示批示精神在博物馆不折不扣落实到位。二是遵守党的政治纪律和政治规矩，严守"五个必须"、坚决杜绝“七个有之”，增加党性意识，时刻牢记自己第一身份是党员。严格执行党章和新形势下党内政治生活的若干准则，认真落实民主生活会、领导干部过双重组织生活制度，用好批评和自我批评武器，锤炼党性修养，坚决维护以习近平同志为核心的党中央权威和集中统一领导。认真执行请示报告制度，工作中有关重大事项均按规定按程序向组织请示报告。三是严格落实意识形态工作责任制，认真贯彻落实《中国共产党宣传工作条例》，增强闽台缘博物馆政治属性意识，加强对官网、微信、微博、公共领域社会宣传载体、基本陈列、临时展览、讲解宣教，以及研讨会、讲座、论坛、馆刊等意识形态阵地的建设和管理，认真执行对台文化交流纪律，坚决把中央关于台湾问题的方针政策落实到日常工作中，始终坚持正确的办馆方向。

二、突出学习教育，思想理论武装持续深化。一是加强思想政治教育，馆党委把深入学习宣传贯彻习近平新时代中国特色社会主义思想作为首要政治任务，以党的十九届四中、五中全会精神和习近平总书记对福建工作的重要讲话重要指示批示精神为重点，发挥馆党委理论学习中心组领学促学作用，及时跟进学习习近平总书记重要讲话重要指示批示精神，深入学习《习近平谈治国理政》第三卷，学好用好《习近平在福建》等系列采访实录鲜活教材，持续推动“大学习”走深走实。全年召开中心组学习 20 次，举办主题宣讲、辅导讲座 6 场，开展集中研讨 12 场交流发言 38 人次，不断深化对习近平新时代中国特色社会主义思想理论逻辑、历史逻辑、实践逻辑的理解把握，进一步筑牢增强“四个意识”、坚定“四个自信”、做到“两个维护”的思想根基。二是创新学习载体形式，开设“知行大家谈”研学平台，突出学思践悟，突出交流展练，突出学研相成，突出知行合一，迄今为止，已先后举办 15 期，营造了浓厚的“大学习”氛围。主动与省委宣传部对接联系，开展联学共学活动，进一步增强学习的吸引力、感染力。

三、突出党建引领，基层组织日益巩固。馆党委着眼提升组织力，强化支部政治功能，认真落实《中国共产党支部工作条例（试行）》，挂钩联系指导党支部工作，督促落实好“三会一课”、组织生活会、民主评议党员等制度，推广应用“三合一”机关党建工作体系，把好党务干部选配关，足额保障党建工作经费，推进党支部标准化规范化建设，深化“达标创星”活动，推动基层党组织全面进步、全面过硬。党支部战斗堡垒作用和党员先锋模范作用得到凸显。一是党建引领疫情防控，馆党委认真贯彻落实党中央决策部署和省委市委工作要求，与党支部、广大党员干部冲在抗疫一线，全面加强疫情防控工作，自愿“抗疫捐款”4510 元；开展消除安全隐患大排查，梳理出问题清单49项，已完成整改47项，2项持续进行中，为打赢疫情防控阻击战提供坚强政治组织保证。二是党建引领文明创建，全力配合泉州市创建全国文明城市工作，组织5个党支部开展义务劳动2次，累计参与人数超过200人次；发动300余人次参与“网格化”巡查，50名党员干部参与网上公益宣传接力，43名党员参与文明礼仪网络知识竞答，出色完成各项迎检任务。博物馆开展的“携手文明全方位，和谐城市零距离——三级党支部齐心共建，打通辖区周界卫生、秩序整治‘最后一公里’”活动被“学习强国”平台、泉州市委侨区快讯、市直机关党建网等报道。三是党建引领品牌创建，根据各党支部及其涵盖部室的特点，以提升国家一级博物馆运行水平、打造文明窗口、深化两岸青少年交流、拓展两岸谱牒文化交流、宣传普及藏品知识等为民便民特色服务为切入点，指导开展各具特色的品牌创建。博物馆选送的“三心三推进，两岸一家亲”荣获“2020年度泉州市机关特色党建项目评展”二等奖。

四、突出中心任务，工作实绩不断提升。馆党委认真贯彻落实中央决策部署和省市委工作要求，抓主抓重，攻坚克难，有力地推进博物馆收藏、研究、展示、交流和服务等功能提升。9月29日恢复开放以来，在疫情防控每天限额3000人情况下，全年接待观众11.2万多人次。

一是持续加强藏品征集与管理，全年新增藏品3389件/套，其中接收捐赠台湾民俗类器物3060件/套，另有78件/套台湾文物专项征集正在进行中；完成15件/套珍贵文物器物图绘制和314件/套新增藏品影像信息采集；完成“馆藏文物预防性保护二期项目”施工（待验收）；完成“馆藏文物数字化保护项目”招投标。同时，积极申报“可移动文物保护修复资质”。二是持续提升宣传教育功能，在克服疫情影响及内部修缮整改闭馆（1月24日—9月28日）情况下，全年举办临时展览15个，其中线上9个、线下6个；输出“指掌春秋——闽台木偶艺术展”6场次；开展“情系闽台缘——流动的博物馆”系列社会教育活动50场次；推出“艺揽闽台——大师与您面对面”技艺展示及交流活动32场次。三是持续拓展对台文化交流，采取“线上+线下”相结合，联合省委宣传部、省委台港澳办、台湾书院联谊会成功举办“朱子文化寻源之旅——海峡两岸儒学文化交流活动”，《福建日报》海峡版、《八闽快讯》、“学习强国”平台、东南卫视等主流宣传载体对活动情况进行报道。加强两岸姓氏族谱、家书家信征集，全年新增族谱147种229册，馆藏谱牒总量涉及164个姓氏计2945种10206册；接受捐赠电子版族谱365种1110册、文献资料216种270册；赴南平浦城征集到见证两岸亲情书信15封；接待两岸同胞族谱查询14批次计28人次；以《谱系两岸——馆藏谱牒展》为基础，在馆微信公众号推出15期线上展览，致力于推进亲情乡情延续工程。四是持续推进学术研究，做好《闽台缘文史集刊》编辑、刊发工作，全年共出版6期，收录两岸文史文章60多篇；联合中国社会科学院世界宗教研究所、中国宗教学会、中国宗教学会宗教人类学专业委员会等，召开“送王船仪式与海洋文化遗产保护”专题学术研讨会，共有50余名专家学者参加。同时，不断充实图书资源，全年新增图书1033种1839册，累计藏书量7705种12346册。五是持续提升博物馆管理，完善法人治理结构，成立“中国闽台缘博物馆理事会”。强化制度意识，修订完善馆内部控制规范、财务管理制度，出台社会科学规划项目资金管理办法、年度考核及职称晋级机制等，推动全馆干部员工严格按照制度履行职责、行使权力、开展工作。同时，坚持开展社会公德、家庭美德、职业道德教育，加强《宪法》《博物馆条例》《文物保护法》《公共文化服务保障法》《公职人员政务处分法》等学习，不断提升运用法治思维和法治方式推动博物馆工作的能力水平。

五、突出从严从实，强化“两个责任”。一是切实履行党建工作主体责任，馆党委牢固树立不管党治党就是严重失职、管党治党不力就是渎职的意识，成立由党委书记任组长的党建工作领导小组，指导制定2020年落实全面从严治党主体责任的责任范围及主要任务分工和党建工作及纪检监察工作要点，安排18项党建重点工作、12项纪检监察重点工作，召开5次党建工作专题研究部署会、2次落实全面从严治党主体责任推进会，专门听取2次党建工作汇报，开展2次全面从严治党主体责任落实情况检查。二是巩固深化“不忘初心、牢记使命”主题教育成果，锲而不舍地推动问题清单整改落实，35项问题清单已完成整改28项、进行中4项、常态化坚持3项。三是锲而不舍加强作风建设，坚持以人民为中心的发展思想，自觉传承弘扬“滴水穿石”精神和“四下基层”“马上就办、真抓实干”等优良作风，团队成员带头深入群众和分管部室开展调研，逐步完善便民服务设施设备，增加公共文化产品和服务供给，拓展公共服务领域。严格遵守中央八项规定精神及其实施细则和省市实施办法，坚决反对“四风”特别是形式主义、官僚主义。四是常态化开展警示教育和廉政教育，及时组织学习中央纪委国家监委、省纪委监委有关典型案例通报，让全馆党员干部知敬畏、存戒惧、守底线。增设纪检监察室（筹），配备3名专兼职干部，支持其开展日常监督，全年在重要时间节点印发有关正风肃纪工作通知5次，发送廉政提醒短信4次，对重要岗位重点领域关键环节督查28次，形成监督事项情况记录9份。

六、突出关心关爱，干事创业精气神显著增强。馆党委认真贯彻新时代党的组织路线，坚持新时代好干部标准，夯实干部“选育管用”各环节工作，建立健全正向激励、谈心谈话、关怀帮扶、容错纠错机制措施，及时把愿干事真干事干成事的干部发现出来、任用起来，促进干部善作为勇担当。一是真正把好干部用起来，坚持政治标准第一，树立正确用人导向，根据工作需要，配合市委选拔提任 1 名正处级干部，提拔 1 名副处级干部、3 名正科级干部。二是真正把先进典型树起来，用好用活表彰奖励机制，11 名干部获得 2019 年度考核优秀嘉奖，22 名干部完成职称晋级，1 个党支部和 4 名党员受到通报表扬。三是真正把干部本领强起来，通过“线上 + 线下”方式组织做好干部员工教育培训，全年先后有 8 名副处级以上领导干部参加十九届四中全会精神轮训，20 名员工参加讲解、社教、文创等业务培训，57 名员工接受文博继续教育培训，22 名员工赴省外开展馆际交流，2 批次新聘用人员接受岗前培训等。

回顾一年来的工作，2020 年博物馆工作稳中有进，这是全馆干部员工团结奋斗的结果。在总结成绩的同时，也要注意到工作中还存在一些薄弱环节，比如学习宣传贯彻习近平新时代中国特色社会主义思想的实效性有待加强；把党的建设融入博物馆工作全过程，做到党建与业务工作特别是中心工作紧密结合、相互促进还不够到位；面临疫情影响，博物馆应变能力还不足、陈列展览数字化呈现水平偏低等等，这些都需要高度重视、深入研究，并在今后的工作中切实加以改进和提升。

●湄洲岛旅游和文体局 2020 年工作总结报告

一、2020 年工作总结

（一）经济运行情况

2020 年，湄洲岛旅游和文化体育局认真贯彻习近平总书记“保护好湄洲岛”的重要嘱托和党的十九大，十九届三中、四中全会精神，重点围绕湄洲岛妈祖文化旅游区创建国家 5A 级旅游景区的中心工作，大力推进旅游文化和体育产业发展，强化全域旅游项目建设，全面推进旅游产业转型升级。

（二）工作成绩亮点

1. 着力推进 5A 级旅游景区创建。一是着力旅游基础设施完善。全面完成游客中心、标识标牌、停车场、旅游厕所、垃圾分类、安全设施等各项创建整改工作；加快推进妈祖文化广场（通往潮声客舍道路改造）、天妃故里二期、祖庙景区及周边环境（宫周片区）、环岛东路安全防护及景观改造等景区提升工程，不断优化岛内、外旅游交通系统等。对照涉创成员的职责分工，建立“三大机制”，并将重点创建范围内的整改任务划分成 12 个责任片区进行分区整治，进一步明确工作责任单位和配合单位，确保整改工作任务落实到位。严格按照《创建工作方案》责任分工，区创建办（旅游文体局）每周收集汇总各责任单位任务完成情况和协调市直部门问题解决进展情况，并对进展情况和存在问题进行全区通报。旅游文体局要根据不同时段，对来岛专家指导提出的新问题新建议按照部门职责及时进行任务分解，区效能办要及时跟踪督查，并把结果有效运用。

2. 着力提升旅游服务品质。全方位加大宣传力度，营造创建工作氛围；建成“智汇湄洲”平台，为游客提供“一部手机游湄洲岛”便捷化旅游服务。邀请省文化旅游厅领导和北京 5A 专家举办全员旅游服务培训班，规范旅游从业人员服装举止，增强创建意识，自觉提升服务水平，倡导文明旅游新风。坚持“以人为本，以客为主”的服务理念，把打击旅游环境乱象与扫黑除恶工作结合起来，规范旅游市场秩序，树立诚信经营、文明旅游的社会导向，净化旅游消费市场，努力为广大游客营造一个诚信、和谐、文明、温馨的旅游环境。严厉打击扰乱旅游市场秩序的违法违规行为，规范旅游市场秩序，树立诚信经营、文明旅游的社会导向，净化旅游消费市场，切实提升旅游服务品质。

3. 着力推进旅游市场综合整治。认真落实《湄洲岛旅游市场规范提升专项行动方案》精神，全区各部门按照职能职责分工，统筹协调，联合执法，结合全区扫黑除恶专项斗争，坚决依法查处和整治旅游行业中出现的各种违法违规经营行为，强化日常监管和综合协调能力，重点整治、突出实效，不断优化旅游服务环境。以实施“放心旅游”承诺为核心，不断优化旅游配套设施，强化旅游市场治理，提升旅游服务品质，让游客“放心游湄洲”。推进文旅行业诚信体系建设。牵头组织成立湄洲岛旅游协会、民宿协会、餐饮协会等各行业协会并按照有关法律法规和行业规章，制定行业自律公约，充分发挥旅游行业协会监督自律作用，建立“公平、规范、健康、有序”的市场秩序。结合国家 5A 级旅游景区创建工作，对原有智慧景区系统和设备进行升级和改造，打造“一部手机游湄洲”旅游综合服务平台，全面整合景区涉旅企业等资源，让平台能够“有血有肉”地动起来。通过平台与酒店民宿、餐饮交通、景区票务等涉旅单位的合作，提高旅游经营企业效益，也为游客提供更加舒适便捷的旅游体验。按照“四个一批”的思路（曝光失信单位一批、表扬诚信单位一批、典型案件公示一批、堵住黄牛党贩票漏洞措施出台一批），坚决执行《旅游市场经营行为红黑榜公示》制度。

4. 着力推动全域旅游项目建设。统筹推进莲池沙滩、黄金沙滩、湖石淉、东环景观带、集散广场、鹅尾日落时光、红树林、渔港文化经济区等全域旅游项目建设；以冲刺国家5A级旅游景区创建为契机，积极推进集散广场、朝圣路、朝宫街、环岛东路、鹅尾神石园等重点片区夜景亮化工程；扎实推进宫周片区、湄洲大道等重要节点立面改造；积极推进宫下、莲池等村落打造美丽乡村旅游试点。以朝圣岛、生态岛、旅游岛、智慧岛为目标，以“妈祖信俗文化、莆仙建筑、海岛风情文化”为精髓，湄洲岛着力构建以东环风情街为线，北部妈祖文化核心区、中部综合旅游区、南部休闲度假区为面，让游客“慢下来、留下来、住下来”的文化旅游发展格局。一是加强文化创意引领。大力发展妈祖创意文化产业，推进文化创意与旅游业等领域融合发展，以现代创意提升妈祖文化产品内涵和质量。开发妈祖元素、妈祖品质的文创产品，促进中华优秀传统文化的创造性转化、创新性发展。推广“妈祖平安礼”“妈祖文创”品牌，支持文化创客创业创新。鼓励发展妈祖文化动漫等产业，争取自媒体、影视公司等创意型企业在岛上建立创制基地，提升妈祖文化软实力。加强与台湾在创意设计、影视动漫、演艺音乐、文化旅游等领域合作，依托日落时光项目、读旅民宿等现有资源，在下山村等旅游特色村落建设妈祖文化创意产业园，策划举办文创精品展、文化创意周等文创展览和交流活动，推动形成南部文化创意产业圈。二是加强精品内容生产。鼓励以中华优秀传统文化和海洋文化为源泉推进内容创新，大力发展“文化+”“互联网+”新型业态，做大做强以文化创意内容为核心的文化服务业，提升文化产业的社会效益和价值导向功能，打造精品内容生产和传播高地。积极推进衣、食、住、行、用、藏等妈祖文化创意产品产业的开发与发展的妈祖文化产业产品开发建设，以及涉及游、观、乐、学、创、闲、健等妈祖文化创意服务产业的开发与发展的妈祖文化产业服务开发建设。扶持原创精品影视剧，提升创作、研发和制作水平，加强妈祖文化影视动漫衍生产品开发和版权交易服务。筹建海岛动漫公共服务平台，策划举办妈祖动漫影视周、国际新媒体短片节等影视动漫艺术节、交流季等品牌活动，打造具有湄洲特色的影视动漫产业基地。三是加强文化创新支撑。支持大数据、云计算、增强现实、虚拟现实、人工智能、物联网和5G等先进技术研发和在妈祖文化产业中的应用，打造文化科技产业集聚高地。依托世界妈祖文化论坛会址，积极构建文化产品和服务的贸易和会展中心，打造国际化的文化产业会展核心平台。规划建设国际一流的标志性文化设施，改造提升宫周片区、牛头尾片区、东环风情街等一批特色文化街区，加快推动国际邮轮港建设，形成错落有致、相互呼应的海岛文化群落，营造国际化、高品质的消费环境和文化旅游融合发展的良好生态。

5. 着力推动全域旅游产业培育。策划举办湄洲岛之夏沙滩音乐节、海峡两岸美食夜市、“妈祖杯”淡水钓鱼节等活动，加快推进《湄洲岛旅游休闲产业发展计划》编制工作，为未来旅游产业发展路径提供指导；以湄洲岛5.5平方公里5A景区创建范围内旅游产业逐步向全岛产业布局延伸；以东环文旅产业带建设为基点，培育旅游购物、特色民宿、滨海休闲、文化交流四个功能街区，扶持发展特色民宿、特色地方美食、文创工作室等；进一步实施全岛规模酒店提升改造，提升全岛旅游服务品质。

6. 着力推进文化旅游深度融合。充分利用湄洲岛独特的妈祖文化和丰富的滨海旅游资源，全力把湄洲岛建设成为世界妈祖文化核心区和朝圣岛、旅游岛、生态岛、智慧岛、幸福岛的目标。成功跻身全国港澳游学基地行列，认真做好与中信旅游、中国传媒大学等高端学术单位合作，在湄洲岛设立妈祖文化研学基地，不断提升湄洲岛旅游品牌知名度。加快完善《湄洲岛促进旅游产业发展壮大的若干政策措施》，落实兑现台胞青年来岛创新创业创造扶持政策，与台湾旅游联盟（富豪旅行社）和台湾天海旅行社开展洽谈，吸引更多台胞来岛观光旅游创业。加快完善智汇湄洲旅游综合管控平台建设，围绕市场监管、旅游宣传、门票营销、预订服务、主题产品推广等方面深度融合，强化旅游市场内部管控和对外服务。进一步提升妈祖信俗世界非物质文化遗产内涵，建设好非物质文化遗产保护中心，提高妈祖文化遗产保护和发掘水平，进一步扩大妈祖文化在海内外的影响力。加快天妃故里项目建设，不断巩固和提升妈祖文化发祥地的地位。进一步加大妈祖文化在海内外的宣传力度，积极邀请画家、作家、摄影家来岛采风、写生、摄影，全面推行“湄洲女”服饰，大力宣传湄洲民俗风情，在全国各重点客源城市营造良好的宣传氛围，继续办好世界妈祖文化论坛、中国·湄洲妈祖文化旅游节、海峡论坛·妈祖文化活动周、妈祖书画、楹联、摄影、歌曲、诗词、舞蹈比赛、妈祖工艺品设计大赛、妈祖学术研讨会、妈祖民俗文艺汇演等多形式、多层次的交流平台和载体。加快推进天妃故里遗址公园建设，推进闽台妈祖文化交流中心建设，提升对台对外妈祖文化交流功能。大力推进文化名岛建设，在环境和景观营造上体现文化元素，在服务行业中融入文化特色，在居民中加强文化养成，着力彰显妈祖故乡独特魅力。在妈祖平安里、湄洲妈祖莆田会馆等场所规划建设妈祖文化创意设计馆和妈祖文化创意孵化中心，打造一批国际性的妈祖文化品牌。

7. 着力推进文旅战线招商工作。成立文化旅游战线招商领导小组，主要开展依托妈祖文化、滨海资源，重点发展滨海朝圣旅游、自然生态旅游、乡村休闲旅游、妈祖研学旅游等文旅招商工作。委托国内外第三方专业机构，策划生成湄洲岛产业招商目录，邀请福州、合肥等莆商商会企业家来岛考察，向莆商推介部分前期工作准备充分、经济效益、社会效益评估较好的项目，目前正与肯德基等知名品牌餐饮企业洽谈上岛投资事宜。

8. 着力推进体育健身工作。充分结合湄洲岛旅游开发建设的总体布局，以全民健身和体育产业为抓手，有序开展各项工作。一是加大体育设施建设力度。以打造湄洲岛全民健身体育活动中心为切入点，因地制宜，整合资源，不断推进湄洲岛“30分钟”体育生活圈建设。通过不断改造提升各类学校的体育设施和完善各镇村的基础体育设施，着手在湄洲岛湖石淉生态公园地区，打造以湄洲岛5人制笼式社会足球场、社会篮球场、社会网球场及地掷球场为主要项目的湄洲岛健身休闲中心。二是广泛开展全民健身活动，通过积极引入社会力量举办各类比赛和活动，2020年已成功举办2020年湄洲岛女子半程马拉松赛及2020年湄洲岛“妈祖杯”篮球邀请赛等赛事，目前正积极筹办2021妈祖（湄洲岛）女子半程马拉松暨海峡两岸青年新年第一跑活动。三是充分发挥体教结合优势。积极备战即将到来的省、市运会，通过资源倾斜，定期探访等方式，不断强化争金重点项目的业余训练及督导。充实体教结合的力量，加强与基层学校的联系，以体育传统项目学校梯队建设为重点，基本形成小学、初中、高中“一条龙”的培养布局体系。

二、存在问题

1. 受疫情和防控措施等综合影响，上半年游客出游意愿锐减，大部分民众主动或被动地隔离在家不出门，入岛旅游人数和游客消费能力下降明显，游客的锐减导致很多酒店和民宿暂停营业，旅游餐饮购物板块市场受到较大冲击，2020年的接待游客人数和全社会旅游综合收入预期完全被改变。

2. 由于缺乏有吸引力和竞争力的旅游产品和业态，目前来岛游客大部分仍是以一日游或半日游居多，整体旅游市场呈现游客过夜率偏低、酒店民宿空置率高的现状。部分景区和民宿在经营上缺乏走心，游客体验感不强，没能充分激发游客的过夜需求。

3. 全民健身意识有待提高。湄洲岛目前常住人口只有4万，人口基数少且青壮年比例不高，直接参与全区日常各类体育活动或赛事的本地居民占常住人员的比例较低，导致全岛的全民健身氛围仍然不足。

4. 各类体育基础设施不足。因湄洲岛陆域仅14.35平方公里，且各类用地的审批手续十分困难，导致全区各类体育场地建设工作难以推进，各类体育项目场地及配套基础设施较为匮乏。

5. 竞技体育项目较为薄弱。受湄洲岛人口基数、体育场地及社会氛围等因素的制约，湄洲岛各类竞技体育项目的人才培育工作较为困难，各类竞技体育的水平和成绩都较为薄弱。

三、2021年工作思路

2021年，湄洲岛旅游文体工作将以朝圣岛、生态岛、旅游岛、智慧岛为目标，全方位、全要素推动旅游高质量发展。

（一）持续推进全域旅游发展。从培育核心产品和优化消费结构着手，不断提升妈祖祖庙、妈祖平安里、鹅尾神化石三大景点的发展水平。以“妈祖信俗文化、莆仙建筑、海岛风情文化”为精髓，湄洲岛着力构建以东环风情街为线，北部妈祖文化核心区、中部综合旅游区、南部休闲度假区为面，让游客“慢下来、留下来、住下来”的全域旅游发展格局。加快推进莲池沙滩、鹅尾日落时光、红树林、渔港文化经济区等全域旅游项目建设。积极推进宫周片区、牛头尾片区立面改造工程进度，加快推进集散广场、朝圣路、朝宫街、环岛东路、鹅尾神石园等重点片区夜景亮化工程。通过海岛传统民居风貌整治，打造“印象下山”艺术聚落，形成集艺术创作、旅游住宿、特色餐饮、艺术品制作销售等为一体的两岸文创体验聚落。

（二）持续促进景区转型升级。着力提质升级妈祖平安里、鹅尾神化石、莲池沙滩、红树林等景区景点，全面推动重点景区转型升级。深度发掘文化内涵，完善配套设施，策划夜间文旅消费产品，提升旅游演艺项目，做大休闲度假和旅游消费。加快“5G+旅游”“人工智能+旅游”等智慧科技应用，推动各景区景点、酒店民宿、餐饮购物、旅游交通等在旅游体验、旅游管理、旅游服务和旅游营销等层面的智慧化发展。充分利用当前短视频、直播等互联网产品暴发的红利期机遇，进一步加快发展智慧文化旅游，积极推动文旅产业与互联网产业融合发展。利用“智汇湄洲”平台，开展在线直播、在线宣传、在线展览，完善“智汇湄洲”平台建设，积极运用5G、VR等现代技术，加大数字化、沉浸式、互动性文化旅游项目设计，推出“线上景区游览”项目，推进湄洲岛全流程智慧游览服务；组织推广线上预约，引导文旅企业、景区景点和“湄洲人家”民宿等广泛应用互联网开展预约、预售、预订等活动。推出线上旅游消费产品，加快发展网红经济，发挥正能量网红带货效应，提供更多“湄洲岛、来就好”旅游新产品、新服务。

（三）持续开拓旅游客源市场。积极融入“全福游、有全福”品牌建设，充分发挥姚晨旅游形象大使名人效应，持续打造“湄洲岛、来就好”品牌。与主流媒体、新媒体合作开设视听专题节目，针对不同季节特点和客源群体，采取线上线下结合，大力推广湄洲岛优质产品、重点线路和文旅活动。按照巩固和拓展重点区域、重点季节、重点主题的大密度、高强度宣传态势，全力打造湄洲岛旅游新形象，实现游客接待量和旅游综合收入不断提高。探索构建立体高效的360°现代营销平台，通过电视广告、影视植入、节目打造、报纸广告、专题连载等形式，强化传统媒体营销。通过“走出去”“请进来”方式，加强与其他地区旅游部门、旅游企业协作，大力拓展旅游客源市场。

（四）持续培育旅游业态产品。加快推进《湄洲岛旅游休闲产业发展计划》编制工作，针对疫情后文化旅游市场新需求、消费理念新变化，重点培育健康养生、滨海运动、研学旅游、乡村休闲等新业态。加强与专业机构在创意设计、影视动漫、演艺音乐、文化旅游等领域合作，依托日落时光项目、读旅民宿等现有资源，策划举办文创精品展、文化创意周等文创展览和交流活动，推动形成文化创意产业圈新区域、新亮点。加快推进宫下集散广场、鹅尾中央广场、祖庙天后广场三大广场旅游产品建设，策划打造湄洲岛夜游街区、夜娱项目、夜读空间、深夜食堂等夜间经济，培育若干个海岛特色精品夜市，融入文创市集、夜游、夜娱、夜秀、夜购、美食、特色民宿等业态，合力打造夜间文旅消费集聚区，形成固定品牌、有规模体量、管理规范、创意新颖的文旅集市、夜市典型示范标杆，让游客留下来、住下来。一是打造“夜游”产品。鼓励湖石渫生态公园、天妃故里遗址公园等景区景点在保证安全等前提下，开展夜间游赏服务，常态化开展水幕秀、灯光秀等多种形式的夜游主题活动。二是打造“夜读”产品。鼓励鹅尾台湾书屋等阅读场所推出夜间服务。三是繁荣“夜食”产品。通过举办沙滩音乐节、美食夜市等活动，打造特色美食街区和夜市。利用湄洲岛旅游协会等行业组织，引导天隆、海岸酒楼等岛上部分品牌餐饮企业延长营业时间，做大餐饮市场夜间消费规模。四是提升“夜宿”产品。大力发展特色精品民宿和主题文化民宿，引导南部群众利用闲置房产开办特色民宿，提升湄洲岛民宿文化内涵和服务质量。

（五）持续推动文旅融合发展。加强妈祖文化遗产保护传承和资源活化利用，实施“旅游+”“生态+”“文化+”等措施，策划举办妈祖（湄洲岛）国际女子半程马拉松赛等文体赛事，持续营造“海峡两岸女子半程马拉松”品牌效应，精心打造文化旅游体育活动品牌，加快推动文旅体深度融合发展。策划举办世界妈祖文化论坛、妈祖文化旅游节等重大文旅交流活动，推动《妈祖》3D动漫电影片花参加金鸡奖，持续拓展妈祖文化国际影响力。落实湄洲岛支持旅游文创产业政策，带动莲池沙滩音乐餐饮广场常态化运营；引导门票经济向业态效益转化，丰富祖庙南轴线文化旅游元素，依托“妈祖平安里”渔村古堡优势，促成高端民宿和酒吧咖啡部落落地，完善南部海滨浴场、健身步道、茶道美食等服务设施，打造一批能够满足更高旅游休闲体验需求的“发呆区”“康健区”。常态化演出同谒妈祖·共享平安“平安塔秀”，引进大咖提升民俗节目《祥瑞湄洲》水平，探索驻地和巡回相结合演出模式，扩大妈祖信俗和莆仙文化影响。依托高等院校或社会科学研究管理部门，发挥人才集聚优势，开展专题研究。聘请海内外热心妈祖文化研究的专家学者，创办妈祖文化创意研究院或研究馆，大力发展修学旅游，深化妈祖文化研究，提高妈祖文化研究水平。完善原创演艺、影视、动漫、出版等内容生产扶持机制，加大对精品内容生产和传播、技术研发创新的支持力度。健全社会力量、社会资本参与机制，促进多层次多业态文化消费设施发展。支持实体书店、传统文化娱乐行业转型升级，着力培育湄洲岛数字文化消费、高雅艺术消费、体验式消费和智能硬件消费等文化消费升级。进一步完善吸引高层次文化人才的政策措施，建立柔性人才引进使用机制，推动人才体系建设，以设立工作室、项目聘任、客座邀请、定期服务、项目合作等多种形式引进和使用文化人才及其团队。充分利用台湾文创机构、妈祖分灵庙、高等院校、科研机构、文化企业资源，加强文化智库和文化产业人才培养基地建设。发挥妈祖神缘广、影响大的独特优势，动员和组织全社会力量投入妈祖文化创新化建设。

（六）持续提升旅游服务水平。坚持“以人为本，以客为主”的服务理念，把打击旅游环境乱象与扫黑除恶工作结合起来，规范旅游市场秩序，树立诚信经营、文明旅游的社会导向，净化旅游消费市场，努力为广大游客营造一个诚信、和谐、文明、温馨的旅游环境。严厉打击扰乱旅游市场秩序的违法违规行为，规范旅游市场秩序，树立诚信经营、文明旅游的社会导向，净化旅游消费市场。完善旅游投诉“一口受理”“快速转办”“先行赔付”机制，切实维护消费者合法权益。

（七）持续提升体育工作水平。一是强化体育基础设施建设。结合湄洲岛实际情况，在相关政策扶持下充分调动社会力量积极性，加快推进社会足球场、社会篮球场等重大体育基础设施项目和群众身边的体育基础设施建设，为湄洲岛广大群众开展体育健身活动提供场所保障。二是重点推进青少年体育事业。加强与湄洲岛教育主管部门的联动，不断深化教体融合，通过积极备战省、市运会及日常体育教学，重点开展青少年体育技能培训和青少年体育冬夏令营等活动，不断培养体育后备人才。三是积极筹办好旅游配套活动。积极筹办 2021 年湄洲岛女子半程马拉松赛及全民健身彩虹跑等赛事活动，通过各类赛事的筹办，充分带动湄洲岛群众体育、竞技体育、体育产业、体育文化等方面的协调发展。四是加强体育人才队伍建设。制订各类体育竞赛计划、教练员（体育教师）和裁判员培训计划及相关配套政策措施，不断创新人才培养体制、机制，多途径、多模式锻造教练员、裁判员等体育人才队伍，为湄洲岛体育事业发展提供有力的人才支撑。

妈祖文化
年鉴
2020

第二部分
宫庙与祭祀

春秋二祭

●纪念妈祖诞辰 1060 周年春祭典礼在妈祖祖庙举行

4 月 15 日（农历三月二十三）上午 10 点，以“同谒妈祖，共享平安”为主题的纪念妈祖诞辰 1060 周年春祭典礼在妈祖祖庙圣旨门广场庄严举行。中华妈祖文化交流协会副会长、湄洲妈祖祖庙董事长林金赞以主祭人身份主持妈祖祭典，并代表海内外妈祖敬仰者，以少牢之祭、八佾之舞、三献之礼祭祀妈祖，祈福四海万方，平安吉祥。来自中国台湾地区的台中市大甲镇澜宫、新北市板桥慈惠宫、云林县麦寮拱范宫的连线画面传递了两岸同胞浓浓的同胞情谊。

美国、西班牙、日本、澳大利亚、马来西亚、新加坡、加拿大等国家和地区妈祖文化机构代表们也通过视频连线“云端”朝拜妈祖，表达了弘扬妈祖大爱精神，守望相助、同舟共济、携手战胜疫情的共同愿望。新华社、央视频、央视新闻 +、新华社现场云、今日头条、百度、新浪、优酷等各大新媒体平台也同步直播了这场特殊的纪念妈祖诞辰 1060 周年春祭典礼。

●妈祖羽化升天 1033 周年纪念大会暨海祭大典在湄洲岛举行

10 月 25 日，在中华妈祖文化交流协会、湄洲岛党工委、管委会的指导下，由湄洲妈祖祖庙董事会主办的妈祖羽化升天 1033 周年纪念大会暨海祭大典在湄洲岛下山村深澳底妈祖福船举行。

莆田市委书记刘建洋，莆田市人大常委会主任阮军，莆田市政协主席周青松，莆田市委副书记齐凤瑞，福建省十二届人大法制委员会委员林光大，莆田市委原副书记、省台办副主任、省台联党组书记蔡尔申，莆田市委常委、宣传部部长吴桂芳，莆田市人大常委会副主任沈萌芽，台商东莞朝安宫执行长张家榕，苏里南福建商会会长谢达，中华妈祖文化交流协会常务副会长俞建忠，莆田市人民政府副市长吴健明，湄洲妈祖祖庙董事会董事长林金赞，台湾中华经济文化发展促进会副会长庄志铭及莆田市直相关部门领导，湄洲岛党工委、管委会领导，美国、加拿大、越南、智利、苏里南、柬埔寨和中国台湾、香港、澳门、广东、海南、天津、山东、浙江、江苏等海内外妈祖文化机构代表齐聚一堂，共襄盛会，同祭妈祖。

习俗活动

【湄洲妈祖祖庙举行跨年祈福典礼】

2019 年 12 月 31 日—2020 年 1 月 1 日，湄洲妈祖祖庙举行庄严而隆重的跨年祈福典礼，吸引海内外上千名游客相聚妈祖圣地拍福照，许心愿，人们用各自的方式告别 2019 迎接 2020。活动分为湄洲妈祖祖庙 2020 新年联欢晚会、汉服时装秀、2020 爱你爱你表白墙、快乐广场舞、电音三太子、舞蹈快闪、趣味游戏、湄洲女点灯祈福活动、跨年诵经祈福典礼、跨年倒计时、快闪烟花秀等系列祈福活动。届时祖庙配套设立妈祖义工爱心站点，免费供应姜茶热水、妈祖平安小食系列等，营造热烈、喜庆、祥和的节日整体氛围。

【蔡相煇率团赴湄洲妈祖祖庙进香】

1 月 6 日，中国文化大学史学系博士、中华妈祖文化交流协会顾问、台湾知名妈祖文化学者蔡相煇率福建石狮、中国台湾、中国香港、中国澳门及菲律宾容卿蔡氏峰山堂 100 余人抵达妈祖故里湄洲岛，赴妈祖祖庙进香。

【法国妈祖文化联谊会会长林建斌一行赴湄洲妈祖祖庙进香】

1 月 11 日上午，妈祖圣地湄洲妈祖祖庙迎来了法国妈祖文化联谊会会长林建斌一行 6 人。林建斌就计划今年 8 月分灵湄洲妈祖至法国首都巴黎等事宜，专程前来湄洲妈祖祖庙请教。祖庙董事会董事长林金赞欢迎远道而来的客人。

【天津天后宫举行 2020 年春祭大典暨传统文化庙会】

1 月 17 日，中国农历腊月二十三，天津天后宫 2020 年春祭大典暨传统文化庙会举行。天后宫理事会成员及妈祖信众们齐聚天后宫祭祀祈福来年风调雨顺、国泰民安。活动以“接福纳福祈心愿，辞旧迎新庆丰年”为主题，上午吉时，天津市妈祖文化促进会、天津民俗博物馆的领导，天后宫理事会成员及妈祖信众聚集在大殿前广场。春祭大典、太岁轮值祈福仪式在传统的迎神礼、问讯礼、上香礼、进献礼、送神礼等一系列礼程中，主祭、陪祭率妈祖信众祈求来年风调雨顺、国泰民安、万家康宁。今天的活动有“皇会”展演及妈祖出巡散福等活动。

【南京天妃宫举行除夕祈福法会和撞钟仪式】

1 月 24 日晚南京天妃宫（农历除夕夜）举行除夕祈福法会和撞钟仪式。

【台北南福宫举行春祭天上圣母仪式】

2 月 3 日，台湾地区中华妈祖俗信文化研究中心名誉主任、全球粥会世界总会长陆炳文博士，偕同中华妈祖俗信文化研究中心荣誉主任陈勇雄、中华妈祖俗信文化研究中心主任史瑛以及吴朝沧、蔡淑惠、沈致中、王辉丹、马豫平、张后明等妈祖信士共 8 人，前往台北和平西路上、南昌公园内之南福宫，举行春祭天上圣母仪式。在台信士南福宫春祭妈祖趋吉消灾式暨粥雅集，祈求天后保庇：合境百姓，合家平安、健康快乐！天灾人祸，天人共弃、早日远离！

【海峡两岸妈祖宫庙携手举办抗疫线上祈福活动】

2月16日，“天佑中华、祈福武汉”——海峡两岸妈祖宫庙携手抗疫线上祈福活动，分别在妈祖故乡福建湄洲岛和台湾台中同时举行，活动由福建湄洲妈祖祖庙和台中大甲镇澜宫、台湾妈祖联谊会共同发起举办。这是新冠疫情发生以来两岸首场线上交流活动，海峡两岸暨海内外广大妈祖信众通过新媒体直播平台共同参与本次线上祈福活动。

【平海天后宫恭迎彩绘妈祖神像回宫】

2月20日为庆祝建宫1020周年（至2019年），妈祖诞辰1060周年（至2020年）。平海天后宫恭迎彩绘妈祖神像回宫。

【大型画册《天津天后宫过大年》面世】

4月1日为纪念妈祖诞辰1060周年，展示津味民俗文化，弘扬妈祖大爱精神，天津民俗博物馆等单位精心制作的大型画册《天津天后宫过大年》面世。为了传承、记录天后宫的津味民俗及妈祖文化活动，天津民俗博物馆等单位组织专业人士，精心设计、制作了大型画册《天津天后宫过大年》。

【漳州延寿庙会长张清河率本宫善信前往湄洲妈祖祖庙拜谒妈祖金身】

4月12日上午，漳州延寿庙会长张清河率本宫善信12人来到湄洲岛，前往湄洲妈祖祖庙拜谒妈祖金身，这也是延寿庙连续十三年回湄洲妈祖祖庙谒祖进香。12日上午10时50分，张清河会长率众抵达湄洲岛，沿朝圣路一路踩街至祖庙天后宫，湄洲妈祖祖庙副董事长吴国春在天后宫殿外迎接众人，并对他们的到来表示热烈欢迎。

【湄洲岛举行升幡挂灯仪式，纪念妈祖诞辰 1060 周年】

4 月 13 日，湄洲岛举行升幡挂灯仪式，纪念妈祖诞辰 1060 周年。上午 9 时，中华妈祖文化交流协会副会长、湄洲妈祖祖庙董事会董事长林金赞为升幡挂灯仪式开锣。16 位哨角手引领着 24 位护幡湄洲女，在悠扬的童声《妈祖》歌曲中缓缓拾级而上并依次就位。伴随着 3 声长号，两面绣有“天上圣母”幡旗和 18 盏红灯缓缓升起，祈愿疫情早日结束，万众同享福祉。受疫情影响，本次活动没有邀请海内外嘉宾，现场也无观众，而是以直播和线上祈福的方式向全球妈祖人呈现。

【中华妈祖文化交流协会举办“赞歌庆华诞·礼乐献妈祖”1060 分钟抖音现场直播活动】

4 月 14 日、15 日，中华妈祖文化交流协会在妈祖故乡福建莆田举办“赞歌庆华诞·礼乐献妈祖”1060 分钟抖音现场直播活动，祈福世界疫情解除，祈福祖国全面小康，祈福复工复学顺利，祈福人民幸福安康，祈福妈祖华诞吉祥。此次活动组织 106 位妈祖歌手献歌 106 首。第一唱段抖音不间断现场直播 15 个小时，时间从 4 月 14 日（农历三月二十二）上午 11:00 开始，一直颂唱到 4 月 15 日（三月二十三）凌晨 2:00；4 月 15 日（三月二十三）凌晨 2:00 ～ 8:00 休息；第二唱段从 4 月 15 日（三月二十三）上午 8:00 开始颂唱，至上午 11:00 结束，直播 3 小时。

【海南省妈祖文化交流协会召开纪念妈祖诞辰 1060 周年感恩会】

4 月 15 日（农历三月二十三）是世界和平女神妈祖的华诞。4 月 14 日上午 9 时，海南省妈祖文化交流协会在协会总部召开纪念世界和平女神妈祖诞辰 1060 周年感恩会，缅怀妈祖“立德、行善、大爱”的不朽精神，畅谈妈祖文化为当今中国特色社会主义国家发挥的重要作用。参会的有全省会员和宫庙代表。

【烟台天后行宫举办妈祖文化节】

4 月 15 日，烟台天后行宫于妈祖诞辰日举办妈祖文化节，因为疫情的原因，将线下活动移至线上展示。作为第二届烟台市民文化节的重要组成部分，本届妈祖文化节充分契合民俗节日特点和市民文化需求，与“春之声”相结合，让市民和游客尽享“春之乐”，感受“春之美”！具体活动包括：1. 云游天后行宫：跟随讲解员，一起“云游”艺术殿堂，观看祭典仪式，庆贺妈祖诞辰。2. 线上祈福送好礼，活动规则：4 月 15 日当日，将原文晒至朋友圈，集赞满 68 个即可获得烟台天后行宫精美小礼品一份。

【台儿庄古城举行纪念妈祖诞辰 1060 周年专题图片展】

4 月 15 日上午台儿庄古城纪念妈祖诞辰 1060 周年专题图片展在天后宫举行。今年恰值妈祖诞辰 1060 周年，4 月 15 日上午，台儿庄古城特此在天后宫举办专题图片展，展出依托海峡两岸交流基地开展的相关对台交流活动及“妈祖信俗”列入《世遗》后国家重视、全球协力、两岸同心、各界参与、成果累累和未来展望等方面的精彩内容，奉献给全球妈祖敬仰者以及所有关心支持妈祖文化事业发展的人们。希望通过本次图片展，与全球妈祖文化敬仰者一道，共庆圣诞，同享福祉。

【三坊七巷天后宫举行祈福仪式】

4 月 19 日，庚子年三月二十七日谷雨，北斗下降、太灵虚皇天尊诞辰。三坊七巷天后宫谨设立斗坛，朝真礼斗，祈愿众信人等增福益禄、消灾延寿、祛病禳煞、本命光辉、元辰焕彩。福州三坊七巷天后宫天后诞期间不忘为湖北助力。

【大甲妈祖举行绕境进香活动】

6 月 11 日大甲妈祖绕境进香新港奉天宫起驾，14 日抵达嘉义新港奉天宫，为防疫考量，15 日虽取消祝寿大典，但仍有团拜仪式于庙内进行。受到疫情影响，大甲妈取消14年前移往庙埕广场搭起圣台举行的祝寿大典，改在庙内举行祭典。今年虽然改在庙内进行祭典，但来自各地的信众，仍是不受影响地远道而来，就是为了参与今年的这场盛事与祝福。吉时一到，嘉义县县长翁章梁、镇澜宫董事长颜清标、奉天宫董事长何达煌率各宫庙代表顶礼膜拜、虔诚祝祷，传诵妈祖护民的传奇，并祈求妈祖和天上众神庇佑国泰民安，新冠疫情早日远离，人民安居乐业。受到疫情影响，今年随驾进香的信众明显减少，团拜仪式进行当下，奉天宫周边仍挤满信徒，人手一支妈祖进香令旗的清香，从各个方向面向宫门正殿，祈求妈祖护佑苍生。也因为疫情的关系，大甲妈团拜祭仪历时1个多小时结束，将在15日深夜9时在正殿举行回驾大典，10时起驾回程。

【厦门市台商投资企业协会到湄洲妈祖祖庙参访进香】

7月4日上午，厦门市台商投资企业协会副会长曾正道率协会一行10人到湄洲妈祖祖庙参访进香，并再次来到寄寓两岸同胞同根同源、同心同愿的湄洲岛湖石溧——两岸同愿林。

【台湾台南府城广安堂堂主王鹏源赴湄洲妈祖祖庙谒祖进香】

7月21日凌晨，台湾台南府城广安堂堂主王鹏源连夜携本宫善信抵达莆田文甲码头，并乘坐早班船赴湄洲妈祖祖庙谒祖进香。上午7时40分许，王鹏源二人来到湄洲妈祖祖庙，在工作人员的帮助下，两人在天后殿完成庄严的朝拜仪式。

【惠安县妈祖文化研究会赴湄洲妈祖祖庙参访进香】

9月8日，惠安县妈祖文化研究会会长黄荷山率研究会常务副会长张连枝、执行会长李惠琼等一行15人赴湄洲妈祖祖庙参访进香并恭请分灵妈祖返回惠安县城会址。

【天津天后宫来到湄洲妈祖祖庙参访交流】

9 月 9 日，天津天后宫主任刘玮等一行三人来到妈祖祖庭——湄洲妈祖祖庙参访交流。湄洲妈祖祖庙董事会副董事长庄美华、秘书长李少霞陪同他们在祖庙正殿向妈祖行庄严的拜谒仪式。之后，双方就未来如何进行南北宫庙交流活动展开讨论。

【福州市莆田商会会长陈祖元率团赴湄洲岛进香】

9 月 11 日，福州市莆田商会会长陈祖元率在外市级及以上莆田商会领导及骨干企业家代表来到“妈祖故里”湄洲岛，话妈祖、叙乡情、谋发展。湄洲岛党工委书记林韶雯，湄洲妈祖祖庙董事会董事长林金赞、副董事长庄美华陪同交流团一行在祖庙正殿向妈祖行庄严的拜谒仪式。

【昆山慧聚天后宫来到湄洲岛参访进香】

9 月 17 日下午，第十二届海峡论坛·妈祖文化活动周召开在即，全国台湾同胞投资企业联谊会常务副会长、昆山慧聚天后宫负责人孙德聪携慧聚天后宫代表一行 45 人来到妈祖故里湄洲岛参访进香。这是去年 9 月湄洲妈祖巡安昆山之后，一年的回访之约。湄洲妈祖祖庙董事长林金赞对众人的到来表示热烈欢迎。双方拜妈祖、叙友谊、逛祖庙，意义深远。

【漳州西街玄圣坛赴湄洲妈祖祖庙谒祖进香】

9 月 19 日上午，漳州西街玄圣坛 2959 名信众赴湄洲妈祖祖庙谒祖进香，成为今年人数最多的单个进香团，继“春节期间大陆宫庙赴湄洲谒祖进香的队伍中人数最多的单个进香团”这一纪录之后，西街玄圣坛又创造了一项新纪录。上午 10 时许，西街玄圣坛一行搭乘车渡船抵达湄洲岛，众人统一佩戴红色进香小卡片，恭抬分灵妈祖銮驾，沿朝圣路一路踩街至祖庙圣父母祠。在祖庙工作人员的引导下，进香团人员分批进入祖庙园区，佩戴口罩并保持安全距离，有序进行朝拜观光。

【仙游凤灵宫妈祖善信赴湄洲妈祖祖庙谒祖进香】

9月24日，仙游凤灵宫妈祖善信150余人在该宫负责人林春霖的带领下，统一身着红色庙服，恭捧分灵妈祖，以十音八乐和车鼓队为阵头，时隔六年再次回妈祖故里湄洲妈祖祖庙谒祖进香。

【东莞朝安宫赴湄洲妈祖祖庙谒祖进香】

9月25日下午，东莞（台商）朝安宫炉主陈月女、执行长张家榕率本宫善信共25人赴湄洲妈祖祖庙谒祖进香。进香团一行身着粉红色庙服，恭请三尊分灵妈祖神像及两尊千里耳、顺风耳神像抵达祖庙天后宫，并在天后宫内向妈祖行庄严的三献礼。

【汕头市两英海洋妈祖天后宫前往湄洲岛分灵妈祖】

9月28日下午，汕头市两英海洋妈祖天后宫倪明彬、倪永贞率本宫善信160余人前往妈祖故里湄洲岛分灵妈祖，众人身着红色马甲，仪仗队、仪卫队在前，其余成员在后，队列齐整。在祖庙工作人员的帮助下，众人将还未开光的分灵妈祖神像安座在天后宫殿内，并在当天晚间完成开光仪式。次日上午6时36分，良辰吉时，林金赞董事长陪同倪明彬、倪永贞等人在天后宫向妈祖行庄严的三献礼，并为进香团一行举行肃穆的割香掬火仪式，将祖庙的袅袅香火传递给两英海洋妈祖天后宫。

【厦门市莆田商会一行在湄洲妈祖祖庙恭请分灵妈祖】

10月4日上午，厦门市莆田商会会长陈文豹率商会一行在湄洲妈祖祖庙天后宫恭请分灵妈祖到厦门，湄洲妈祖祖庙董事会董事长林金赞陪同众人向妈祖行庄严的三献礼，并为厦门市莆田商会举行割香掬火仪式。

【惠安南坑宫妈祖庙进香团前往湄洲妈祖祖庙谒祖进香】

10 月 6 日上午，惠安南坑宫妈祖庙进香团一行 200 余人在该宫负责人陈走来的带领下，恭抬分灵妈祖新旧轿辇，并以惠安地区特色腰鼓队为阵头，前往妈祖故里湄洲妈祖祖庙谒祖进香，壮阙香火。

【福鼎市林氏宗亲店下分会赴湄洲祖庙举行晨拜仪式】

10 月 7 日上午清晨 6 时 36 分，祖庙天后殿内，伴随着阵阵清香，来自福鼎市林氏宗亲店下分会的一行 120 余人沐手拈香，向天上圣母祈福纳祥，一场庄严又神圣的晨拜仪式油然展开。8 时 20 分，众人移步到祖庙天后宫内，湄洲妈祖祖庙董事会副董事长吴国春陪同众人在天后宫向妈祖行庄严的三献礼，并赠送妈祖纪念品。

【福鼎大岚头妈祖天后宫赴湄洲妈祖祖庙谒祖进香】

10 月 10 日上午 11 时福鼎大岚头妈祖天后宫赴湄洲妈祖祖庙谒祖进香。上午 11 时许，福鼎大岚头妈祖天后宫会长李求良率该宫庙善信六十余人搭乘车渡船抵达妈祖故里湄洲岛，众人身着统一红色庙服，恭请分灵妈祖銮驾，沿朝圣路一路踩街至湄洲妈祖祖庙天后宫。湄洲妈祖祖庙董事会副董事长吴国春陪同众人在天后宫向妈祖行庄严的三献礼，并赠送妈祖纪念品。

【2020 年第十二届广州南沙“妈祖”文化旅游节开幕】

10 月 30 日，为期三天的 2020 年第十二届广州南沙“妈祖”文化旅游节开幕。今年的主题为“弘扬妈祖大爱精神·助建人类命运共同体”，旨在传承和弘扬非物质文化遗产——妈祖文化。广州南沙妈祖文化旅游节至今已成功举办了 11 届，本届南沙妈祖文化旅游节，更是精彩纷呈、亮点众多。

【深圳龙岗天后古庙进香团前往湄洲妈祖祖庙谒祖进香】

11月7日，深圳龙岗天后古庙进香团一行470余人在会长陈尊晟的带领下，身着统一庙服，恭抬龙岗妈祖和翡翠妈祖并以比麟堂舞狮、潮汕英歌队、潮州大锣鼓为阵头，前往妈祖故里湄洲妈祖祖庙谒祖进香，壮阙香火。11月8日下午，为纪念湄洲妈祖祖庙太子殿妈祖驻跸深圳龙岗天后古庙和深圳龙岗天后古庙首次组团回娘家谒祖进香迄今十年，深圳龙岗天后古庙率该宫善信470余人成为国内首列在湄洲岛下山村深澳底妈祖福船举行回娘家海祭妈祖祈福仪式的大陆妈祖宫庙。

【广东陆丰百家姓妈祖文化交流团一行赴湄洲祖庙晨拜妈祖】

11月27日上午清晨7时06分，祖庙天后殿内，伴随着阵阵清香，来自广东陆丰百家姓妈祖文化交流团一行80余人沐手拈香，向天上圣母祈福纳祥，一场庄严又神圣的晨拜妈祖诵经祈福仪式油然展开。

【漳州南靖霞露妈祖庙赴湄洲祖庙进香】

12月6日上午，漳州南靖霞露妈祖庙一行975人搭乘车渡船抵达妈祖故里湄洲岛，众人统一佩戴印有妈祖标志的红色帽子，恭抬分灵妈祖并以锣鼓队等为阵头，一路踩街至祖庙天后宫。在祖庙工作人员的引导下，进香团人员分批进入祖庙园区，佩戴口罩并保持安全距离，有序进行朝拜观光。

【厦门天圣宫赴湄洲祖庙进香】

12月12日上午，厦门天圣宫负责人吴素卿率本宫善信160人抵达妈祖故里湄洲岛，进香团众人身着统一庙服，佩戴口罩，恭抬三尊分灵妈祖神尊从湄洲码头一路踩街至湄洲妈祖祖庙天后宫。

宫庙修建

【台湾新北金包里慈护宫古庙重修】

2020年3月29日，台湾新北金包里慈护宫古庙修建。新北市金山区金包里慈护宫建于清道光年间，已有200多年历史古庙，也是当地的信仰中心历史建筑，但因年久失修，每逢大雨就多处漏水，金包里慈护宫董事长游忠义表示，历史建筑修建依规定要由专业建筑师设计规划，已于2020年完成设计规划与送件申请，预计四年竣工。为配合施工，特别选择黄道吉日，安置慈护宫众神，于今年农历四月先将神明请到临时搭建的红坛，让神明持续庇佑民众。

【金门东半岛金湖镇料罗顺济宫重建落成】

2020年4月，金门东半岛金湖镇料罗顺济宫重建落成，新庙宇雄伟辉煌，并于四月初举办天上圣母暨众神尊入庙安座献典活动，同时在农历三月二十三日天上圣母妈祖诞辰一连作醮五天，庆祝天上圣母妈祖圣诞千秋以及酬神，借以祈求合境平安。

【广东海丰圣云宫“妈祖文化讲堂”举行揭牌仪式】

10月20日广东海丰圣云宫“妈祖文化讲堂”举行揭牌仪式。中华妈祖文化交流协会副秘书长蔡承武、陈永腾等出席。在圣云宫建宫20周年之际，“妈祖文化讲堂”

的落成启用，对进一步弘扬妈祖“立德、行善、大爱”精神具有积极意义。去年，台湾北港朝天宫妈祖分灵圣云宫，台湾中华圣昭妈祖宫还前来缔结为姐妹宫庙，海峡两岸妈祖一家人越走越亲。

【大岞天妃宫举行重建落成庆典】

11 月 24 日，惠安崇武大岞天妃宫董事长张泉兴组织 500 多妈祖信众回祖庙谒祖进香。他表示，新的大岞天妃宫即将落成，并诚挚邀请祖庙董事会成员拨冗出席。12 月 4 日，大岞天妃宫重建落成庆典活动如期举行，湄洲妈祖祖庙董事会董事长林金赞带队应邀前往泉州惠安参加活动并赠送妈祖交流纪念品及“神昭海表”匾额。出席本次活动的还有来自宁德、泉州、厦门、福州、福鼎、漳州、龙岩、南平、三明等地近百家妈祖宫庙代表。林金赞在致辞中表示，惠安县妈祖文化源远流长、宫庙众多，妈祖信仰氛围浓厚。早些年，大岞天妃宫等惠安宫庙经常组织进香团乘着渔船直航湄洲朝拜妈祖，形成百舸争流拜妈祖的壮观场面。祖庙与大岞天妃宫往来密切，特别是近几年来，张泉兴董事长每年组织千人朝拜团回祖庙谒祖进香。历经 30 多个月完成重建的大岞天妃宫必将促进惠安地区文化、旅游经济的全面发展，对进一步弘扬妈祖文化和增进民间文化交流起到积极作用。大岞天妃宫修建于明万历年间，千百年来，大岞人靠海为生，妈祖的信仰已深深耕植于大岞人的心中，从孩童出生，读书工作结婚乃至社会上造船建厂建房等，大岞人都会到天妃宫报告妈祖祈求一切平安。

妈祖文化
年鉴
2020

第三部分
文化传播与慈善活动

媒体传播

微信公众号

- 湄洲妈祖祖庙：mzmazu
- 妈祖：mazuchina
- 天下妈祖：txmazu
- 世界妈祖：gh_e440be4087d9
- 妈祖铁警：ptsgajbafj
- 湄洲岛妈祖文化旅游区智慧游：mzdzhmz
- 中华妈祖杂志：gh_10782044622a
- 妈祖全球行：mazuqqx
- 中新天津生态城妈祖文化园：gh_685ec5514308
- 莆田妈祖中学：ptmzzx5094641
- 妈祖文化交流：mazu99323
- 妈祖马拉松：gh_a3e9083a3c97
- 湄洲妈祖祖庙董事会：mz-mazu
- 围头湾妈祖：gh_57193b2e38a6
- 阿朱讲妈祖：gh_9a2b6df5398e
- 妈祖传媒：wenhuaputian
- 妈祖文化传媒：zhmz960
- 莆田学院妈祖文化研究院：ptxymz
- 海洋妈祖文化：gh_cc7a4308da86

●东山妈祖城：dsmzge

●一瓣香妈祖文化展览馆：yibanxiang323

●湄洲妈祖祖庙莆田会馆：mzzmpthg

●澳洲妈祖文化传播：gh_d018a8625600

●妈祖健康城：gh_ac681d7d2d55

●北高妈祖网：beigaomazu

●进凤宫妈祖：gdmazu

●世界妈祖文化论坛：mazuforum

●涵江妈祖协会：gh_c5642992cd07

●妈祖慈善基金会：mzcsjjh

●加拿大多伦多妈祖文化：gh_4c37038390e8

●妈祖缘：gh_acfe180b36b9

●世界妈祖文创产业研究中心：SJMZ39

●乌石妈祖：WSTHG99

●大坠岛妈祖：ssmzwh

●和平妈祖玉潭轩：hepingmazu

●潮汕妈祖：csmz0323

●霞浦妈祖：xpmazu

●西胪妈祖：xilumazu

●泉州长春妈祖宫：qzccmz

●华清妈祖：hqmazu

●粤潮妈祖文化交流中心：gh_d2f1ea192333

●昆山妈祖文化交流协会：ksmazu

●惠来妈祖文化：huilamazuwenhua

●龙岗妈祖：LGMAZU

●兴潮妈祖基金会：gh_e2004f78210d

●妈祖文化园：gh_615a67c371b9

●漳州市妈祖文化交流协会：zzmzwhjl0323

●北京妈祖文化交流协会：bjmazu

●厦门市两岸妈祖文化交流协会：XMCMCCEA2016

●世界妈祖漳州市东屿天后宫：dongyu-mazu

●陆丰市妈祖文化研究会：gh_5da29e938f95

●海丰妈祖文化：HFMZWH0660

●青岛妈祖：gh_69817bc66104

●崇州市妈祖文化研究会：CZSMZWHYJH

●潮阳妈祖文化交流协会：stcymz

●坑尾妈祖：gh_3dbfe5c83d7f

●连江妈祖文化：lianjiangmazu

●惠安县妈祖文化研究会：XLG13505978071

●山东省妈祖文化交流协会：gh_17a7e5cacbca

●海南省妈祖文化交流协会：hnmazu

●陆丰市碣石镇妈祖文化交流中心：mzwhlzx

●海南省妈祖文化研究会：gh_9ca40c8bd2b7

●南京妈祖文化交流协会：njmzwhjlxh

●南箕妈祖：nanjizhaohuimiao

●中华妈祖：chinamazu

●北京妈祖仁爱慈善基金会：bjmzjjh

●天下妈祖网：mazuworld

●大爱妈祖：mazucn

●莆田妈祖网：putianmazucom

●天津天后宫：TianjinTHG

●广州南沙天后宫旅游景区：gh_bd03497a215d

●石浦东门妈祖庙：gh_f89aa220a5a1

●泉州天后宫：qz_thg

●日照天后宫：rizhao_tianhougong

●昆山慧聚天后宫：gh_56fb80bd1264

●漳州上街天后宫：gh_1847d6023cb8

●上海天后宫：shanghaitianhougong

●中山市道教协会 港口天后宫：gh_e63ea94cd169

●船政天后宫：gh_45e555824d26

●安溪县善坛妈祖庙：STMZM1575090429

●大陈岛天后宫：gh_825f71843cd3

●福州有座天后宫：gh_1eeba119b6d3

●和平下宫天后古庙：hpmazu

妈祖网站

●湄洲妈祖祖庙：http：//www.mzmz.org.cn/，中国福建莆田市湄洲妈祖祖庙董事会创办。

●天下妈祖网：http：//www.mazuworld.com/，天下妈祖网于 2008 年 9 月正式开通投入运营，目标是以妈祖文化为载体，建成全球妈祖门户网站，建设妈祖文化及相关内容的网络出版平台。天下妈祖网由中华妈祖文化交流协会、海峡出版发行集团、福建电子音像出版社主办。中华妈祖文化交流协会会长、十届全国政协副主席张克辉同志担任总顾问亲自题写网名。天下妈祖网被中共福建省委确定为福建省对台宣传重点项目。

●中国林氏宗亲网——妈祖文化：http：//www.linshi.org/Channel.Asp？ID=23，网站由个人创办。

●澳门中华妈祖基金会：https：//www.io.gov.mo/cn/entities/priv/rec/536，澳门特别行政区政府印务局版权所有。

●海洋财富网—海洋文化—妈祖文化：http：//www.hycfw.com/Category/110，山东海洋网络科技有限公司版权所有。

●湄洲岛妈祖文化旅游区：http：//sw.mzdtour.com/，莆田市湄洲岛旅游服务有限公司主办。

●闽南网：http：//www.mnw.cn/，闽南网创办于2011年5月，是由福建日报社（集团）主管的新闻门户网站。

●莆田学院妈祖文化研究院：http：//www.ptu.edu.cn/mazuwh/。

●世界妈祖文化论坛：https：//www.mazuforum.org/home，由中国社会科学院、国家海洋局、文化和旅游部、国家文物局和福建省人民政府共同主办。

●莆田侨乡时报—妈祖文化：http：//www.0594xyw.com/lists-15.html，政协福建省莆田市委员会主办。

●安溪善坛妈祖庙：http：//www.axstmz.com/，安溪善坛妈祖文化研究会版权所有。

●新浪网—福建站—莆田妈祖文化：http：//fj.sina.com.cn/pt/zt/mzwh/，新浪版权所有。

●莆田文化网：http：//www.ptwhw.com/，莆田文化网版权所有。

●妈祖马拉松官方网站：https：//www.mazumarathon.com/。

●妈祖娘娘：http：//www.mznn.com/。

●泉州天后宫：http：//www.qzthg.com/，泉州天后宫董事会主办。

●慧聚天后宫：http：//www.ksmazu.com/，昆山（两岸）妈祖文化交流协会版权所有。

●青岛天后宫：http：//www.qdminsu.com/，青岛天后宫版权所有。

●雪隆海南会馆天后宫：http：//www.angkongkeng.com/malaysia/19-kltemples/217-kl-thean-hou-temple，AngKongKeng.com 版权所有。

●明道大学妈祖文化学院：http：//www2.mci.mdu.edu.tw/，明道大学妈祖文化学院版权所有。

●台湾妈祖联谊会：https：//www.taiwanmazu.org/，台湾妈祖联谊会版权所有。

●鹿耳门天后宫：https：//www.luerhmen.org.tw/index.php，台湾鹿耳门天后宫主办。

●鹿港天后宫：https：//www.lugangmazu.org/，鹿港天后宫管委会版权所有。

●大甲镇澜宫：http：//www.dajiamazu.org.tw/，大甲镇澜宫董监事会主办。

●全台祀典大天后宫全球资讯网：http：//www.tainanmazu.org.tw/，全台祀典大天后宫版权所有。

●旗津天后宫：http：//www.chijinmazu.org.tw/，旗津天后宫版权所有。

●安平开台天后宫：https：//anping-matsu.org.tw/，安平开台天后宫版权所有。

●台中天后宫：http：//www.tcmazu.org/，台中天后宫版权所有。

●台北天后宫：http：//xn-djrpt1c90vgrd.tw/，台北天后宫版权所有。

●台东天后宫：http：//www.taitungmazu.org.tw/，台东天后宫版权所有。

●旗山天后宫：https：//www.i-mazu.org/，旗山天后宫版权所有。

●北港朝天宫：http：//www.matsu.org.tw/，财团法人北港朝天宫版权所有。

●新港奉天宫：https：//www.hsinkangmazu.org.tw/，财团法人嘉义县新港奉天宫全球资讯网版权所有。

●虎尾持法妈祖宫：http：//www.chifa-mazu.org.tw/，虎尾持法妈祖宫版权所有。

●山上天后宫：http：//www.tan-ho.org.tw/，山上天后宫管理委员会版权所有。

●白沙屯拱天宫：http：//www.baishatun.org.tw/，拱天宫版权所有。

●西螺福兴宫：https：//www.taipingmatzu.org.tw/，西螺福兴宫版权所有。

●财团法人朴子配天宫：http：//www.peitiangung.org.tw/，财团法人朴子配天宫全球资讯网版权所有。

●竹南后厝龙凤宫大妈祖：http：//www.chunan-great-mazu.org.tw/，竹南后厝龙凤宫全球资讯网版权所有。

●高雄新庄天后宫：http：//www.ks-tienhou-temple.com.tw/。

报纸杂志

●1月1日《湄洲日报》刊登《市政协委员庄美华：共同弘扬妈祖文化》文章。

●1月2日《大公报》刊登《两岸青年角逐半马“妈祖故里”开跑》文章。

●1月2日《湄洲日报》刊登《足不出莆享高端医疗服务——探访妈祖健康城示范中心莆田博奥医学检验所》文章。

●1月2日《北京日报》刊登《北京不是沿海地区却有天后宫　为什么？如何建成？》文章。

●1月2日《中老年时报》刊登《鼓楼钟鸣　敲响新年第一声　天塔流光　照亮津门好前程》文章。展现了天津特色的妈祖文化。

●1月3日《太仓日报》刊登《千份腊八粥真暖心》文章。介绍了太仓市天妃宫管委会等发起的“暖心腊八粥　情聚江海河”慈善公益活动。

●1月3日《湄洲日报》刊登《冬游石雕瑰宝南潮宫》文章。

●1月3日《湄洲日报》刊登《热粥暖心》文章。介绍了在湄洲妈祖祖庙莆田会馆举行的腊八节公益活动。

●1月3日《中国艺术报》刊登《19部作品获第二届“袁鹰文学奖”》文章。介绍了报告文学作品《妈祖故乡人杨光中》。

●1月4日《大众日报》刊登《青岛、澳门、深圳共襄妈祖文化交流发展》文章。

●1月4日《湄洲日报》刊登《全力打造两岸同胞心灵契合的幸福家园——湄洲岛牢记嘱托以妈祖文化为纽带凝心聚力推进“一区三岛”建设》文章。

●1月5日《香港商报》刊登《青岛澳门深圳进行妈祖文化交流》文章。

●1月5日《侨报》刊登《美国妈祖基金会腊八节向法拉盛老人中心施粥》文章。

●1月5日《汕头日报》刊登《共筑文明践大爱》文章。介绍了在潮阳举行的“妈祖之光”跨年文艺晚会。

●1月6日《太仓日报》刊登《高质量推动文体旅融合发展》文章。介绍了太仓市天妃宫的保护性修缮工作。

●1月6日《汕头日报》刊登《牵手“非遗”文化，点亮“花灯梦”》文章。介绍了潮汕地区的妈祖文化。

●1月6日《湄洲日报》刊登《妈祖医学院项目落户北岸　计划2022年建成招生》文章。

●1月6日《广州日报》刊登《画里话外的渔民生活》文章。介绍了沿海民众的妈祖信仰。

●1月7日《湄洲日报》刊登《滋养心灵 关爱孩子》文章。介绍了在祖庙莆田会馆举行的关爱孤独症家庭公益活动。

●1月7日《湄洲日报》刊登《多彩创新弘扬妈祖精神》文章。介绍了“妈祖缘·莆田情”主题展。

●1月7日《湄洲日报》刊登《陆丰举行妈祖祈福迎新民俗活动》文章。

●1月7日《湄洲日报》刊登《在国际雾凇冰雪节上推介妈祖文化》文章。

●1月7日《湄洲日报》刊登《推动妈祖文化事业发展越来越好》文章。介绍了湄洲妈祖祖庙前往泉厦地区联谊交流的情形。

●1月9日《团结报》刊登《信俗文化牵起“两岸一家亲”》文章。介绍了妈祖文化的影响。

●1月10日《湄洲日报》刊登《捐资援建祖祠设施》文章。介绍了台湾台南安平开台天后宫捐资用于贤良港天后祖祠修建的事迹。

●1月10日《湄洲日报》刊登《践行妈祖精神 助力脱贫攻坚》文章。介绍了湄洲妈祖祖庙举行“慈善之光”春节送温暖活动。

●1月10日《湄洲日报》刊登《健康惠民树品牌——妈祖健康城示范中心瑞斯康复医院探访》文章。

●1月10日《汕头日报》刊登《汕头市十佳美丽乡村评选候选乡村风采》文章。介绍了粤东建筑规模最大的“新围天后宫”。

●1月13日《大众日报》刊登《青岛市妈祖文化联谊会召开2020年度理事会》文章。

●1月13日《湄洲日报》刊登《〈妈祖〉连环画作品展举行》文章。

●1月13日《国际旅游岛商报》刊登《促文旅融合 充分发挥妈祖IP作用》文章。

●1月13日《衢州晚报》刊登《延续文脉记忆，复兴古县新城！探索文化衢江建设的新路径》文章。介绍了天后宫对城市建设的重要意义。

●1月13日《中国青年报》刊登《如何“重构传统文化的现代活力”》文章。文中以妈祖信仰加以举例阐释。

●1月13日《人民政协报》刊登《唐卡画师桑吉才让的妈祖情结》文章。

●1月14日《湄洲日报》刊登《高雄冈山圣明宫赴湄洲谒祖》文章。介绍了台湾高雄冈山圣明宫、雄旗山双龙寺两宫交流团赴湄洲妈祖祖庙谒祖的活动。

●1月14日《湄洲日报》刊登《台湾路竹天后宫回娘家朝圣》文章。

●1月14日《湄洲日报》刊登《同沐灵光　共叙乡情》文章。介绍了湄洲妈祖分灵西班牙特内里费岛举行巡安活动。

●1月14日《湄洲日报》刊登《霞浦县松山天后行宫　再赴台叙缘联谊》文章。

●1月14日《湄洲日报》刊登《中华妈祖十音八乐团迎新》文章。

●1月14日《湄洲日报》刊登《崇德向善　共享平安》文章。介绍了湄洲妈祖祖庙向海岛困难家庭送温暖事迹。

●1月14日《湄洲日报》刊登《弘扬妈祖文化　推动海上丝绸之路沿线民众民心相通》文章。

●1月14日《湄洲日报》刊登《连江举办妈祖文化论坛》文章。

●1月14日《南国都市报》刊登《清华大学公益组织调研临高妈祖文化和渔家哩哩美文化》文章。

●1月15日《侨报》刊登《国际海峡妈祖文交会华埠送祝福》文章。

●1月16日《湄洲日报》刊登《电视历史人文纪录片〈丝路女神〉首映式举办》文章。

●1月21日《湄洲日报》刊登《创新艺术传播形式》文章。介绍了中华妈祖文化交流协会举行的新春团拜会。

●1月21日《湄洲日报》刊登《深情祝福跃然纸上》文章。介绍了湄洲妈祖祖庙莆田会馆组织书法家义务为市民写春联的活动。

●1月21日《湄洲日报》刊登《大爱无声温暖人心》文章。介绍了湄洲妈祖祖庙为岛内2815位寿星分发慰问金的事迹。

●1月21日《湄洲日报》刊登《感恩为妈祖事业无私奉献》文章。

●1月21日《湄洲日报》刊登《讲好妈祖故事　写好妈祖文章》文章。介绍了《中华妈祖》杂志社召开的年度编委工作会议。

●1月21日《湄洲日报》刊登《师生送文化下乡》文章。介绍了莆田市实验二小师生开展的“妈祖之光”迎春文艺汇演公益活动。

●1月21日《深圳侨报》刊登《东渔社区：整合资源打造文旅示范村》文章。介绍了东渔社区的“天后祭”活动。

●1 月 22 日《太仓日报》刊登《景区酒店里品年味》文章。介绍了浏河古镇景区内的妈祖文化。

●1 月 24 日《澳门日报》刊登《妈祖基金会天后宫上香祈福》文章。

●1 月 24 日《淮海晚报》刊登《月湖中的天妃宫》文章。

●1 月 24 日《现代澳门日报》刊登《妈祖文化村春节开放时间　增免费穿梭巴士服务班次》文章。

●1 月 25 日《澳门日报》刊登《大年三十信众妈阁庙敬香祈福》文章。

●1 月 30 日《现代澳门日报》刊登《澳门妈祖文化村上头香祈福庆典》文章。

●2 月 3 日《湄洲日报》刊登《在京莆商积极献爱心》文章。介绍了北京莆田企业商会和北京妈祖仁爱慈善基金会发出倡议，主动捐款捐物，为家乡防疫助力的活动。

●2 月 4 日《湄洲日报》刊登《妈祖爱心人士捐赠医用物资》文章。介绍了湄洲妈祖祖庙董事会、湄洲妈祖慈善基金会联合向莆田学院附属医院捐赠口罩的事迹。

●2 月 5 日《湄洲日报》刊登《立即行动踊跃捐助》文章。介绍了莆田连江县妈祖文化研究会进行的捐赠活动。

●2 月 5 日《湄洲日报》刊登《妈祖义工派发口罩》文章。介绍了陆丰市妈祖文化研究会组织的防疫抗病活动。

●2 月 5 日《湄洲日报》刊登《众志成城抗击病毒》文章。介绍了浙江苍南县妈祖应急救援总队的防疫工作。

●2 月 5 日《湄洲日报》刊登《继续为促进两岸民间文化交流添砖加瓦》文章。介绍了中华妈祖文化交流协会顾问、台湾知名妈祖文化学者蔡相煇率队到湄洲岛寻根谒祖的情形。

●2 月 5 日《湄洲日报》刊登《呼吁海内外爱心人士捐资捐物》文章。介绍了湄洲妈祖祖庙董事会发布的《倡议书》。

●2月5日《湄洲日报》刊登《越南妈祖文化董事会携手各文化机构参访祖庙》文章。

●2 月 5 日《湄洲日报》刊登《为一线防疫人员加油鼓劲》文章。介绍了湄洲妈祖祖庙助力疫情防控的事迹。

●2 月 5 日《湄洲日报》刊登《应急队赴“疫”线护航群众健康》文章。介绍了莆田市妈祖志愿服务总队防疫工作。

●2 月 6 日《湄洲日报》刊登《为高速路口执勤民警送免费午餐　爱心企业老蒲鲜践行妈祖精神支持疫情防控》文章。

●2 月 9 日《中老年时报》刊登《天博“花式防疫”助力抗疫情》文章。介绍了元明清天妃宫遗址博物馆通过微信公众号推出的线上活动。

●2 月 11 日《湄洲日报》刊登《扬妈祖精神　护海岛健康》文章。介绍了莆田学院附属医院湄洲岛分院守护湄洲岛身体健康的事迹。

●2 月 11 日《湄洲日报》刊登《妈祖缘牵促产业发展》文章。介绍了山东省妈祖文化交流协会与澳门妈祖文化基金会、深圳妈祖文化协会间的交流情况。

●2 月 11 日《湄洲日报》刊登《捐赠百万元医疗物资》文章。介绍了越南妈祖文化董事会跨国施援的事迹。

●2 月 11 日《湄洲日报》刊登《同筑一条防线　共守一个家园》文章。介绍湄洲岛社会各界践行妈祖精神捐资捐物助力疫情防控的事迹。

●2 月 11 日《闽东日报》刊登《三沙听潮》文章。提及了霞浦三沙地区的妈祖走水民俗活动。

●2 月 13 日《三明日报》刊登《一块“禁毁林碑”背后的故事》文章。介绍了大田县石牌镇小湖村福兴宫妈祖庙的“禁毁林碑”。

●2 月 14 日《青海日报》刊登《千户营高台舞云端》文章。介绍了千户营人用高台形式展演了民间故事《妈祖》。

●2 月 17 日《深圳特区报》刊登《海峡两岸妈祖宫庙携手抗疫线上祈福》文章。

●2 月 17 日《湄洲日报》刊登《手足之情　同胞之爱》文章。介绍了海峡两岸妈祖文化机构连线祈福的情形。

●2 月 17 日《大公报》刊登《两岸妈祖宫庙连线祈福抗疫》文章。

●2 月 18 日《湄洲日报》刊登《送去物资共克时艰》文章。福建福鼎前岐妈祖宫慰问防控一线工作人员。

●2 月 18 日《湄洲日报》刊登《爱心捐款彰显担当》文章。长岛妈祖文化交流协会助力长岛县疫情防控工作。

●2 月 18 日《湄洲日报》刊登《援助贫困村群众抗击疫情》文章。介绍了海南省妈祖文化研究会的援助行动。

●2月18日《湄洲日报》刊登《以妈祖名义献出一片爱》文章。介绍了菲律宾烧灰村同乡会理事长洪庄严助力新冠疫情防控的事迹。

●2月18日《湄洲日报》刊登《倡议书——在援鄂一线践行妈祖大爱精神》文章。

●2月21日《福建侨报》刊登《海峡两岸妈祖宫庙为共同抗击疫情连线祈福》文章。

●2月21日《随州日报》刊登《市文旅局筹措紧缺医疗资助抗疫》文章。介绍了随州市文旅局捐款资助福建妈祖祖庙慈善基金会的事迹。

●2月22日《湄洲日报》刊登《妈祖圣泉抗瘟疫》文章。

●2月22日《人民政协报》刊登《两岸妈祖宫庙携手战“疫”线上祈福活动举行》文章。

●2月24日《湄洲日报》刊登《度尾锦邱宫古代壁画》文章。莆田仙游县度尾锦邱宫主祀妈祖。

●2月25日《海峡导报》刊登《妈祖绕境活动还要照常举行？》文章。

●2月26日《澳洲新报》刊登《聚焦两岸合制大米龟化身“使者”送“平安”》文章。介绍了泉州天后宫支援抗疫的情况。

●2月26日《湄洲日报》刊登《到一线送防护物资》文章。深圳龙岗妈祖文化交流协会支援疫情防控。

●2月26日《湄洲日报》刊登《支援抗疫　奉献爱心》文章。莆田涵江区妈祖文化交流协会显担当。

●2月26日《湄洲日报》刊登《积极募捐支援抗疫》文章。加拿大妈祖文化机构献爱心祈福武汉。

●2月26日《湄洲日报》刊登《疫情无情　妈祖有爱》文章。

●2月26日《湄洲日报》刊登《青山一道同云雨　明月何曾是两乡》文章。海外妈祖爱心人士齐心协力共战疫情。

●2月27日《团结报》刊登《两岸合制“大米龟”支援抗疫一线》文章。介绍了泉州天后宫支援抗疫的情况。

●2月27日《大公报》刊登《避免群聚　妈祖绕境取消三大活动》文章。

●2月27日《环球时报》刊登《办不办？岛内争论大甲妈祖庆典是否取消，民调称超九成民众认为不该办》文章。

●2 月 27 日《海峡导报》刊登《疫情当下郑文灿带头参与妈祖绕境》文章。

●2 月 28 日《厦门日报》刊登《台多个大型活动延期或停办》文章。

●2 月 28 日《大公报》刊登《疫情蔓延　妈祖绕境延期举办》文章。

●3 月 3 日《团结报》刊登《台湾政治算计再上演》文章。介绍了妈祖绕境活动的影响。

●3 月 3 日《湄洲日报》刊登《践行妈祖精神　支援家乡抗疫》文章。介绍了澳洲莆田商会和澳洲妈祖文化协会支援家乡抗疫的事迹。

●3 月 3 日《湄洲日报》刊登《台湾知名音乐人发布歌曲〈妈祖〉》文章。介绍了台湾音乐人林垂立对抗疫人员的致敬。

●3 月 3 日《湄洲日报》刊登《热心人士派发口罩》文章。介绍了广东西胪妈祖义工队发起的“妈祖义工助力西胪疫情防控人员口罩义派活动”。

●3 月 3 日《湄洲日报》刊登《妈祖故乡原创歌曲〈抗疫颂〉上线》文章。

●3 月 3 日《湄洲日报》刊登《妈祖义工抗击疫情》文章。介绍了湄洲岛妈祖义工的事迹。

●3 月 3 日《湄洲日报》刊登《履行社会责任　助力疫情防控》文章。介绍了深圳龙岗妈祖文化机构联合献爱心活动。

●3 月 7 日《浔阳晚报》刊登《向庐山学习大语文》文章。提及了庐山地区的妈祖信仰。

●3 月 8 日《阳江日报》刊登《阳江民间美术与民俗崇拜》文章。介绍了阳江的妈祖信仰。

●3 月 9 日《湄洲日报》刊登《寻找圣墩祖庙》文章。

●3 月 9 日《中时电子报》刊登《江启臣率众到大甲拜妈祖祈福：这是展现团结的开始》文章。

●3 月 10 日《莆田晚报》刊登《湄洲妈祖祖庙代表看望因疫情滞岛湖北籍游客》文章。

●3 月 10 日《湄洲日报》刊登《爱心人士捐赠消毒液》文章。介绍了爱心人士向中华妈祖文化交流协会捐赠物资的事迹。

●3 月 10 日《湄洲日报》刊登《捐款抗击疫情》文章。介绍了北高妈祖文化交流协会捐款及物资的事迹。

●3月10日《湄洲日报》刊登《香港妈祖爱心人士看望飞虎队老英雄陈炳靖》文章。

●3月10日《湄洲日报》刊登《妈祖义工奋力战“疫”》文章。介绍了湄洲岛开展疫情防控志愿服务活动。

●3月10日《湄洲日报》刊登《践行妈祖精神　提供周全照顾》文章。湄洲妈祖祖庙代表看望因疫情滞岛湖北籍游客。

●3月10日《湄洲日报》刊登《传递妈祖大爱　助力中国抗疫》文章。介绍了加拿大天妃艺术团创作歌曲《同心》助力中国抗疫的事迹。

●3月13日《湄洲日报》刊登《直播课堂跨越台湾海峡》文章。介绍了台籍教师通过直播形式向莆田学院学生教授《妈祖文化创意产业》。

●3月15日《台州晚报》刊登《画里话外的渔民生活》文章。介绍了渔民的海神信仰妈祖。

●3月16日《湄洲日报》刊登《陈卿与白湖顺济庙》文章。

●3月16日《烟台日报》刊登《长岛综合试验区建设任务目标》文章。介绍了长岛的妈祖文化信仰。

●3月17日《湄洲日报》刊登《湄洲妈祖祖庙开通线上便民服务》文章。

●3月17日《湄洲日报》刊登《讴歌英雄鼓舞斗志》文章。介绍了汕头市下宫天后古庙妈祖灯谜社以“抗疫情，传真情”为主题创作支持抗疫的活动。

●3月17日《湄洲日报》刊登《湄洲妈祖服饰首次亮相澳大利亚国庆日》文章。

●3月17日《湄洲日报》刊登《推动妈祖文化进高校课堂》文章。介绍了莆田学院召开的妈祖文化研究工作推进会。

●3月17日《湄洲日报》刊登《捐款助力疫情防控》文章。介绍了晋江市金井古地妈祖宫捐款帮助疫情防控等事迹。

●3月22日《莆田晚报》刊登《莆田学院妈祖班线上教学获好评》文章。

●3月23日《湄洲日报》刊登《李富与圣墩顺济庙》文章。介绍了李富对妈祖文化传播的重要贡献。

●3月24日《南阳日报》刊登《我市A级景区今年对全国医务工作者免门票》文章。介绍了南阳天妃庙的面貌。

●3 月 24 日《湄洲日报》刊登《众志成城抗“疫”》文章。介绍了疫情以来山东妈祖慈善基金会、青岛净心阁妈祖宫向武汉一线医务人员提供捐助的事迹。

●3 月 24 日《湄洲日报》刊登《口罩接力演绎华裔妈祖情》文章。

●3 月 24 日《湄洲日报》刊登《泉州天后宫捐赠“平安米”》文章。

●3 月 24 日《湄洲日报》刊登《认真查找不足　及时整改问题》文章。介绍了中华妈祖文化交流协会对所属会员进行整顿的情况。

●3 月 24 日《湄洲日报》刊登《大力推进妈祖文化　传承弘扬和发展创新》文章。

●3 月 24 日《湄洲日报》刊登《弘扬妈祖精神　示范文明行为》文章。介绍了中华妈祖文化交流协会的倡议。

●3 月 24 日《湄洲日报》刊登《做好规范为妈祖诞辰 1060 周年献礼》文章。

●3 月 31 日《湄洲日报》刊登《山东妈祖慈善基金会再捐赠医用物资》文章。介绍了山东妈祖慈善基金会、青岛净心阁妈祖宫发起的“千万不嫌多，一分不嫌少”向武汉献爱心活动。

●3 月 31 日《湄洲日报》刊登《妈祖圣地春色美》文章。

●3 月 31 日《湄洲日报》刊登《泉州天后宫向东京送去关爱》文章。

●3 月 31 日《湄洲日报》刊登《第四届全球妈祖文化征文大赛启动　3 月 23 日至 9 月 15 日可投稿》文章。

●3 月 31 日《湄洲日报》刊登《践行妈祖精神　彰显妈祖大爱》文章。疫情防控期间留在湄洲岛湖北籍游客向祖庙赠锦旗以表谢意。

●4 月 1 日《中国经济导报》刊登《20 兴发专项债：全国首单健康产业专项债为战“疫”助力》。介绍了妈祖医疗健康城项目。

●4 月 2 日《河北旅游杂志》刊登《曹妃甸沙口渤海岸边感受“妈祖之光”》文章。

●4 月 2 日《厦门日报》刊登《疫情防控不松劲　移风易俗正当时》文章。

●4 月 3 日《中国艺术报》刊登《全国地方戏“云上”好戏连台》文章。介绍了莆仙戏新编传奇剧《海神妈祖》。

●4 月 7 日《湄洲日报》刊登《台湾两大宗教盛事因疫情延期》文章。介绍了台湾台中大甲镇澜宫和白沙屯拱天宫绕境活动受疫情影响而延期举办的情况。

●4 月 7 日《湄洲日报》刊登《妈祖大爱　守望相助》文章。介绍了湄洲妈祖祖庙向泰国、马来西亚等捐赠抗疫物资的事迹。

●4月7日《湄洲日报》刊登《全球妈祖原创文艺作品竞赛启动》文章。介绍了妈祖诞辰1060周年的纪念活动。

●4月7日《湄洲日报》刊登《种下一片绿色　美化景区环境》文章。介绍了湄洲妈祖祖庙组织妈祖义工开展义务植树和美化绿化活动。

●4月7日《湄洲日报》刊登《捐赠1万只口罩助力开学》文章。介绍了厦门平安宫理事为海沧街道辖区学校捐赠口罩的事迹。

●4月9日《莆田晚报》刊登了《仙游客山：昔日“乱葬岗”变向闹市“美公园”》文章。介绍了客山妈祖公园。

●4月10日《中国艺术报》刊登《笔尖上的修行》文章。介绍了桑吉才让创作的以“妈祖”为主题的唐卡《神昭海表》。

●4月10日《湄洲日报》刊登《莆田学院教师斩获多个奖项》文章。福建省体育局推出线上有奖征集居家健身视频活动，莆田学院体育学院教师林德明推出的“妈祖宫”获二等奖。

●4月11日《今晚报》刊登《纪念天后诞辰　唯天津出皇会》文章。

●4月11日《联谊报》刊登《天后宫内的宁波声音》文章。

●4月12日《厦门日报》刊登《厦金联办妈祖书画展》文章。

●4月12日《大公报》刊登《厦金“以艺抗疫”共庆妈祖诞辰》文章。

●4月12日《湄洲日报》刊登《湄洲妈祖慈善基金会向日本捐10万只口罩》文章。

●4月13日《香港商报》刊登《天后诞大型活动取消　警方呼吁市民勿聚集》文章。

●4月13日《福建日报》刊登《湄洲妈祖慈善基金会向日本捐赠10万个口罩》文章。

●4月14日《湄洲日报》刊登《做大妈祖文化旅游品牌》文章。介绍了省文化和旅游厅在霞浦松山天后宫的调研。

●4月14日《湄洲日报》刊登《书法祝贺妈祖诞辰》文章。

●4月14日《湄洲日报》刊登《第三届全球妈祖文化征文大赛获奖结果揭晓》文章。

●4月14日《湄洲日报》刊登《湄洲妈祖祖庙又见“妈祖回娘家”》文章。介绍了漳州上街天后宫代表赴祖庙谒祖，喜迎妈祖诞辰。

●4月14日《湄洲日报》刊登《纪念妈祖诞辰1060周年　湄洲岛昨举行升幡挂

灯仪式　活动现场无嘉宾无观众　线上直播祈愿疫情早日结束》文章。

●4月14日《湄洲日报》刊登《瓣香湄洲　花样时光》文章。

●4月14日《闽东日报》刊登《此岸·彼岸》文章。介绍了东吾洋地区的“妈祖走水”传统民俗活动。

●4月14日《贵阳晚报》刊登《忠孝家风于兹始》文章。介绍了王阳明与广东增城市天妃庙的关系。

●4月15日《团结报》刊登《同祈健康福祉》文章。介绍了妈祖诞辰1060周年纪念活动。

●4月16日《光明日报》刊登《国泰才能民安——全民国家安全教育日活动综述》文章。介绍了莆田市以妈祖文化为纽带，向湄洲岛群众和谒祖进香的信众深入宣传国家安全法等涉及国家安全法律的活动。

●4月16日《现代澳门日报》刊登《中华妈祖基金会妈祖诞辰祝寿祭典》文章。

●4月16日《澳门时报》刊登《纪念妈祖诞辰举行祝寿祭典　妈祖基金会祈疫情早日消除》文章。

●4月16日《湄洲日报》刊登《纪念妈祖诞辰1060周年春祭典礼昨在湄洲岛举行　海内外数十家妈祖文化机构线上朝拜妈祖，共同为早日战胜疫情祈福》文章。

●4月16日《湄洲日报》刊登《文化产业跨界融合　促进经济转型发展　工商银行妈祖文化主题贵金属产品首发仪式举行》文章。

●4月16日《湄洲日报》刊登《工商银行发布妈祖文化主题贵金属产品》文章。

●4月17日《福建侨报》刊登《传承人类非物质文化遗产“妈祖信俗”》文章。

●4月17日《湄洲日报》刊登《妈祖健康城添新彩　北岸妈祖重离子医院项目建设加紧推进》文章。

●4月18日《湄洲日报》刊登《湄洲妈祖慈善基金会向日本捐赠10万只口罩已投用　日本前首相发来感谢状　感谢妈祖故乡人民同舟共济战疫情的爱心善举》文章。

●4月21日《湄洲日报》刊登《妈祖平安茶贺生日》文章。

●4月21日《湄洲日报》刊登《简化程序虔诚不减》文章。介绍了深圳市龙岗区妈祖文化交流协会联合深圳龙岗天后古庙举行纪念妈祖诞辰1060周年的活动。

●4月21日《湄洲日报》刊登《湄洲妈祖祖庙申报4个项目列入市级非遗》文章。

●4月21日《湄洲日报》刊登《保佑两岸同胞平安》文章。介绍了昆山慧聚天后宫举办的纪念妈祖诞辰活动。

●4月21日《湄洲日报》刊登《灵光普照驱散阴霾》文章。介绍了加拿大妈祖敬仰者恭祝妈祖诞辰1060周年的活动。

●4月21日《湄洲日报》刊登《1060分钟线上直播　音乐礼赞妈祖》文章。介绍了“赞歌庆华诞·礼乐献妈祖”1060分钟抖音线上直播活动。

●4月21日《湄洲日报》刊登《献歌献画祈愿祈福》文章。介绍了粤东陆丰福山妈祖旅游区的纪念妈祖诞辰活动。

●4月23日《香港商报》刊登《蒲台岛居民疫情下祝天后诞》文章。

●4月25日《太仓日报》刊登《畅游浏河古镇》文章。介绍了当年郑和出海祭神的天妃宫。

●4月26日《青海日报》刊登《用画笔绘出文化扶贫之路——记同仁县热贡龙树画苑画师完德尖措》文章。介绍了藏族自治州同仁县同妈祖文化的关联。

●4月27日《莆田晚报》刊登《妈祖林默》文章。

●4月27日《闽南日报》刊登《“鹅颈藏舟”澳雅头》文章。其中介绍了澳雅头明德宫供奉妈祖的情形。

●4月27日《黔东南日报》刊登《在镇远寻找一千种味道》文章。介绍了镇远的天后宫。

●4月27日《中国水运报》刊登《妈祖故里换船记》文章。

●4月28日《桂林日报》刊登《榕津古镇：桂剧文化与海洋文化交融的千年古镇》文章。

●4月28日《湄洲日报》刊登《妈祖圣地栽种“英雄树”》文章。介绍了莆宁民革联手开展的系列公益活动。

●4月28日《湄洲日报》刊登《追逐梦想路上，大力弘扬妈祖精神》文章。介绍了莆田学院妈祖文化传播人才培养特色班的情况。

●4月28日《湄洲日报》刊登《海岛乡贤捐资兴校》文章。

●4月28日《湄洲日报》刊登《绚丽妈祖祖庙》文章。

●4月28日《湄洲日报》刊登《“以艺抗疫”书画展　共庆妈祖诞辰》文章。介绍了厦门朝宗宫与金门县闽南文化协会合办的“双门有爱·金厦同春”书画公益展活动。

●4月29日《中国旅游报》刊登《福建蓝色滨海亲福之旅》文章。介绍了莆田妈祖祖庙。

●4月29日《中国旅游报》刊登《福建古色民俗纳福之旅》文章。介绍了福建妈祖文化。

●4月30日《广州日报》刊登《南沙天后宫“五一”限流，这些入园须知别忘》文章。

●4月30日《湄洲日报》刊登《推广妈祖文化品牌》文章。

●5月2日《湄洲日报》刊登《直播推介妈祖圣地》文章。

●5月6日《湄洲日报》刊登《常来常往　越走越亲》文章。介绍了福安市妈祖文化研究协会赴祖庙谒祖的活动。

●5月6日《湄洲日报》刊登《展示津味民俗文化　弘扬妈祖大爱精神》文章。

●5月6日《湄洲日报》刊登《湄洲妈祖慈善基金会召开第二届理事会一次会议》文章。

●5月6日《湄洲日报》刊登《妈祖义工“五一”假期服务忙》文章。

●5月6日《湄洲日报》刊登《筑牢景区“防火墙”》文章。介绍了湄洲妈祖祖庙开展的消防应急演练活动。

●5月7日《深圳侨报》刊登《西涌河防洪达标整治工程全面复工》文章。介绍了西涌河地区以妈祖文化为核心的西涌景区。

●5月8日《福建侨报》刊登《湄洲妈祖基金会大爱行善》文章。

●5月9日《香港商报》刊登《山东省妈祖文化交流协会青岛成立》文章。

●5月11日《湄洲日报》刊登《妈祖圣地文明有礼》文章。介绍了莆田妈祖中学举行的游园研学活动。

●5月12日《湄洲日报》刊登《有序复工展开修复》文章。介绍了广东惠来县隆江天后宫的修复工作。

●5月12日《湄洲日报》刊登《当代大学生要弘扬妈祖精神》文章。介绍了莆田学院妈祖班的教学、学习情况。

●5月12日《湄洲日报》刊登《仙游县妈祖文化促进会前往福鼎联谊交流》文章。

●5月12日《湄洲日报》刊登《加快推进妈祖文化特色小镇提升项目建设》文章。

●5月14日《青岛日报》刊登《碧海潮生是故乡》文章。介绍了青岛的天妃宫庙。

●5月14日《青岛日报》刊登《天后宫：面朝大海幽古雅韵》文章。

●5月15日《湄洲日报》刊登《湄洲妈祖基金会换届》文章。

●5月17日《中老年时报》刊登《云游博物馆 观展新体验》文章。介绍了元明清天妃宫遗址博物馆在馆广场展廊开展的“文物系荆楚——湖北省考古新成就展”活动。

●5月18日《闽西日报》刊登《湘店大洋泉天后宫》文章。

●5月19日《宁波日报》刊登《见证海上丝路“活化石” 摄影师镜头中的宁波“海丝”影像文本》文章。

●5月19日《湄洲日报》刊登《福鼎大岚头天后宫赴霞浦联谊交流》文章。

●5月19日《湄洲日报》刊登《山东省妈祖文化交流协会成立》文章。

●5月19日《湄洲日报》刊登《丰富生活 增强体验》文章。介绍了江苏泗阳妈祖文化园开展的特色主题活动。

●5月19日《湄洲日报》刊登《践行妈祖精神 服务复学师生》文章。

●5月19日《湄洲日报》刊登《学习妈祖文化争当优秀传承人》文章。

●5月25日《闽西日报》刊登《法治短波》文章。介绍了在东门妈祖广场举行“三电”设施安全集中宣传主题活动。

●5月25日《湄洲日报》刊登《听刘克庄讲妈祖故事》文章。

●5月25日《南京日报》刊登《渔民上岸开民宿 古村焕发新活力》文章。介绍了石臼湖畔诸家村的妈祖信仰文化。

●5月26日《湄洲日报》刊登《加强两地妈祖文化传播》文章。中华妈祖文化交流协会接待来访交流的广东海丰圣云宫。

●5月26日《湄洲日报》刊登《争当文明传播者和践行者》文章。中华妈祖文化交流协会、莆田妈祖文化研究院提出“助力莆田市蝉联第六届全国文明城市”活动的倡议。

●5月26日《湄洲日报》刊登《探寻家学渊源 传承优秀文化》文章。介绍了湄洲妈祖祖庙董事长一行参谒妈祖先祖的活动。

●5月26日《湄洲日报》刊登《敬畏生命　敬重医者》文章。陆丰市妈祖文化研究会慰问一线战疫医护人员。

●5月26日《湄洲日报》刊登《弘扬妈祖文化　构建和谐社会》文章。介绍了福鼎点头天后宫举办的特色活动。

●5月27日《福建日报》刊登《探索两岸融合发展　以妈祖文化搭心灵之桥》文章。

●5月27日《今晚报》刊登《葛沽宝辇会的前世今生》文章。介绍了享誉京津冀地区的国家级非遗项目葛沽宝辇会同妈祖信仰的关系。

●5月29日《人民日报海外版》刊登《精彩不减，“云上剧场”真带劲》文章。介绍了莆仙戏《海神妈祖》。

●5月30日《湄洲日报》刊登《首批省政协港澳台侨交流基地授牌湄洲妈祖祖庙入选》文章。

●6月1日《新民晚报》刊登《苏河湾历史建筑保护性开发渐入佳境》文章。介绍了对天后宫的保护性开发工作。

●6月1日《福州晚报·海外版》刊登《长乐圣寿宝塔：昔看郑和下西洋　今见海丝再辉煌》文章。

●6月1日《湄洲日报》刊登《郭怀的南潮宫和杨泗宫》文章。介绍了南潮宫供奉妈祖的情形。

●6月1日《深圳侨报》刊登《怀揣民意民情贡献智慧力量》文章。介绍了全国政协委员林娜《关于以妈祖文化为纽带开创两岸交流融合新局面的提案》。

●6月2日《湄洲日报》刊登《结合妈祖史料题材　笔会创作作品免费赠送》文章。

●6月2日《湄洲日报》刊登《培养妈祖文化人才》文章。全国人大代表曾云英为妈祖故乡建设发展提出建议。

●6月2日《湄洲日报》刊登《霞浦天后行宫赴福鼎开展学习交流》文章。

●6月2日《湄洲日报》刊登《全国人大代表、政协委员聚焦妈祖文化发展》文章。

●6月2日《湄洲日报》刊登《以妈祖文化为纽带　增进两岸情感交流》文章。介绍了全国政协委员林娜的两会30秒微提案。

●6月2日《湄洲日报》刊登《妈祖祖庙之尊》文章。

●6月2日《石嘴山日报》刊登图片新闻，介绍了马来西亚吉隆坡天后宫婚姻注册处首次办理婚姻注册服务。

●6月5日《湄洲日报》刊登《推动妈祖文化传播与发展》文章。介绍了湄洲妈祖祖庙第六届会员代表大会第三次会议召开的景况。

●6月5日《汕头日报》刊登《在南澳寻找一盏灯》文章。介绍了南澳岛的妈祖宫庙。

●6月7日《半岛都市报》刊登《欢迎来航海帆船赛事拉开帷幕　妈祖文化成为本周主题》文章。

●6月9日《环球时报》刊登《台湾防疫解封，台中大甲妈祖周四绕境》文章。

●6月9日《联合时报》刊登《近代上海会馆》文章。介绍了近代上海会馆与妈祖文化的关系。

●6月9日《湄洲日报》刊登《强化担当　善于作为》文章。介绍了莆田文峰宫妈祖义工队为创城献力。

●6月9日《湄洲日报》刊登《凝心聚力　共同参与》文章。介绍了湄洲岛扎实推进创城工作。

●6月9日《湄洲日报》刊登《敬仰之心拜谒妈祖》文章。介绍了福鼎沙埕水澳天后宫赴祖庙分灵的活动。

●6月9日《湄洲日报》刊登《上海市区妈祖庙　建筑遗迹天后宫将复建》文章。

●6月9日《湄洲日报》刊登《德化妈祖文化底蕴深厚》文章。

●6月9日《湄洲日报》刊登《志愿携手　大爱接力》文章。介绍了中华妈祖文化交流协会为新组建服务队授旗的工作。

●6月12日《环球时报》刊登《受疫情影响延迟85天后，大甲妈祖绕境昨日起驾》文章。

●6月13日《团结报》刊登《台湾最大规模宗教活动开场》文章。

●6月13日《大公报》刊登《妈祖绕境》文章。

●6月14日《中老年时报》刊登《走近文化遗产　看龙城瑰宝特展》文章。介绍了在元明清天妃宫遗址博物馆开展的“龙城瑰宝——朝阳北塔出土重要文物展”活动。

●6月15日《湄洲日报》刊登《上海天后宫的故事》文章。

●6月15日《辽宁日报》刊登《锦州现存完整的清代建筑——天后宫见证辽宁河海贸易昌隆兴盛》文章。

●6 月 16 日《珠海特区报》刊登《珠海高新区打造禁毒文化新地标》文章。将天后宫融入“禁毒文化主题公园 + 民间文化 + 红色景点”旅游线路。

●6 月 16 日《湄洲日报》刊登《推动妈祖文化在北美地区规范化发展》文章。

●6 月 16 日《湄洲日报》刊登《推介靓丽美食名片》文章。莆田北岸经开区“贤良之家”入选首批莆田市“非遗小吃”商家，其中妈祖糕等成为传播妈祖文化的靓丽美食名片。

●6 月 16 日《湄洲日报》刊登《“晨拜妈祖，诵经祈福”仪式昨起恢复》文章。

●6 月 16 日《湄洲日报》连载《妈祖之光普照万方》文章。莆田市委网信办举行网上新闻发布会详细介绍妈祖文化。

●6 月 16 日《湄洲日报》刊登《举办活动为爱祈福》文章。介绍了福鼎市巽城海尾天后宫举办的妈祖平安会活动。

●6 月 18 日《台州日报》刊登《展会大平台，让非遗可看可玩可购》文章。介绍了巨幅彩石镶嵌作品《妈祖》。

●6 月 18 日《团结报》刊登《台湾妈祖绕境活动简化》文章。

●6 月 20 日《团结报》刊登《“妈祖故里”开店　盼两岸直航》文章。

●6 月 21 日《三明日报》刊登《开展明台宗教文化交流的回顾与展望》文章。介绍了三明同台湾的妈祖文化交流活动。

●6 月 22 日《闽西日报》刊登《武平廖屋天后宫》文章。

●6 月 23 日《湄洲日报》刊登《文物古建筑消防安全培训在妈祖祖庙举行》文章。

●6 月 23 日《湄洲日报》刊登《践行妈祖精神　贡献文明力量》文章。介绍了莆田妈祖文化研究院志愿服务大队开展志愿活动助力创城。

●6 月 23 日《湄洲日报》连载《妈祖之光普照万方》文章。莆田市委网信办举行网上新闻发布会详细介绍妈祖文化。

●6 月 23 日《石狮侨报》刊登《永宁天后宫石刻》文章。

●6 月 25 日《团结报》刊登《天后宫里体验端午节俗》文章。介绍了福州三坊七巷天后宫举行的两岸青年共同体验端午节习俗主题活动。

●6 月 26 日《汕头日报》刊登《魅力妈屿》文章。介绍了汕头内海湾妈屿岛的妈祖庙等文物古迹。

●6 月 27 日《仙游今报》刊登《妈祖故里迎最大进香团》文章。

●6 月 27 日《湄洲日报》刊登《守护平安　文明旅游　党员志愿者和妈祖义工成湄洲岛景区靓丽风景线》文章。

●6 月 28 日《慈溪日报》刊登《胜山庙与妈祖文化》文章。

●6 月 29 日《湄洲日报》刊登《妈祖救援在行动》文章。

●6 月 30 日《湄洲日报》刊登《祖庙妈祖义工队开展节日慰问》文章。

●6 月 30 日《湄洲日报》刊登《强化安全责任　筑牢安全防线》文章。介绍了湄洲妈祖祖庙开展的“安全生产月”活动。

●6 月 30 日《湄洲日报》刊登《中华妈祖恒丰佳创奖学金设立》文章。

●6 月 30 日《湄洲日报》连载《妈祖之光普照万方》文章。莆田市委网信办举行网上新闻发布会详细介绍妈祖。

●6 月 30 日《湄洲日报》刊登《80 后创办妈祖文化展览馆》文章。

●7 月 2 日《宝安日报》刊登《白花天后宫　避暑好去处》文章。

●7 月 3 日《莆田学院报》刊登《喜报：莆田学院陈祖芬教授主编的〈妈祖文化小故事〉正式出版》文章。

●7 月 6 日《半岛都市报》刊发《山东省妈祖文化交流协会菏泽行：历史的印记时代的雕琢》文章。

●7 月 6 日《人民政协报》刊登《用妈祖文化联结台北和上海的“家”——走近上海非遗妈祖文创空间“默空间”掌门人杨妍蓁》文章。

●7 月 6 日《湄洲日报》刊登《参加志愿服务　共建文明湄洲》文章。介绍了妈祖义工志愿服务活动。

●7 月 6 日《烟台日报》刊登《仙境蓬莱——写在蓬莱撤市设区之际》文章。介绍了蓬莱的妈祖信仰。

●7 月 7 日《湄洲日报》刊登《推进妈祖文化在海南传播》文章。

●7 月 7 日《湄洲日报》刊登《全球首尊高 3.23 厘米妈祖像捐予湄洲祖庙》文章。

●7 月 7 日《湄洲日报》刊登《跨越海峡的一次特殊朝拜》文章。因疫情，台胞托大陆友人将分灵妈祖像先送到祖庙谒祖进香。

●7 月 7 日《湄洲日报》刊登《弘扬妈祖精神　创建平安湄洲》文章。

●7 月 7 日《湄洲日报》刊登《精细　精致　精彩》文章。介绍了央视聚焦国家级非物质文化遗产保护项目莆田木雕传承人林建军的微雕手工技艺。

●7 月 10 日《齐鲁晚报》刊登《长岛创建全国首个海洋类国家公园》文章。提及了长岛的妈祖文化。

●7 月 13 日《莆田晚报》刊登《上海代天宫回妈祖故里谒祖进香》文章。

●7 月 14 日《湄洲日报》刊登《融入妈祖文化　创建服务品牌》文章。介绍了工商银行莆田分行营业部打造的特色服务文化。

●7 月 14 日《湄洲日报》刊登《泉州泉郡玄永恩堂回贤良港天后祖祠进香》文章。

●7 月 14 日《湄洲日报》刊登《助力妈祖故里建设　共绘妈祖文化蓝图》文章。介绍了湄洲妈祖祖庙交流团赴广东联谊的活动情形。

●7 月 14 日《湄洲日报》刊登《回首三十载　难忘妈祖情》文章。介绍了厦门市台商投资企业协会参访祖庙的活动。

●7 月 14 日《湄洲日报》刊登《松山妈祖义工护航高考》文章。

●7 月 14 日《湄洲日报》刊登《推进妈祖文化公园规范建设》文章。

●7 月 19 日《湄洲日报》刊登《温暖与百感交集的旅程——读〈妈祖文化小故事〉》文章。

●7 月 19 日《湄洲日报》刊登《山亭镇港里村徐国行：异乡勇救落水母女　践行妈祖大爱精神》文章。

●7 月 21 日《中国水运报》刊登《跨省游复苏　莆田湄洲岛海事处全力保障“妈祖故里音乐季”活动期间渡运安全》文章。

●7 月 21 日《湄洲日报》刊登《让妈祖文化代代传承》文章。介绍了广东汕头市妈祖文化交流协会带领进香团来莆参访和交流的情形。

●7 月 21 日《湄洲日报》刊登《互访互动　增进友谊》文章。介绍了霞浦县妈祖文化交流协会第四届会员大会的召开情形。

●7 月 21 日《湄洲日报》刊登《北岸贤良港天后祖祠朝圣下广场加紧建设》文章。

●7 月 21 日《湄洲日报》连载《妈祖之光普照万方》文章。莆田市委网信办举行网上新闻发布会详细介绍妈祖文化。

●7 月 21 日《湄洲日报》刊登《大爱接力　助力创城》文章。介绍了中华妈祖文化交流协会志愿服务支队、义诊大队开展的“三伏灸”活动。

●7月21日《湄洲日报》刊登《建言献策　办好论坛》文章。介绍了《中华妈祖》杂志推出“世界妈祖文化论坛”专题笔会邀请专家学者撰稿的策划活动。

●7月22日《羊城晚报》刊登《来珠海万山群岛“乘风破浪”》文章。介绍了万山群岛特色浓厚的妈祖祭典。

●7月22日《莆田晚报》刊登《宋代的雷锋与法国的“妈祖”》文章。

●7月24日《大众日报》刊登《为构建山东妈祖文化经贸产业一体化大平台凝心聚力》文章。

●7月24日《徐州日报》刊登《庆安会馆：运河文化与海丝文化的结合体》文章。

●7月24日《宿迁日报》刊登《泗阳夯实安全之基筑牢发展之路》文章。提及了当地的妈祖文化园。

●7月24日《德州日报》刊登《明清运河德州段“水神”祭拜习俗》文章。

●7月27日《广州日报》刊登《28日起南沙天后宫景区重新开放可线上预约入园》文章。

●7月27日《汕头日报》刊登《秦牧文学创作故土情深》文章。介绍了秦牧对妈祖信仰的记忆。

●7月28日《莆田晚报》刊登《湄洲妈祖祖庙推出“平安塔灯光秀”》文章。

●7月28日《湄洲日报》刊登《童心绘妈祖　礼赞新时代》文章。介绍了第四届“我爱妈祖”全球儿童画大赛评选活动。

●7月28日《湄洲日报》刊登《筑牢景区“防火墙”》文章。湄洲妈祖祖庙开展消防器材使用培训，提升突发事件应变能力。

●7月28日《湄洲日报》刊登《上海代天宫到湄洲祖庙请香》文章。

●7月28日《湄洲日报》连载《妈祖之光普照万方》文章。莆田市委网信办举行网上新闻发布会详细介绍妈祖文化。

●7月28日《湄洲日报》刊登《〈闽台妈祖信俗与乡土文化互动发展研究〉出版》文章。

●7月30日《福建法治报》刊登《中流砥柱勇担当　妈祖故里铸荣光》文章。

●7月30日《莆田晚报》刊登《〈妈祖文化小故事〉出版发行》文章。

●7月31日《湄洲日报》刊登《酷暑送“清凉”关爱环卫工》文章。介绍了凤凰山妈祖义工志愿服务站参与的“关爱环卫工·酷暑送清凉”主题公益活动。

●8月1日《团结报》刊登《“两岸妈祖缘”文创设计大赛启动》文章。

●8月3日《中国艺术报》刊登《丝路港城的悠悠印记》。介绍了宁波象山开渔节祭海神妈祖的活动。

●8月4日《湄洲日报》刊登《大型壁画〈天后圣迹图〉绘制即将定稿》文章。预计2021年完成落户湄洲岛天妃故里遗址公园。

●8月4日《湄洲日报》刊登《弘扬优秀传统美德》文章。介绍了湄洲妈祖祖庙举办专题活动推进全国文明单位创建。

●8月4日《湄洲日报》刊登《台湾台南府城广安堂赴湄洲妈祖祖庙谒祖》文章。

●8月4日《湄洲日报》刊登《〈妈祖文化小故事〉出版》文章。

●8月4日《湄洲日报》连载《妈祖之光普照万方》文章。莆田市委网信办举行网上新闻发布会详细介绍妈祖文化。

●8月4日《湄洲日报》刊登《祖庙加快天妃故里遗址公园林氏宗祠建设》文章。

●8月4日《石狮侨报》刊登《蓝蓝祥芝海　悠悠两岸情》文章。介绍了当地著名的妈祖庙宇慈济宫。

●8月5日《湄洲日报》刊登《妈祖书屋免费对外开放　湄洲妈祖祖庙举办暑期亲子公益活动》文章。

●8月6日《洞头新闻》刊登《妈祖宫顶》文章。

●8月6日《中国新闻出版广电报》刊登《网络文艺走出去：机遇与挑战并存》文章。介绍了妈祖文化与网络游戏的融合。

●8月6日《海峡时报》刊登《走进海屿村：历史韵味悠长》文章。

●8月7日《福建侨报》刊登《湄洲风情录》文章。

●8月8日《贵州日报》刊登《镇远天后宫景区恢复入园》文章。

●8月10日《烟台日报》刊登《承载芝罘印记的四座老戏台》文章。介绍了芝罘区的天后行宫戏台。

●8月10日《太仓日报》刊登《带着网友“云游”浏河》文章。介绍了浏河的天妃宫。

●8月11日《湄洲日报》刊登《〈木兰溪〉MV在湄洲祖庙拍摄》文章。

●8月11日《湄洲日报》刊登《推动莫桑比克创建妈祖文化园》文章。

●8月11日《湄洲日报》连载《妈祖之光普照万方》文章。莆田市委网信办举行网上新闻发布会详细介绍妈祖文化。

●8月11日《湄洲日报》刊登《“两岸妈祖缘”文创设计大赛启动》文章。

●8月11日《湄洲日报》刊登《华阳妈祖历史文化夏季大典举行》文章。

●8月11日《湄洲日报》刊登《福清市江阴镇普查妈祖文化》文章。

●8月13日《泉州晚报》刊登《工行推出妈祖文化主题贵金属产品》文章。

●8月13日《今日象山》刊登《渔民“谢洋”》文章。介绍了石浦渔区独特的妈祖信仰传统文化。

●8月13日《中国旅游报》刊登《福建：文旅有“数”游客享“福”》文章。介绍了妈祖文化的数字化展示。

●8月14日《松江报》刊登《方塔园园景取名记》文章。介绍了“浦江妈祖”一名的由来。

●8月16日《澳门日报》刊登《内港渔船拜祭妈祖扬帆出海》文章。

●8月16日《汕尾日报》刊登《夏游凤山妈祖景区》文章。

●8月17日《青岛日报》刊登《市南传统民俗公益讲堂开课》文章。介绍了公益讲堂在青岛天后宫开课的情形。

●8月18日《珠海特区报》刊登《一次说走就走的旅行——贵州安顺之行》文章。介绍了安顺地区的福建会馆（天后宫）。

●8月18日《湄洲日报》刊登《广东海丰县妈祖文化交流协会成立》文章。

●8月18日《湄洲日报》刊登《涵江区妈祖文化交流协会开展慰问活动》文章。

●8月18日《湄洲日报》连载《妈祖之光普照万方》文章。莆田市委网信办举行网上新闻发布会详细介绍妈祖文化。

●8月18日《湄洲日报》刊登《全力以赴打好创建攻坚战》文章。介绍了湄洲妈祖祖庙召开的“三创”专题会议。

●8月18日《湄洲日报》刊登《践行妈祖精神助创城》文章。介绍了妈祖义工进社区提供义诊健康服务活动。

●8月18日《湄洲日报》刊登《向天津市元明清天妃宫遗址博物馆捐赠专著》文章。

●8月19日《中华读书报》刊登《建设海洋强国当重视海洋文化遗产保护》文章。

●8月19日《湄洲日报》刊登《赠送“妈祖平安小香袋”》文章。

●8月21日《东南早报》刊登《工行推出妈祖文化主题贵金属产品》文章。

●8月25日《湄洲日报》刊登《送清凉志愿服务》文章。莆田北岸妈祖公益组织携手贤良港天后祖祠联合开展送清凉志愿服务活动。

●8月25日《湄洲日报》刊登《践行妈祖精神　提高服务质量》文章。介绍了湄洲妈祖祖庙积极参与新时代文明实践活动。

●8月25日《湄洲日报》刊登《垃圾不落地　文明在手中》文章。介绍了莆田妈祖文化研究院联合莆田文峰天后宫、中华妈祖十音八乐团等志愿服务大队举办的环境保护志愿服务活动。

●8月25日《湄洲日报》刊登《全球妈祖原创文艺作品竞赛》文章。介绍了相关竞赛征稿延期等事宜。

●8月25日《湄洲日报》连载《妈祖之光普照万方》文章。莆田市委网信办举行网上新闻发布会详细介绍妈祖文化。

●8月25日《湄洲日报》刊登《引领全民阅读新风尚》文章。介绍了祖庙妈祖书屋营造学习妈祖文化氛围的活动。

●8月27日《湄洲日报》刊登《携手推进项目提速　高新技术企业助力妈祖健康城建设》文章。

●8月28日《南京日报》刊登《让历史影迹在南京“立影见竿”》文章。介绍了南京城天妃宫的历史演变。

●8月30日《湄洲日报》刊登《争当妈祖故乡文明人》文章。

●9月1日《湄洲日报》刊登《展礼仪之美　扬文明之风》文章。中华妈祖文化交流协会志愿服务支队联合莆田市广场舞协会，践行志愿精神，传播文明理念，助力妈祖故乡蝉联第六届全国文明城市。

●9月1日《湄洲日报》刊登《青春力量为妈祖精神赋能》文章。介绍了湄洲岛积极打造妈祖义工品牌的活动。

●9月1日《湄洲日报》刊登《保护传承文化遗产》文章。介绍了文旅部前往文峰宫调研曲艺曲种的活动。

●9月1日《湄洲日报》刊登《分享交流妈祖文化》文章。

●9月1日《湄洲日报》刊登《谒拜妈祖　祈福平安》文章。介绍了漳州市芗城区与诏安县的妈祖敬仰者赴贤良港祖祠拜谒妈祖的情形。

●9月1日《湄洲日报》连载《妈祖之光普照万方》文章。莆田市委网信办举行网上新闻发布会详细介绍妈祖文化。

●9月1日《湄洲日报》刊登《艺术服务下乡助力创城》文章。中华妈祖文化交流协会志愿服务支队艺术团大队与平海天后宫管委会在秀屿区平海镇开展助力创城文化下乡结对共建活动。

●9月2日《湄洲日报》刊登《讲好妈祖故事　增进两岸民族认同》文章。

●9月3日《澳门时报》刊登《中联办赞扬神州妈祖会抗疫贡献》文章。

●9月3日《福建日报》刊登《莆田学院："五大五培"育莘莘学子》文章。介绍了莆田学院将妈祖文化融入课堂教育的情形。

●9月7日《澳门华侨报》刊登《神州妈祖会为抗疫作出贡献　获中联办赞扬及颁捐证书》文章。

●9月7日《人民日报海外版》刊登《芷江古意让人醉》文章。文中有对当地天后宫的介绍。

●9月8日《湄洲日报》刊登《这里风景更动人——妈祖故乡齐心共"诱"文明城市美好新画卷》文章。

●9月9日《湄洲日报》刊登《学习妈祖文化》文章。

●9月9日《湄洲日报》刊登《做文明人　办文明事》文章。北岸妈祖文化交流协会会长、中华妈祖文化交流协会民俗顾问等妈祖人用实际行动践行妈祖精神。

●9月9日《湄洲日报》刊登《湄洲岛最新谒祖进香指南亮相》文章。

●9月9日《湄洲日报》连载《妈祖之光普照万方》文章。莆田市委网信办举行网上新闻发布会详细介绍妈祖文化。

●9月9日《湄洲日报》刊登《齐心协力做好妈祖文化事业传承》文章。

●9月9日《莆田学院报》刊登《莆田学院为师范新生定制专属"见面礼"》文章。

●9月9日《莆田晚报》刊登《"湄洲"坚持唱文明之歌　妈祖圣地力争为全市创城工作提供"湄洲范本"》文章。

●9月10日《莆田晚报》刊登《针线传神——莆田传统服饰制作技艺》文章。介绍了妈祖服饰制作技艺。

●9月11日《莆田晚报》刊登《莆田学院“妈祖班”开展线上答辩》文章。

●9月11日《湄洲日报》刊登《开学第一餐吃妈祖面》文章。

●9月11日《福建侨报》刊登《港澳台侨学生深入田间抛头》文章。

●9月12日《湄洲日报》刊登《电影〈妈祖回家〉观摩研讨会在京举行》文章。

●9月13日《湄洲日报》刊登《弘扬大爱兴教育》文章。介绍了湄洲妈祖祖庙董事会的奖教助学活动。

●9月14日《梧州日报》刊登《古巷时光》文章。介绍了贵州镇远天后宫的概况。

●9月15日《今日象山》刊登《祭妈祖迎开渔》文章。

●9月15日《湄洲日报》刊登《挖掘妈祖圣地旅游资源》文章。

●9月15日《湄洲日报》刊登《天津京剧院〈妈祖〉播出受关注》文章。

●9月15日《湄洲日报》刊登《奖学助学传递爱心》文章。介绍了第三届“家贫子读书·中华妈祖扶智奖学金”的颁发活动。

●9月15日《湄洲日报》刊登《践行妈祖精神推动教育事业发展》文章。湄洲妈祖祖庙教师节发放200多万元奖助学金侧记。

●9月15日《湄洲日报》连载《妈祖之光普照万方》文章。莆田市委网信办举行网上新闻发布会详细介绍妈祖文化。

●9月15日《湄洲日报》刊登《奉献爱心　激励先进》文章。介绍了涵江区妈祖文化交流协会发放奖学金的活动。

●9月16日《靖江日报》刊登《2020海峡两岸（昆山）中秋灯会将于28日点亮》文章。

●9月16日《香港文汇报》刊登《昆山将办海峡两岸中秋灯会》。介绍了台湾妈祖文化与江南绸锦文化的融合。

●9月17日《今日象山》刊登《云开渔，玩出不一样的精彩》文章。介绍了祭海仪式中的敬拜妈祖仪式。

●9月17日《闽北日报》刊登《以文促旅，以旅彰文》文章。

●9月18日《今晚报》刊登《天津天后（妈祖）文化展开展》文章。

●9月19日《大众日报》刊登《妈祖文化活动周上的台商们：我还是来了》文章。

●9月19日《湄洲日报》刊登《中华妈祖情　两岸一家亲　第十二届海峡论坛·妈祖文化活动周昨开幕　李建辉李政宏致辞》文章。

●9月19日《湄洲日报》刊登《常来常往　促进融合　台商台胞妈祖文化研习营在湄洲岛举行》文章。

●9月19日《光明日报》刊登《建设两岸交流往来的“第一家园”——写在第十二届海峡论坛召开前夕》文章。

●9月19日《中国产经新闻》刊登《福建莆田北岸经开区全方位推动高质量发展》文章。介绍了北岸经开区妈祖健康城的建设。

●9月19日《莆田晚报》刊登《中华妈祖情　两岸一家亲》文章。

●9月20日《中国水运报》刊登《莆田湄洲岛海事处全力保障今年首个千人进香团》文章。

●9月20日《光明日报》刊登《妈祖信仰是两岸同胞重要的情感纽带》文章。

●9月20日《湄洲日报》刊登《促进医疗健康合作　“妈祖与健康”两岸医学研讨会举办》文章。

●9月20日《阳江日报》刊登《灵分湄岛镇鼍江——阳江人的“妈祖信俗”》文章。

●9月21日《湄洲日报》刊登《湄洲岛再现天下妈祖回娘家盛况》文章。

●9月22日《湄洲日报》刊登《中华妈祖扶智奖学金颁发》文章。

●9月22日《湄洲日报》刊登《一年之约：拜妈祖　叙友谊》文章。介绍了昆山慧聚天后宫一行赴湄洲朝圣活动。

●9月22日《湄洲日报》连载《妈祖之光普照万方》文章。莆田市委网信办举行网上新闻发布会详细介绍妈祖文化。

●9月22日《湄洲日报》刊登《丰富湄洲岛旅游业态》文章。介绍了天妃故里遗址公园续建工程的上梁仪式。

●9月23日《今晚报》刊登《乾隆书匾“灵昭恬顺”》文章。介绍了天津的妈祖文化。

●9月23日《烟台日报》刊登《长岛：文明实践踏浪高歌》文章。介绍了长岛的妈祖信仰。

●9月25日《湄洲日报》刊登《缘聚妈祖　融泽两岸》文章。第十二届海峡论坛·妈祖文化活动周侧记。

●9月25日《莆田学院报》刊登《莆田学院与广东海启星海洋科技有限公司签订校外实践基地暨授牌》文章。

●9月26日《汕头日报》刊登《开埠区与汕头口》文章。介绍了汕头的天后宫历史。

●9月26日《海口日报》刊登《兴潮天后宫将获新生》文章。

●9月26日《太仓日报》刊登《保护好历史文化遗址》文章。介绍了太仓市天妃宫。

●9月28日《今晚报》刊登《大直沽天妃灵慈宫与〈元史〉》文章。

●9月28日《湄洲日报》刊登《市妈祖志工队成立》文章。介绍了莆田市妈祖志工队成立的情况。

●9月28日《湄洲日报》刊登《安全血液救生命　人间共沐妈祖情》文章。介绍了妈祖义工志愿者踊跃无偿献血的事迹。

●9月29日《湄洲日报》刊登《加强互动　密切联系》文章。介绍了惠安西坑凤山宫240余名善信恭请7尊分灵妈祖赴湄洲妈祖祖庙谒祖进香活动。

●9月29日《湄洲日报》刊登《精神家园　无可替代》文章。介绍了朝安宫善信赴湄洲妈祖祖庙谒祖进香活动。

●9月29日《湄洲日报》刊登《十音八乐大比拼》文章。介绍了莆田北岸经开区妈祖文化交流协会主办的十音八乐比赛活动。

●9月29日《湄洲日报》刊登《培养应用型妈祖文化传播人才》文章。介绍了莆田学院第五届妈祖文化特色班的开班情况。

●9月29日《湄洲日报》连载《妈祖之光普照万方》文章。莆田市委网信办举行网上新闻发布会详细介绍妈祖文化。

●9月29日《湄洲日报》刊登《莆田林氏委员会在陆丰交流妈祖文化》文章。

●9月29日《莆田晚报》刊登《培养新一代妈祖文化传承人》文章。

●10月1日《湄洲日报》刊登《两岸妈祖义工做红团盼团圆》文章。

●10月2日《新华日报》刊登《昆山举办海峡两岸青年花灯设计大赛》文章。

●10月2日《湄洲日报》刊登《湄洲岛林永霖美术馆开馆》文章。林永霖美术馆开馆，为两岸文化交流、传播妈祖文化再添新平台。

●10月3日《中老年时报》刊登《追寻津门故里　感受沽上魅力——天津古文

化街举办系列活动迎佳节》文章。介绍了天后宫传统民俗文化展览内容。

●10月4日《闽西日报》刊登《客家文学赋华章——〈福建当代客家散文选〉述评》文章。介绍了汀江航运业同妈祖文化的关系。

●10月8日《湄洲日报》刊登《掌上玩转妈祖圣地》文章。湄洲岛“智汇湄洲”平台上线，助力创建国家5A级旅游景区。

●10月8日《中老年时报》刊登《120幅佳作尽展津城风光》文章。全方位多视角地展示妈祖文化、群众文化、老城文化、非遗传承等成就。

●10月9日《湄洲日报》刊登《首届湄洲“妈祖杯”台钓比赛落幕》文章。

●10月9日《湄洲日报》刊登《人人争当志工　个个乐于奉献》文章。介绍了莆田市大力弘扬妈祖精神推进志愿服务规范化制度化社会化的举措。

●10月9日《湄洲日报》刊登《赴湄洲祖庙恭请分灵妈祖》文章。介绍了惠安县妈祖文化研究会赴湄洲妈祖祖庙恭请分灵妈祖的活动。

●10月9日《湄洲日报》刊登《为残障贫困家庭送关爱》文章。介绍了妈祖公益组织的公益活动。

●10月9日《湄洲日报》连载《妈祖之光普照万方》文章。莆田市委网信办举行网上新闻发布会详细介绍妈祖文化。

●10月9日《湄洲日报》刊登《奖教奖学培养人才》文章。介绍了第二届中华妈祖全球行奖学暨壶兰教育基金会奖教颁奖大会的举办情况。

●10月9日《湄洲日报》刊登《文化下乡联谊》文章。介绍中华妈祖艺术团下乡送文化、送温暖、送文明等志愿服务活动。

●10月10日《人民政协报》刊登《弘扬妈祖文化　助力两岸交流——中国诗酒文化协会诗书画院福建分院揭牌仪式暨“妈祖缘”海峡两岸书画名家作品展开幕式在厦门举办》文章。

●10月10日《海峡导报》刊登《妈祖驾临鹭岛古礼祭典祈福纳祥》文章。

●10月10日《湄洲日报》刊登《紧盯重点落深落细　放大效应拓展成果　确保论坛办出特色办出水平办出影响　第五届世界妈祖文化论坛筹备汇报会召开　刘建洋　李建辉讲话》文章。

●10月10日《莆田晚报》刊登《福鼎市林氏宗亲店下分会首次赴湄洲祖庙参访

进香》文章。

● 10月11日《潇湘晨报》刊登《“妈祖缘”平台在厦上线》文章。

● 10月11日《新华每日电讯》刊登《大运古城　古城大运》文章。提及了台儿庄的古天后宫。

● 10月12日《厦门日报》刊登《两张妈祖唐卡首次亮相》文章。

● 10月12日《湄洲日报》刊登《“妈祖缘”互联网公益平台启动》文章。

● 10月12日《莆田侨乡时报》刊登《父子两代书画妈祖传奇》文章。

● 10月12日《福州晚报·海外版》刊登《福州的会馆文化》文章。

● 10月12日《海峡导报》刊登《唐卡〈妈祖〉首次亮相厦门》文章。

● 10月12日《今晚报》刊登《天后宫“护国保民”书于万历年》文章。

● 10月12日《中国艺术报》刊登《长卷巨作展迎接建党百年》文章。展出了《妈祖大爱图》等长卷作品。

● 10月13日《厦门晚报》刊登《“妈祖缘”平台启动　促进经贸文化交流》文章。

● 10月13日《湄洲日报》刊登《热心公益　播撒爱心》文章。介绍了“妈祖公益”志愿者的事迹。

● 10月13日《湄洲日报》刊登《送文化　进乡村》文章。介绍了城厢区妈祖文化交流协会主办的文化进乡村联欢晚会情况。

● 10月13日《湄洲日报》刊登《妈祖赐福　平安共享》文章。介绍了艺术家陈国华向祖庙捐赠百份文创品香道伴手礼的情况。

● 10月13日《湄洲日报》刊登《加快建设　越来越好》文章。介绍了仙游凤灵宫妈祖善信150余人前往湄洲妈祖祖庙谒祖进香的情形。

● 10月13日《湄洲日报》刊登《湄洲妈祖分灵厦门市莆田商会》文章。

● 10月13日《湄洲日报》刊登《做好事　行善举》文章。介绍了涵江区妈祖文化交流协会第二届第三次理事（扩大）会议的召开。

● 10月13日《湄洲日报》刊登《践行妈祖精神　促进教育发展》文章。第二届中华妈祖全球行奖学金壶兰教育基金会奖教金颁奖侧记。

● 10月13日《团结报》刊登《四海一心　血脉相连》文章。介绍了福建省莆田民革博爱艺术团联合莆田市广场舞协会、中华妈祖文化交流协会礼仪队举行的公益活动。

●10月14日《湄洲日报》刊登《妈祖信俗：上香与家祀、船祀》文章。

●10月15日《台州晚报》刊登《浙江四大盐场之一：北宋天富北监盐场》文章。介绍了当地的妈祖庙。

●10月16日《香港商报》刊登《厦门莆田商会举办“中国梦 妈祖缘”活动》文章。

●10月16日《湄洲日报》刊登《妈祖文化小故事进校园》文章。

●10月16日《湄洲日报》刊登《妈祖全球行奖学奖教金颁发》文章。

●10月16日《湄洲日报》刊登《奏响安全强音 打造平安圣地》文章。介绍了湄洲岛深化隐患排查治理，保障第五届世界妈祖文化论坛顺利召开的工作。

●10月19日《天津日报》刊登《元代危素撰写〈大直沽天妃宫碑记〉》文章。

●10月19日《湄洲日报》刊登《志愿者为敬老院打扫卫生》文章。介绍了莆田妈祖公益组织志愿者帮助老人们的事迹。

●10月19日《湄洲日报》刊登《妈祖文化人才培养奖教奖学金颁发》文章。

●10月20日《澳门日报》刊登《妈祖金身巡安绕境市区活动周日举办》文章。

●10月20日《湄洲日报》刊登《深化交流联谊》文章。介绍了福鼎大岚头妈祖天后宫赴祖庙谒祖的情形。

●10月20日《湄洲日报》刊登《祈愿合境平安》文章。介绍了漳州朝天宫组织2000余人前往祖庙谒祖进香的活动。

●10月20日《湄洲日报》刊登《多做善事就会有福报》文章。介绍了印尼华侨黄秀卿的妈祖情怀。

●10月20日《湄洲日报》连载《妈祖之光普照万方》文章。莆田市委网信办举行网上新闻发布会详细介绍妈祖文化。

●10月20日《湄洲日报》刊登《践行妈祖精神 聚力脱贫攻坚》文章。

●10月20日《湄洲日报》刊登《致力于妈祖文化传播》文章。介绍了秀屿区妈祖文化交流中心纪念妈祖诞辰1060周年暨妈祖阁成立10周年的庆典活动。

●10月21日《澳门时报》刊登《妈祖文化旅游节延期一年举办 天后宫妈祖金身周日巡安绕境》文章。

●10月21日《澳门时报》刊登《因防疫减巡游队伍 信众参拜隆重有序 妈祖巡安绕境祈福除疫》文章。

●10 月 21 日《澳门华侨报》刊登《妈祖文化旅游节延期一年举行　妈祖金身重阳巡安绕境》文章。

●10 月 21 日《莆田晚报》刊登《评〈师泉井记〉》文章。

●10 月 22 日《台州日报》刊登《创新摇篮　智造高地》文章。介绍了普震堂妈祖迎会。

●10 月 22 日《海峡时报》刊登《铭刻于碑文上的船政史》文章。

●10 月 23 日《湄洲日报》刊登《招募妈祖义工 20 名》文章。因妈祖金身将巡安湄洲岛，需招募义工。

●10 月 24 日《大众日报》刊登《两岸同胞“一垒同营”：“妈祖杯”海峡两岸慢速垒球赛开赛》文章。

●10 月 25 日《香港商报》刊登《2020 妈祖秋祭大典暨两岸祈福仪式在青岛举办》文章。

●10 月 25 日《湄洲日报》刊登《书画名家作品展在湄洲岛举行》文章。为纪念妈祖羽化升天 1033 周年，以“瓣香湄洲”为主题的 2020 全国书画名家作品在湄洲岛举行。

●10 月 26 日《台州晚报》刊登《一场非遗和旅游的“约会”，你一起加入吗》文章。介绍了以妈祖为主题的工艺制作。

●10 月 26 日《香港商报》刊登《第五届世界妈祖文化论坛本月 31 日莆田开幕》文章。

●10 月 26 日《今晚报》刊登《由天妃宫到天后宫》文章。

●10 月 26 日《闽西日报》刊登《新罗区龙门赤水天后宫建宫 250 周年庆典暨龙岩市老年书画摄影作品展活动》文章。

●10 月 26 日《湄洲日报》刊登《妈祖金身巡安湄洲岛》文章。

●10 月 26 日《湄洲日报》刊登《大力弘扬妈祖文化　妈祖羽化升天 1033 周年纪念大会举行》文章。

●10 月 26 日《莆田晚报》刊登《传承千年信俗　弘扬妈祖精神　北港贤良港举行纪念妈祖羽化升天 1033 周年海祭大典》文章。

●10 月 27 日《莆田晚报》刊登《第五届世界妈祖文化论坛暨第二十二届中国·莆

田湄洲妈祖文化旅游节将于10月31日至11月2日在湄洲岛举行》文章。

● 10月27日《莆田晚报》刊登《湄洲妈祖祖庙再添两件宝物》文章。

● 10月27日《海峡导报》刊登《提升世界妈祖文化中心影响力》文章。

● 10月27日《湄洲日报》刊登《2021妈祖（湄洲岛）女子马拉松开始报名·时间截至11月30日·增设致敬抗疫组和男子体验组》文章。

● 10月27日《湄洲日报》刊登《第五届世界妈祖文化论坛将于11月1日开幕》文章。

● 10月27日《湄洲日报》刊登《妈祖金身巡安湄洲岛昨晚回銮安座》文章。

● 10月27日《湄洲日报》刊登《企业家捐九宝吉祥物》文章。介绍了妈祖九宝吉祥物典藏作品捐赠仪式。

● 10月27日《湄洲日报》刊登《台胞献夜明珠放光芒》文章。介绍了中华经济文化发展促进会向湄洲妈祖祖庙捐赠天然夜明珠的事迹。

● 10月27日《湄洲日报》刊登《企业家热心捐资百万元》文章。介绍了企业家捐款助力妈祖文化设施建设的事迹。

● 10月27日《湄洲日报》刊登《助推文化旅游产业融合发展》文章。介绍了闽粤两地妈祖文化机构在莆田参访交流的情况。

● 10月27日《湄洲日报》刊登《同谒妈祖　共享平安》文章。描绘了湄洲妈祖祖庙再迎谒祖热潮的盛况。

● 10月27日《湄洲日报》连载《妈祖之光普照万方》文章。莆田市委网信办举行网上新闻发布会详细介绍妈祖文化。

● 10月27日《湄洲日报》刊登《圣云宫“妈祖文化讲堂”揭牌》文章。

● 10月27日《湄洲日报》刊登《海丰妈祖文化交流协会成立》文章。

● 10月27日《绍兴日报》刊登《联浦村：重新闪亮的文化明珠》文章。介绍了位于联浦村的绍兴市唯一一座妈祖庙：蛏浦妈祖庙。

● 10月28日《中国产经新闻》刊登《第五届世界妈祖文化论坛将举行》文章。

● 10月28日《莆田晚报》刊登《是“默”还是“莫”？》文章。介绍了妈祖名字的辨误。

● 10月29日《海丝商报》刊登《篮球赛已成全村筹办的盛会》文章。介绍霞美镇长福村举办第五届“妈祖文化杯”篮球邀请赛盛况。

●10月29日《香港商报》刊登《“2020美丽中国行”中央媒体采风走进“妈祖圣地•美丽莆田”》文章。

●10月30日《人民政协报》刊登《“妈祖圣地·美丽莆田”——“2020美丽中国行”走进妈祖文化展展礼发祥地》文章。

●10月30日《澳门日报》刊登《穗南沙妈祖文旅节今开幕》文章。

●10月30日《南方都市报》刊登《广州南沙妈祖文化旅游节开幕！300多名演员表演〈妈祖颂〉》文章。

●10月30日《新华日报》刊登《昆山举办海峡两岸慢垒邀请赛》文章。

●10月30日《大公报》刊登《〈妈祖〉舞动》文章。

●10月30日《福建侨报》刊登《海祭妈祖大典在莆田举行》文章。

●10月30日《福建侨报》刊登《62位师生获妈祖祖庙奖金》文章。

●10月30日《福建侨报》刊登《讲好妈祖故事　传播福建声音》文章。

●10月30日《湄洲日报》刊登《效应叠加秀出“国际范”——湄洲岛用好世界妈祖文化论坛平台不断发力建设“一区三岛”》文章。

●10月31日《中国青年报》刊登《第十二届广州南沙妈祖文化旅游节开幕》文章。

●10月31日《湄洲日报》刊登《精心培训志愿者迎盛会》文章。介绍了培训志愿者迎接第五届世界妈祖文化论坛的情况。

●10月31日《团结报》刊登《两岸同胞肩负反对“台独”、推进祖国统一进程的共同任务》文章。提及了妈祖文化的重要意义。

●11月1日《莆田晚报》刊登《天上北斗　海上妈祖》文章。

●11月1日《香港商报》刊登《2020妈祖文化和旅游国际传播论坛在福建莆田湄洲岛举办》文章。

●11月1日《湄洲日报》刊登《第六届国际妈祖文化学术研讨会昨举行》文章。

●11月1日《湄洲日报》刊登《中华妈祖文化交流协会三届五次会员大会举行》文章。

●11月1日《中国旅游报》刊登《2020妈祖文化和旅游国际传播论坛在莆田湄洲岛举办》文章。

●11月1日《中国旅游报》刊登《第五届世界妈祖文化论坛在福建莆田举办》文章。

●11月1日《莆田晚报》刊登《大型系列电视片〈妈祖信俗在传承〉开机》文章。

●11月1日《莆田晚报》刊登《讲好妈祖故事　传播妈祖文化》文章。

●11月1日《莆田晚报》刊登《展现"湄洲女发髻"独特魅力》文章。

●11月2日《莆田晚报》刊登《动画电影〈林默〉亮相世界妈祖文化论坛》文章。

●11月2日《莆田晚报》刊登《第五届世界妈祖文化论坛在湄洲岛举行　为构建人类命运共同体作出新的更大贡献》文章。

●11月2日《湄洲日报》刊登《第五届世界妈祖文化论坛湄洲共识》文章。

●11月2日《湄洲日报》刊登《积极打造"台胞台企登陆的第一家园"桥头堡　第二十二届中国·莆田湄洲妈祖文化旅游节开幕　郑建邦崔玉英林兆枢出席》文章。

●11月2日《湄洲日报》刊登《为构建人类命运共同体作出新的更大贡献　第五届世界妈祖文化论坛在湄洲岛举行》文章。

●11月2日《湄洲日报》刊登《〈妈祖信俗在传承〉开拍》文章。中华妈祖文化交流协会携手京视网手机台在世界妈祖文化论坛永久会址，举行人类非物质文化遗产大型系列电视片《妈祖信俗在传承》开机仪式。

●11月2日《湄洲日报》刊登《〈妈祖回家〉定档发布》文章。

●11月2日《湄洲日报》刊登《昨恭请2尊陶瓷妈祖像回国》文章。介绍了斯洛伐克大使杜尚·贝拉恭请两尊妈祖像回国，推动妈祖文化传播的情况。

●11月2日《湄洲日报》刊登《携手共建人类命运共同体》文章。第五届世界妈祖文化论坛侧记。

●11月2日《湄洲日报》刊登《学者会聚探讨交流》文章。介绍了第六届国际妈祖文化学术研讨会情况。

●11月2日《湄洲日报》刊登《打造妈祖文旅品牌》文章。介绍了"妈祖圣地　美丽莆田"为主题的2020妈祖文化和旅游国际传播论坛举办情形。

●11月2日《湄洲日报》刊登《7个项目现场签约》文章。介绍了第五届世界妈祖文化论坛上莆田市举行的开放招商项目签约活动。

●11月2日《湄洲日报》刊登《援鄂医疗队列阵出席》文章。介绍了莆田市援鄂医疗队出席第五届世界妈祖文化论坛开幕式的情形。

●11 月 2 日《人民日报》刊登《第五届世界妈祖文化论坛举办》文章。

●11 月 2 日《人民政协报》刊登《妈祖文化已成为联系海内外华侨华人的重要桥梁和纽带》文章。

●11 月 2 日《莆田晚报》刊登《传承弘扬妈祖文化　探讨国际传播途径》文章。

●11 月 3 日《团结报》刊登《“思归之岛”大陈岛受牌海峡两岸交流基地》文章。介绍了大陈岛上的天后宫。

●11 月 3 日《澳门日报》刊登《澳门代表团参加世界妈祖文化论坛》文章。

●11 月 3 日《新华每日电讯报》刊登《梳起“帆船头”　传承妈祖文化》文章。

●11 月 3 日《湄洲日报》刊登《秀屿区：妈祖文化　润泽乡村》文章。介绍了靖恭妈祖文化交流中心举行纪念妈祖羽化升天 1033 周年的活动。

●11 月 3 日《湄洲日报》刊登《广东陆丰市：携手共进　谱写新篇》文章。介绍了广东陆丰市妈祖文化研究会举行纪念妈祖羽化升天 1033 周年的活动。

●11 月 3 日《湄洲日报》刊登《天津市：深入挖掘　丰富内涵》文章。介绍了天津天后宫举行纪念妈祖羽化升天 1033 周年的活动。

●11 月 3 日《湄洲日报》刊登《中国澳门特别行政区：绕境巡安　弘扬精神》文章。介绍了澳门神州妈祖文化交流协会举行纪念妈祖羽化升天 1033 周年的活动。

●11 月 3 日《湄洲日报》刊登《妈祖灵光耀四海》文章。介绍了美国妈祖基金会、加拿大湄洲妈祖庙举行纪念妈祖羽化升天 1033 周年的活动。

●11 月 3 日《湄洲日报》刊登《礼乐献妈祖展多彩人文》文章。介绍了第四届中华妈祖莆仙十音八乐团大汇演活动。

●11 月 3 日《湄洲日报》刊登《建妈祖评理室化解纠纷》文章。介绍了莆田北岸经开区深入推进“妈祖评理室”建设情况，创新了有效预防和化解社会矛盾体制，构建了基层矛盾排查化解新体系。

●11 月 3 日《人民政协报》刊登《在福建莆田感受“妈祖”》文章。

●11 月 4 日《福建日报》刊登《第五届世界妈祖文化论坛在湄洲共识》文章。

●11 月 4 日《今晚报》刊登《“明年载粮直沽去”》文章。介绍了天津的妈祖文化。

●11 月 5 日《中国青年作家报》刊登《听非遗讲故事　梳起“帆船头”传承妈祖文化》文章。

●11 月 6 日《湄洲日报》刊登《延续文化血脉　展现孝道新风》文章。介绍了莆田北岸经开区做大做强妈祖文化事业、推动乡村振兴的活动。

●11 月 6 日《福建侨报》刊登《第五届世界妈祖文化论坛在湄洲举办》文章。

●11 月 6 日《福建侨报》刊登《第一部登陆银幕的妈祖文化电影》文章。

●11 月 7 日《福州晚报》刊登《螺洲古镇宝藏静待挖掘　市政协关注古厝人文内涵保护工作》文章。

●11月8日《湄洲日报》刊登《两岸婚姻家庭暨青年台胞妈祖文化研习营活动举办》文章。

●11 月 8 日《湄洲日报》刊登《妈祖文创品亮相进博会》文章。国家非物质文化遗产莆田木雕代表性传承人林建军的《一帆风顺》《随身妈祖像》等妈祖文创品，亮相上海举行的第三届中国国际进口博览会。

●11 月 8 日《闽东日报》刊登《文化漫溢坊巷间——走进莲池社区》文章。介绍了当地的天后宫。

●11 月 9 日《今晚报》刊登《“垂佑瀛壖”与门幡神号》文章。介绍了天津的妈祖文化。

●11 月 9 日《人民政协报》刊登《走近妈祖感受妈祖》文章。

●11 月 10 日《湄洲日报》刊登《深圳龙岗天后古庙在湄洲岛举行海祭》文章。

●11 月 10 日《湄洲日报》连载《妈祖之光普照万方》文章。市委网信办举行网上新闻发布会详细介绍妈祖文化。

●11 月 10 日《湄洲日报》刊登《妈祖赐福　共享福祉》文章。介绍了深圳龙岗天后古庙理事会组团第三次妈祖回娘家谒祖进香活动。

●11 月 10 日《湄洲日报》刊登《常来常往　越走越亲》文章。介绍了汕头市两英海洋妈祖天后宫一行 160 余人前往妈祖故里湄洲岛分灵妈祖活动。

●11 月 10 日《湄洲日报》刊登《首届妈祖陶瓷作品展在湄洲岛展出》文章。

●11 月 10 日《湄洲日报》刊登《让妈祖文化展现永久魅力和时代风采》文章。第六届国际妈祖文化学术研讨会侧记。

●11 月 10 日《人民日报海外版》刊登《国博举办大运河文化展　翻开大运河流淌千年的诗篇》文章。文化展展出了《天津天后宫行会图》。

●11 月 10 日《石狮侨报》刊登《世界妈祖文化论坛在湄洲岛举行》文章。

●11 月 11 日《香港文汇报》刊登了《关德辉借拍戏福建寻根》文章，介绍了电影《妈祖回家》。

●11 月 11 日《天津日报》刊登《“两岸妈祖缘”文创设计大赛圆满落幕》文章。

●11 月 11 日《今晚报》刊登《“吴䨲越布满街衢”》文章。介绍妈祖信仰北传天津的历程。

●11 月 11 日《湄洲日报》刊登《古战场的蝶恋》文章。介绍了仙游的客山妈祖公园。

●11 月 13 日《湄洲日报》刊登《文化自信　发展共享》文章。介绍了世界妈祖文化论坛的影响。

●11 月 13 日《莆田晚报》刊登《深圳龙岗天后古庙一行 470 余人赴湄洲妈祖祖庙谒祖进香》文章。

●11 月 15 日《湄洲日报》刊登《提升妈祖文化效应　持续深化对外交流　省外办一行来莆调研》文章。

●11 月 16 日《北京日报》刊登《两岸乡思可共情！电影〈妈祖回家〉在京首映》文章。

●11 月 16 日《新京报》刊登《〈妈祖回家〉在京举行首映礼，传递两岸文化共情》文章。

●11 月 16 日《烟台日报》刊登《播撒新时代的文艺种子》文章。介绍了烟台市打造“中国妈祖文化之乡”的努力。

●11 月 16 日《中国艺术报》刊登《一条河的自白》文章。“舟楫千里——大运河文化展”在中国国家博物馆展出，记录妈祖信仰的《天津天后宫过会图》展出。

●11 月 17 日《汕头日报》连载《汕头非遗技艺扬誉妈祖故里》文章。

●11 月 17 日《浔阳晚报》刊登《电影〈妈祖回家〉20 日全国上映》文章。

●11 月 17 日《湄洲日报》刊登《密切同胞感情　促进心灵契合》文章。“两岸妈祖缘”文创设计大赛颁奖典礼在天津举办。

●11 月 17 日《湄洲日报》刊登《妈祖大爱　恩泽四海》文章。

●11 月 17 日《湄洲日报》连载《妈祖之光普照万方》文章。莆田市委网信办举行网上新闻发布会详细介绍妈祖文化。

●11 月 17 日《湄洲日报》刊登《山东省海峡两岸妈祖文化交流协会成立大会举行》文章。

●11 月 17 日《随州日报》连载《天后宫社区人口普查严把质量关》文章。

●11 月 18 日《湄洲日报》刊登《木兰溪上游有座龙井宫》文章。

●11 月 18 日《湄洲日报》刊登《聆听妈祖故事　传承妈祖文化》文章。

●11 月 19 日《淮安区报》刊登《淮安天妃文化起源及信仰》文章。

●11 月 19 日《天津日报》刊登《天津京剧院〈妈祖〉南京获赞》文章。

●11 月 19 日《今晚报》刊登《原创京剧〈妈祖〉金陵展风采》文章。

●11 月 20 日《湄洲日报》刊登《〈妈祖回家〉今日全国上映》文章。

●11 月 20 日《燕赵老年报》刊登《〈妈祖回家〉今日上映》文章。

●11 月 20 日《光明日报》刊登《在扶贫协作中加强文化交流》。介绍了泉州地区的妈祖文化。

●11 月 22 日《闽西日报》刊登《龙岩市妈祖文化交流协会成立》文章。

●11 月 23 日《海南日报》刊登《海洋非遗中的海南记忆》文章。

●11 月 23 日《今晚报》刊登《大沽海神庙内天后宫》文章。

●11 月 24 日《青岛日报》刊登《"田横"之游》文章。介绍了田横岛的妈祖庙。

●11 月 24 日《湄洲日报》刊登《仙游 211 家妈祖宫庙代表祖庙谒祖》文章。

●11 月 24 日《湄洲日报》刊登《用篆刻艺术形式传播妈祖文化》文章。

●11 月 24 日《湄洲日报》刊登《龙岩市妈祖文化交流协会成立》文章。

●11 月 24 日《湄洲日报》连载《妈祖之光普照万方》文章。

●11 月 24 日《湄洲日报》刊登《恪守家训　传承家风》文章。介绍了陈林姓氏在靖恭妈祖阁举行座谈会的情形。

●11 月 24 日《湄洲日报》刊登《广州南沙妈祖文化旅游节开幕》文章。

●11 月 24 日《湄洲日报》刊登《"津金名家彩墨展"在金门举行》文章。天津市妈祖文化促进会与金门县文化局主办的"江山如画——津金名家彩墨展"在金门县文化局展厅开幕。

●11 月 24 日《石狮侨报》刊登《"一带一路"新闻联播》文章。介绍了福建妈祖文化等文化旅游资源。

●11 月 25 日《福建日报》刊登《电影〈妈祖回家〉的前世今生》文章。

●11 月 27 日《湄洲日报》刊登《打造妈祖文化体育品牌赛事　第四届“妈祖杯”在莆启动　海上丝绸之路国际羽毛球挑战赛 12 月 25 日至 27 日举行》文章。

●11 月 27 日《莆田晚报》刊登《第四届“妈祖杯”海上丝绸之路国际羽毛球挑战赛 12 月 25 日开赛》文章。

●11 月 28 日《桂林日报》刊登《平乐县榕津村：千年古村绘就清丽“文明”底色》文章。

●11 月 30 日《莆田晚报》刊登《神往湄洲》文章。介绍了湄洲岛的妈祖文化。

●12 月 1 日《新即墨》刊登《即墨谣》文章。介绍了当地的妈祖宫庙。

●12 月 1 日《湄洲日报》刊登《白沙昭灵上宫到天后祖祠进香》文章。

●12 月 1 日《湄洲日报》刊登《“益”份爱心　“衣”份温暖——北岸妈祖公益组织开展闲置衣物募集公益活动》文章。

●12 月 1 日《湄洲日报》刊登《同谒妈祖　共叙情缘——梧塘东坡境天后宫举办 10 周年庆典系列活动》文章。

●12 月 1 日《湄洲日报》刊登《学习妈祖文化　了解内涵特色》文章。介绍福建师范大学部分师生到莆田妈祖会馆开展实践活动。

●12 月 1 日《湄洲日报》连载《妈祖之光普照万方》文章。莆田市委网信办举行网上新闻发布会详细介绍妈祖文化。

●12 月 2 日《湄洲日报》刊登《流浪汉两度发病在妈祖故乡受助》文章。

●12 月 4 日《三明日报》刊登《汀州会馆：闽中的红色驿站》文章。介绍了汀州会馆中供奉的妈祖。

●12 月 4 日《湄洲日报》刊登《虔诚进香　交流联谊》文章。介绍了广东汕头圣兴坛 120 多名妈祖敬仰者护送妈祖圣像赴贤良港天后祖祠进香的情形。

●12 月 6 日《湄洲日报》刊登《丰富课余生活　提高实践能力》文章。介绍莆田市外国语学校组织 2000 余名学生展开寻根妈祖文化、探寻乡土历史文化、传承红色基因等主题研学之旅。

●12 月 7 日《经济导报》刊登《桑吉才让：传承妈祖文化是热爱和平的共同责任》文章。

● 12月7日《湄洲日报》刊登《林元伯的妈祖缘》文章。

● 12月8日《现代金报》刊登《趣事分享》文章。介绍了象山东门岛的妈祖神像。

● 12月8日《团结报》刊登《数字创新促进两岸文旅融合发展》文章。介绍了妈祖文化与数字技术的融合。

● 12月8日《团结报》刊登《弘扬妈祖文化　促进祖国统一》文章。

● 12月8日《湄洲日报》刊登《构建浙闽妈祖文化圈》文章。

● 12月8日《湄洲日报》刊登《惠安大岞天妃宫　重建落成庆典举行》文章。

● 12月8日《湄洲日报》刊登《常来常往　密切情谊——广东陆丰百家姓妈祖文化交流团赴祖庙朝圣》文章。

● 12月8日《湄洲日报》连载《妈祖之光普照万方》文章。莆田市委网信办举行网上新闻发布会详细介绍妈祖文化。

● 12月8日《湄洲日报》刊登《〈妈祖——海丝之魂〉本月中旬上演》文章。

● 12月8日《湄洲日报》刊登《弘扬妈祖精神　做新时代好少年》文章。

● 12月10日《莆田晚报》刊登《这份妈祖情时间和空间都无法阻隔》文章。

● 12月10日《团结报》刊登《用心用情促进两岸交流融合》文章。介绍了妈祖文化对促进两岸交流的意义。

● 12月11日《湄洲日报》刊登《加强合作共拓市场　“妈祖圣地　美丽莆田”文旅推介会昨在广西南宁举行》文章。

● 12月13日《福州晚报》刊登《金山寺：闽江上的“浮塘金印”》文章。

● 12月13日《乐山日报》刊登《郭沫若的芭蕉花与天后宫的地产官司》文章。

● 12月13日《湄洲日报》刊登《助力“海丝”建设传播妈祖文化　莆仙戏〈海神妈祖〉昨晚唱响——东盟戏剧周》文章。

● 12月13日《南宁晚报》刊登《福建莆仙戏放异彩　戏迷过足戏瘾连看两场》文章。介绍了大型莆仙戏《海神妈祖》在南宁人民会堂上演的盛况。

● 12月13日《莆田晚报》刊登《莆田学院原创妈祖题材音乐剧〈海丝之魂〉昨晚震撼首演》文章。

● 12月14日《营口日报》刊登《营口三义庙之谜初探（上）》文章。提及了营口地区的天后宫历史。

●12月15日《湄洲日报》刊登《翡翠妈祖安座古田天后宫》文章。

●12月15日《湄洲日报》刊登《莆田文峰宫为贫困大学生颁发助学金》文章。

●12月15日《湄洲日报》刊登《跨越海峡两岸的妈祖情缘》文章。

●12月15日《湄洲日报》刊登《闽粤妈祖文化交流圆满落幕》文章。

●12月15日《湄洲日报》连载《妈祖之光普照万方》文章。莆田市委网信办举行网上新闻发布会详细介绍妈祖文化。

●12月16日《国际旅游岛商报》刊登《专家学者齐聚临高　共话妈祖文化》文章。

●12月16日《今晚报》刊登《王三奶奶行宫》文章。介绍了该行宫供奉妈祖的情形。

●12月16日《中国旅游报》刊登《文化和旅游部拟确定21家旅游景区为国家5A级旅游景区》文章。福建省莆田市湄洲岛妈祖文化旅游区入选。

●12月17日《三峡晚报》刊登《我想把木雕技艺传承下去》文章。

●12月17日《福建日报》刊登《船政天后宫举办妈祖文化交流活动》文章。

●12月17日《海峡时报》刊登《妈祖文化交流活动在船政天后宫举行》文章。

●12月18日《国际旅游岛商报》刊登《文旅融合　嘉宾献策》文章。

●12月19日《中国青年报》刊登《这些学生创作的剧本你pick哪个？北京电影学院爱奇艺联手征集优秀剧本》文章。介绍了优秀剧本《拜拜啦，外公！》，讲述了祖孙两代人的亲情及妈祖文化。

●12月20日《海口日报》刊登《有趣的地名“三公里”》文章。

●12月21日《莆田晚报》刊登《闽西山区何以出现400多座妈祖庙？》文章。

●12月21日《香港文汇报》刊登《和魂汉神：中国民间信仰在德川日本的在地化》文章。介绍了妈祖信仰。

●12月21日《大众日报》刊登《山东半岛海南岛湄洲岛岛相连，妈祖心妈祖人妈祖情情相牵》文章。

●12月21日《今晚报》开始连载《老娘娘琐话》文章。介绍妈祖文化与天津的故事。

●12月22日《海口日报》刊登《海南（临高）妈祖文化交流会举行》文章。

●12月22日《湄洲日报》刊登《常来常往　密切交流》文章。介绍了漳州南靖霞露妈祖庙一行975人抵达妈祖故里湄洲岛朝拜观光情形。

●12月22日《湄洲日报》刊登《福州马尾第二届船政文化节举行　湄洲妈祖祖

庙诵经团受邀参加》文章。

● 12 月 22 日《湄洲日报》刊登《心怀感恩　虔诚朝圣》文章。介绍厦门天圣宫负责人吴素卿率 160 名妈祖敬仰者抵达妈祖故里湄洲岛虔诚朝拜的情形。

● 12 月 22 日《湄洲日报》连载《妈祖之光普照万方》文章。

● 12 月 22 日《湄洲日报》刊登《莆田首部少儿微电影〈海神〉网映》文章。

● 12 月 23 日《青岛财经日报》刊登《城阳再添时尚文旅记忆》。介绍了崂山区举办的“两岸妈祖祭典　重阳敬老送福”活动。

● 12 月 23 日《湄洲日报》刊登《200 名工人三班倒 24 小时施工　妈祖重离子医院项目加快建设》文章。

● 12 月 25 日《湄洲日报》刊登《〈海丝之魂〉的灵魂在哪里？》文章。介绍了首部原创妈祖题材音乐剧《海丝之魂》。

● 12 月 26 日《湄洲日报》刊登《激情赛事舞莆阳　壶山兰水迎贵宾　第四届“妈祖杯”海上丝绸之路国际羽毛球挑战赛开幕》文章。

● 12 月 26 日《莆田晚报》刊登《第四届“妈祖杯”海上丝绸之路国际羽毛球挑战赛昨正式开赛》文章。

● 12 月 27 日《香港文汇报》刊登《戏剧周〈牡丹亭〉精彩演出会观众》文章。介绍了戏剧周的莆仙戏《海神妈祖》。

● 12 月 27 日《中国旅游报》刊登《2020 非遗与旅游融合发展优秀案例》文章。其中有妈祖元宵节展示文旅融合魅力。

● 12 月 28 日《湄洲日报》刊登《朝天宫与朝宗宫》文章。

● 12 月 28 日《湄洲日报》刊登《招募 20 名妈祖义工》文章。

● 12 月 29 日《闽西日报》刊登《深化“三大平台”建设　打造“产城人”融合发展示范区》文章。文章建议一定要办好妈祖节，促进地方经济发展，促进海峡两岸同胞心灵契合。

● 12 月 29 日《湄洲日报》刊登《密切往来　加强合作》文章。介绍了湄洲妈祖祖庙董事会秘书长李少霞率联谊交流团赴漳州长泰、龙海、龙文等地开展新年联谊交流活动并参加漳州市妈祖文化交流协会成立大会情况。

● 12 月 29 日《湄洲日报》刊登《同话妈祖　共叙友谊》文章。介绍了湄洲妈祖祖庙董事会监事长朱瑞荣率队赴平潭、苍南、福鼎、霞浦、宁德等地开展妈祖文化联谊交流活动。

● 12 月 29 日《湄洲日报》刊登《湄洲妈祖祖庙将举行跨年祈福系列活动》文章。

● 12 月 29 日《湄洲日报》刊登《台籍博士老师带学子现场实践教学》文章。介绍莆田学院第五届“妈祖文化传播人才”特色班学子走出校门到白湖顺济庙进行现场实践教学的情况。

● 12 月 29 日《湄洲日报》刊登《统一部署多做好事》文章。介绍了北岸经开区妈祖文化交流协会第一次会员代表大会第二次理事会召开的情况。

● 12 月 31 日《湄洲日报》刊登《湄洲岛获评国家 5A 级旅游景区　为莆田首个》文章。湄洲岛妈祖文化旅游区上榜，是此次福建省唯一上榜的旅游景区，也是莆田首个国家 5A 级旅游景区。

● 12 月 31 日《湄洲日报》刊登《部分道路实行临时交通管制》文章。因 2021 妈祖（湄洲岛）女子半马赛事将举行，为保障赛事安全顺利开展，对湄洲岛部分道路实行临时交通管制。

戏曲影视

戏曲

【全国京剧院团线上抗疫展演月举行 天津京剧院《妈祖》播出受关注】

为丰富常态化疫情防控期间人民群众精神文化生活，满足广大观众观演需求，国家京剧院与湖北省京剧院联合全国兄弟院团举办为期28天的“京剧的夏天——全国京剧院团线上抗疫展演月”。9月15日晚7点半，推播上线的天津京剧院《妈祖》节目受到关注。近期每晚7时30分，全国18家京剧院团、28部优秀剧目、2场名家名段演唱会，在文化和旅游部官网、学习强国、快手、央视频同时上线。

《妈祖》剧中妈祖、摆渡女、林默娘扮演者王艳，是中国京剧界名流，曾于2004年第四届中国京剧节以大型新编京剧《妈祖》一剧荣获优秀表演奖、2005年CCTV全国青年京剧演员电视大赛获金奖第一名，同时被评为“观众最喜爱的选手”，2011年荣获第25届中国戏剧戏曲梅花奖（榜首），在2013年第十届中国艺术节获“文华表演奖”。她曾应邀于2006年5月在湄洲岛天后广场参加中央电视台心连心艺术团慰问演出，代表京剧与舞蹈诗、越剧、莆仙戏、高甲戏、闽剧《妈祖》共6个剧种的妈祖扮演者一同上台献演。

京剧《妈祖》是天津京剧院于2004年推出的作品，2019年天津京剧院又开始复排该剧。《妈祖》讲述的是主人公林默娘斗瘟魔、战海妖，以身溺海化灯救亲人，最后被奉为“海上保护神”妈祖的故事。2004年，在第四届中国京剧艺术节上，该剧一举夺得优秀剧目奖、优秀编剧奖、优秀表演奖、优秀音乐奖、优秀舞美奖等多个奖项。

【莆仙戏《海神妈祖》好戏连台】

莆仙戏新编传奇剧《海神妈祖》首次在国家“一带一路”有机衔接的重要门户城市——广西南宁唱响，为首届中国—东盟文化艺术周戏剧展演暨第八届中国—东盟（南宁）戏剧周喝彩，促进与“海丝”沿线国家和地区的交流，推动妈祖文化的传播与发展。

《海神妈祖》在广西南宁人民会堂剧场浓情上演。在广西参加本届戏剧周活动的云南、浙江、河南、广东等地艺术家，福建省派驻广西口岸工作组部分代表，广西福建总商会、南宁莆田商会乡亲和南宁高校学生戏迷等近千人慕名前来观看演出。该剧由国家一级演员、福建省莆仙戏剧院副院长黄艳艳领衔主演，饰演海神妈祖林默；国家一级演员、福建省莆仙戏剧院院长吴清华，“文华奖”得主郑仁森等参演。该剧融入“海丝”元素，配以时尚的舞美、灯光、音响等现代科技元素，使妈祖“立德、行善、大爱”的精神更加形象、生动地展现在观众面前。

《海神妈祖》为国家艺术基金传播交流推广资助项目，先后在中国·西安丝绸之路国际艺术节、中国·泉州海上丝绸之路国际艺术节、世界妈祖文化论坛等重大活动展演，还受邀赴新加坡、马来西亚等“海丝”沿线国家和地区巡演，在海内外产生热烈反响。

今年受疫情影响，为丰富疫情防控期间人民群众的精神文化生活，众多地方戏都通过互联网开展形式新颖、内容多样的宣传推广，将戏曲的温暖送到观众身边，莆仙戏《海神妈祖》在云上进行了多轮展播。

影视

【电视历史人文纪录片《丝路女神》首映式举办】

1月15日，电视历史人文纪录片《丝路女神》首映式、中华妈祖文化交流协会喜迎妈祖诞辰1060周年新春团拜会在莆田市举行。莆田市委常委、宣传部部长吴桂芳，副市长郑瑞锦，中华妈祖文化交流协会常务副会长俞建忠出席。

据悉，《丝路女神》纪录片共12集，每集时长约25分钟，定于今年农历三月二十三妈祖诞辰日上映。该片以妈祖“立德、行善、大爱”的精神为主线，贯穿着妈祖文化的传播、海上丝绸之路的历史沿革与历史脉络，全景式地反映妈祖文化与古代海上丝绸之路密切的文化联系，讲述了妈祖文化形成、繁荣与发展的不同历史时期故事，传播妈祖文化，弘扬妈祖精神。

【电影《妈祖回家》在京首映】

11月15日，电影《妈祖回家》“同心相聚”首映礼在北京英皇电影城举办。导演蒲剑及四大女主演葛玟希、刘芳、秦子然、赫林悉数到场。11月20日影片公映。

影片改编自福建著名作家王鸿的小说《台北来信》，以现实中的莆田人和台北人为原型，讲述了一段特殊背景下的台海历史，深刻诠释两岸人民难以割舍的血脉情缘和妈祖文化的巨大魅力。

影片内容为：解放初期，一个新旧时代更替的节点。一个福建莆田忠门半岛的小船主吴天桂新中国成立前娶了三房太太。随着新婚姻法一夫一妻制实施，三房太太相继上演跳楼、跳河、吃老鼠药的争夫闹剧。不想成为全县落后典型，吴天桂铤而走险，接受了台湾籍老兵林奇伟的建议，私渡台湾。为保全家中三位老婆的“善缘”，他与林奇伟共同渡海。但天有不测风云，渡海之中遭遇家庭的生离死别，吴天桂与妻子被迫流浪，台籍老兵林奇伟也生死不明。回家路不长但路途铺满荆棘，每逢绝境又都因妈祖出现转机。最后，在妈祖信俗文化筑起的坚固桥梁下，吴天桂带着“祖姑婆”回到了阔别近30年的故土。当满头银发的吴天桂佝偻着背叩开家门那一刻，骨肉、兄弟俩团圆。

电影《妈祖回家》系福建省重大文艺精品创作重点项目，是莆田市与北京电影学院等联合打造的一部两岸题材影片。该片于2018年9月底开机，2019年11月获颁电影公映许可证。先后入选第六届丝绸之路国际电影节展映单元、第28届中国金鸡百花电影节国产新片展映单元。

《福建日报》评价该片：作为第一部登陆大银幕的表现妈祖信俗文化的电影，片中展现了妈祖秋祭、妈祖三献礼、妈祖信俗民俗表演等，莆仙地域文化得到全方位的展示。除了浓郁的妈祖味，两岸题材故事片定位也让影片受到了关注。这是一部有笑有泪的电影，看得很感动。该片把海峡两岸那么近又那么远的情感都表达出来了。在妈祖文化精神纽带下，民间交流更显珍贵。

【《妈祖信俗在传承》开拍】

10 月 31 日，中华妈祖文化交流协会携手京视网手机台在世界妈祖文化论坛永久会址，举行人类非物质文化遗产大型系列电视片《妈祖信俗在传承》开机仪式。

妈祖信俗是人类非物质文化遗产，是全人类共同的精神财富。中华妈祖文化交流协会通过与京视网手机台进行高水平的合作，摄制《妈祖信俗在传承》大型系列电视片，献礼建党 100 周年，意义重大。

中华妈祖文化交流协会常务副会长俞建忠说，期待该片能够全面地展现、深刻地反映世界万个妈祖文化机构、3 亿多妈祖敬仰者在妈祖信俗的传承和传播上的成就与风采。

【莆田市首台妈祖题材原创音乐剧《妈祖——海丝之魂》上演】

福建省莆田市首台妈祖题材原创音乐剧《妈祖——海丝之魂》，于 12 月 12 日、13 日在莆仙大剧院演出。该剧时长 90 分钟，共分为 3 幕，每一幕均有相对独立的主题，以海上人的精神诠释妈祖文化，突出世界海洋的人类命运共同体。首演现场人头攒动，座无虚席，上千名观众从各地慕名而来领略这场海上花木兰的动人故事。

该校音乐学院院长林荣华说，这部剧的原动力起源于音乐学院教师杨旻蔚采风时找到的 2 张妈祖圣迹图，她顿生写剧冲动，从起稿到舞台呈现，一共改了不下 50 稿。作曲是尧东林老师完成的，他从第一稿剧本出来就开始跟进，从每段咏叹调、宣叙调、重唱、合唱的修改，到配器、MIDI 制作的完成，都在精益求精，不断完善。

该剧采用了特殊的音乐元素——妈祖乐器，是源自音乐学院科研团队 3 年多来对古代妈祖海洋音乐的考古、再现，同时利用超长绝美的 3D 全息动感设计，带领观众领略穿越千年的绝美海洋风情。

这部音乐剧之所以能获得成功，是师生精益求精、不断打磨的结果。到舞台呈现阶段的 3 个月来，团队成员更是显示出了“不言败”的气势和担当。特别是，首演前 4 天，大家每天从上午 9 点排练到晚上 10 点，之后再一起总结排练效果和讨论细排方案到凌晨两三点。

音乐学院学生章青霞说，《海丝之魂》通过咏叹调、歌词表现人物情感，台词和旁白串联人物关系和剧情。首场演出收获颇多，通过排演这部剧，每个参演人员的综合艺术能力都得到了很大的提升。

“通过这部剧，我们组建了一个坚不可摧的团队，团队里每一个人显露出的素质和执行力，着实令我感动，这是一种必胜的信念，这是一种对舞台的尊重、对艺术的尊重，可谓‘沉能隐忍、浮能担当、抑能配合、扬能独挡’。”林荣华在自己的微信朋友圈写道。

《海丝之魂》由省委宣传部、中华妈祖文化交流协会支持，莆田学院专业团队精心打造。该剧 2019 年度获得市精品文艺创作扶持资助，2020 年度又获省文艺发展专项资金资助，是福建省高校当年获得资助资金最高的项目。

【莆田首部少儿微电影《海神》网映】

12 月 21 日，莆田首部妈祖题材少儿微电影《海神》在网络上映。影片以妈祖出生、救苦救难、羽化升天为剧情，以莆田本土青少年为演员班底，通过青少年的视角，传播妈祖文化，弘扬妈祖精神。

《海神》微电影由莆田市青艺联影视委员会监制，五哥华影、精舞堂联合出品，黄建华任制片、导演。为拍摄好这部影片，导演带主创团队赴湄洲岛实地勘查。2018 年 8 月 18 日，影片在湄洲岛妈祖文化影视园开拍，并在湄洲妈祖祖庙和湄洲岛莲池澳沙滩等地取景，经过两年润色，终于网映。

【首部妈祖题材3D动画电影《林默》惊艳亮相】

11月1日上午，在第五届世界妈祖文化论坛上，全球首部以“妈祖”为题材的动画大电影《林默》宣传片惊艳亮相，受到与会的海内外专家学者广泛赞赏。

《林默》（暂名）是全球首部以“妈祖”为题材的三维动画电影，由福建显卫影视文化有限公司原创，上海多玲十月文化、米粒影业制作，塑造了全新的妈祖少年时期艺术形象。该影片以少年妈祖（林默）为主角，生动描述妈祖幼年到少年阶段的成长历程，及为了众生平安与海洋抗争，降服海怪并使其弃恶从善的神奇故事。影片充满想象力，使妈祖少年时期的形象更为具体。

《林默》电影项目制片人张渊称创作动画电影《林默》的初衷是要将妈祖信仰、莆仙文化、湄洲岛等莆田文化名片推广宣传至全世界，做大做强福建及莆田地区的文化创意产业，带动本地区文化创意产业和旅游业的发展，并担负起弘扬中华优秀传统文化的责任。据悉，该部影片时长90分钟，将于2021年内上映。

《林默》电影项目导演扈兵向记者介绍，电影《林默》会聚国内一流水平的3D动画电影创作及制作团队。3D动画电影具有广大的青少年市场，用它创作妈祖的少年（林默）形象，有信心让青少年及儿童迅速接受并喜欢她，以此广泛宣传推广妈祖文化。影片极具莆田地方特色，主创团队为宣传片制作的序曲渔歌，就笃定选用莆田话版本，其间克服了很大困难，解决了很多创作上的难题，目的就是给这个项目增加更高的艺术性和观赏性。

文化交流

【2020 妈祖（湄洲岛）女子半程马拉松赛成功举办】

1月1日早上9点，2020妈祖（湄洲岛）女子半程马拉松赛暨海峡两岸青年新年第一跑在莆田湄洲岛开跑。来自海峡两岸、世界各地的跑友近5000人齐聚妈祖故里，跑步迎新年。本次活动以“湄好奔跑”为主题，倡导积极健康的跑步文化，将妈祖“大爱、立德、行善”的精神融入赛事当中。赛事包括21.0975公里半程马拉松和3公里健康跑，半程马拉松从湄洲岛朝宫街起点沿环岛路、妈祖文化论坛、湄洲大道，终点在天后广场。

经过激烈角逐，中国运动员吴宜霞以1小时17分31秒夺得本次赛事活动冠军，埃塞俄比亚的ARAGAW AYEHU TESFAHUN和中国台北的苏凤婷分获亚军、季军。此次奖牌以海蓝色和金色为主色调，以船舵为设计元素，寓意一帆风顺，平安健康。

【《妈祖》连环画作品展及分享会举行】

1月8日，由作者薛志华、张向阳在莆田学院科学楼东报告厅举办《妈祖》连环画创作分享会，并举行创作手稿展和图书签售活动。此次创作的《妈祖》大型经典连环画是在中共莆田市委宣传部、中华妈祖文化交流协会的直接指导下，由福建画报社有限责任公司、福建千秋妈祖文化传媒有限责任公司、福建新华发行（集团）有限责任公司莆田分公司联合创作。

【“妈祖分灵”巡游仪式在西班牙举行】

1月12日，西班牙妈祖文化董事会董事长吴金顺携董事会成员从中国将“妈祖分灵”、两尊“千里眼和顺风耳”雕像和两尊“妈祖侍女”雕像护送至西班牙特内里费岛。

【青岛市妈祖文化联谊会召开2020年度理事会】

1月12日，青岛市妈祖文化联谊会2020年度理事会圆满召开，青岛市政协原主席胡延森应邀出席会议。青岛市妈祖文化联谊会作为一个社团组织，联谊会成员在自己的工作之外，兼任这项工作，为了这份大爱的事业凝心聚力。

【2020湄洲岛创国家5A级景区培训班在湄举行】

1月14日上午，2020湄洲岛创建国家5A级旅游景区旅游从业人员培训班在祖庙大学堂举行。福建省文化和旅游厅一级巡视员吴立官、北京第二外国语学院崔莉教授作为主讲人参与培训会议。

【中华妈祖文化交流协会2020团拜会举行】

1月15日，中华妈祖文化交流协会于海源酒店举行喜迎妈祖诞生1060周年新春团拜会活动、十二集电视历史人文纪录片《丝路女神》首映式。

【《丝路女神》首映礼举行】

1月15日，十二集电视历史人文纪录片《丝路女神》首映礼在海源酒店举行。莆田电视台何莉莉主持此次首映礼活动。十二集电视历史人文纪录片《丝路女神》由中共福建省委宣传部、中共莆田市委宣传部出品，由中华妈祖文化交流协会、福建电视台经济生活频道、莆田市广播电视中心、莆田市湄洲妈祖祖庙董事会联合摄制，真实、艺术地再现中华民族开拓世界航路的艰难岁月，全景式地反映妈祖文化与古代海上丝绸之路密切的文化联系。

【莆台妇女妈祖文化交流活动举行】

1 月 13 日至 17 日，莆田市妇联协同新北市文教工商经贸交流协会开展莆台妇女经贸文化交流活动。新北市文教工商经贸交流协会理事长池胜和率团到莆进行为期 5 天的参访交流，加强与台湾地区的民间交流合作。

【越南妈祖文化董事会携手各地文化机构赴湄洲妈祖祖庙进香】

1 月 18 日上午，越南妈祖文化董事会副会长郑文玉陪同全球创新联盟主席辛洪军、越南中国侨联海外委员柯尊法、美国越柬寮世界联合总会主席团主席余建强等文化机构代表赴湄洲妈祖祖庙参访进香。

【福建省文化和旅游厅领导到霞浦松山天后行宫调研】

3 月 13 日，福建省文化和旅游厅副厅长肖长培，省文物局调研员李东，省文化和旅游厅政策法规处正处级干部、宁德市文化和旅游局局长黄其辉，在霞浦县委常委、县总工会主席徐菁和县文体和旅游局副局长林灿荣的陪同下到霞浦松山天后行宫调研。

【中马两国妈祖宫庙携手抗疫“线上祈福”】

3 月 15 日，广东省汕头市潮阳区华阳珠珍祖庙与马来西亚吉隆坡雪隆天后宫联合举办“祈福中华，天佑武汉——中马两国妈祖姐妹宫庙线上祈福”活动，共同为中马祈福、世界祈福，天佑武汉，祈祷疫情早日消除，世界人民幸福安康！

【疫情挡不住赴湄洲的进香之路】

受疫情影响及防控要求，随着妈祖诞辰日越来越近，世界各地妈祖宫庙无法前往湄洲谒祖。但漳州上街天后宫在听闻湄洲岛景区有序开放后，于 4 月 11 日召集 13 名代表前往妈祖祖庙进香。

【“两门”共庆妈祖诞辰 1060 周年】

4 月 13 日，由厦门朝宗宫、金门县闽南文化协会共同举办的“双门有爱•金厦同春”书画公益展在厦门举行。

【湄洲岛举行纪念妈祖诞辰 1060 周年庙会启动仪式】

4 月 13 日上午，妈祖故里湄洲岛举行纪念妈祖诞辰 1060 周年庙会启动仪式暨升幡挂灯仪式。因受全球疫情形势影响，现场活动以无嘉宾、无观众的形式，通过全场高清直播的方式，与全球妈祖文化敬仰者一道，共庆妈祖圣诞，同享福祉。

【上海天妃宫庆妈祖华诞】

4 月 15 日（农历三月二十三）是妈祖诞辰 1060 周年。因在疫情防控期间，上海松江妈祖文化交流中心、上海天妃宫龚忠辉率领员工，以简短的“三献礼”仪式恭贺妈祖诞辰。上海天妃宫以“三献礼”方式庆祝之外，并以拍摄微视频的方式庆祝妈祖诞辰 1060 周年，并祈愿妈祖护佑世界疫情早日解除，祖国安康昌盛。

【妈祖文化主题贵金属商品发布会】

4 月 15 日，以“福佑平安，一脉相承”为主题的妈祖文化主题贵金属商品发布会在湄洲岛妈祖论坛永久会址举行。

【福安市妈祖文化研究协会赴湄洲妈祖祖庙谒祖进香】

4月15日，福安市妈祖文化研究协会会长、福安市新安境妈祖庙理事长刘凯明率协会成员到湄洲妈祖祖庙谒祖进香，并为妈祖送去1060周年的生日祝福。

【妈祖文化在汀州】

2020年4月25日，福建连江县妈祖文化研究会一行10人，应长汀县汀州天后宫的邀请，在杨文健会长的带领下，当天到达长汀县，就《汀州天后宫志》的编撰工作以及长汀县妈祖文化历史，进行深入的交流研讨。研讨会在汀州天后宫会议室举行，会议由汀州天后宫管委会蓝宝珠会长主持，管委会班子全体成员参加了会议。会后，在蓝宝珠会长的陪同下，全体人员实地考察了汀州天后宫。大家对天后宫的悠久历史，对宫内“遍地古迹遍地金”的景象，大加赞叹。

【妈祖中学开展汉服游园研学活动】

5月9日，妈祖中学组织学生在妈祖平安里开展汉服游园研学活动。学生们在这里学礼仪、游玩，传承古风，展示经典。此次研学活动，是中华传统汉服文化的礼仪教学，引导孩子们自觉践行“修身行动”，以礼相待他人，以礼修自身，做彬彬有礼的中华道德模范。孩子们在这里学习汉服文化，不仅呈现了精美的汉服，还是一场独具匠心的传统文化活动展示。

【山东省妈祖文化交流协会成立大会在青举行】

5月13日，山东省妈祖文化交流协会成立大会在青岛举行。大会通过投票选举产生了会长、副会长、秘书长、监事长等协会第一届负责人。山东省政协委员、农工党中央联络委委员、山东省联络委主任赵起良当选会长。会议审核通过了《关于山东省妈祖文化交流协会筹备工作的报告》《山东省妈祖文化交流协会章程》。大会还举行

了揭牌仪式。

【湄洲妈祖祖庙列入首批港澳台侨交流基地】

5月26日，福建省政协首批港澳台侨交流基地授牌仪式在福州举行。福建省政协副主席杜源生向交流基地颁授牌匾。湄洲妈祖祖庙董事会董事长林金赞出席会议并接受牌匾。首批福建省政协港澳台侨交流基地包括11家单位，分别为三坊七巷港澳台侨交流基地、厦门惠和石文化园、龙海双第华侨农场、永春北溪文苑基地、尤溪朱子文化园、宁化石壁客家祖地、湄洲妈祖祖庙、武夷香江名苑、漳平台湾农民创业园、陈靖姑信俗文化交流基地、北港文创村。

【福建德化福崇宫率团调研妈祖文化】

6月22日，福建德化福崇宫代表团在李文芳的带领下，一行11人前往中华妈祖文化交流协会调研妈祖文化。协会常务副秘书长周金琰受常务副会长俞建忠的委托，热情接待了客人。

【两岸青年“粽”情联谊　妈祖故里欢度佳节】

6月23日，国网湄洲岛供电公司与落户妈祖故里湄洲岛的台企马蹄铁餐饮吧，开展端午联谊活动，“粽”情享受节日欢乐，共叙乡亲情谊。

【海南临高县妈祖代表团参访中华妈祖文化研究院】

7月1日，为促进妈祖文化交流，传承妈祖精神，海南临高县妈祖文化交流协会会长方萍一行7人，前往中华妈祖文化研究院参访。中华妈祖文化交流协会俞建忠常务副会长对代表团的到来表示热烈的欢迎，并在懿明楼举行三献礼。

【广东汕头市妈祖文化交流协会进香团参访协会】

7 月 6 日，广东汕头市妈祖文化交流协会林楚洪会长带领进香团一行 92 人，抬着妈祖像到协会朝拜妈祖、参访和交流。中华妈祖文化交流协会常务副会长俞建忠到懿明楼广场迎接，陪同进香团一行在懿明楼妈祖殿，隆重举行向妈祖“三献礼”仪式。

【山东省妈祖文化交流协会赴菏泽调研】

7 月 8 日，山东省妈祖文化交流协会赵起良会长携青岛市政协专职常委王显忠、监事长李欣、理事李畅、办公室主任王奕等一行赴菏泽调研。

【湄洲妈祖祖庙代表团参访广东普宁涂坑天后圣母庙】

7 月 8 日，中华妈祖文化交流协会副会长、湄洲妈祖祖庙董事会林金赞董事长率领董监事成员一行参访广东普宁涂坑天后圣母庙。

【湄洲妈祖祖庙林金赞董事长率团参访深圳龙岗天后古庙】

7 月 9 日，中华妈祖文化交流协会副会长、湄洲妈祖祖庙董事会林金赞董事长率领监事长朱瑞荣、秘书长李少霞等一行 9 人，参访深圳龙岗天后古庙。

【妈祖祈福行　重走郑和道】

7 月 14 日，为了纪念妈祖诞生 1060 周年，郑和下西洋 615 周年和第 16 个中国航海日，民革莆田市委会、民革南京文史委员会、联合妈祖协会、郑和研究会、南京公关协会、民革莆田市委会湄洲支部、妈祖莆田会馆、莆田市广场舞协会、莆田博爱艺术团等相关单位，在湄洲祖庙莆田会馆举办“亲情中华，博爱天下”丝路文旅大讲堂。

湄洲祖庙莆田会馆作为“亲情中华，博爱天下”丝路文旅大讲堂及“重走郑和道，丝路光明行”系列活动的分会场，举行了系列纪念活动启动仪式。此次活动是为了响应国家“一带一路”倡议，讲好中国故事。郑和下西洋活动，离不开妈祖对船队人员心灵的护佑，而历史上妈祖文化的进一步弘扬也与郑和的大力宣传密切相关。本次大讲堂弘扬了中华优秀传统文化，为讲好中华海神妈祖精神，讲好郑和精神，助力海丝申遗，奠定了基础。

【福建福清市江阴镇重视妈祖文化】

7 月 17 日，福建福清市江阴妈祖宫管委会一行 6 人，在陈尔苗主任的带领下，赴中华妈祖文化交流协会参访，亲自送上江阴妈祖宫的普查资料。

福清江阴妈祖宫位于福清市江阴镇何厝村，妈祖神像于 1992 年从湄洲妈祖祖庙分灵。据江阴《玉屿旧志》记载：“宋熙宁己酉年在钱塘罗山出水口，海上漂神至，先人为怀念她，于罗山北侧擎创小宫以祀。至今有千余年的历史。”

【第四届“我爱妈祖”全球儿童画大赛评选活动圆满落幕】

2020 年 7 月 21 日，“童心绘妈祖礼赞新时代——第四届‘我爱妈祖’全球儿童画大赛”作品评选会在福州举办。本届大赛共收到作品 509 件，其中，符合参赛要求的作品 449 件。经过大赛组委会初选，入围作品 236 件，其中少年组 135 件，幼儿组 101 件。本次评选会在入围作品中遴选出获奖作品，获奖名单在评选会当天揭晓，本届大赛圆满落下帷幕。

【广东省汕尾市海丰县妈祖文化交流协会成立】

7 月 23 日，广东汕尾市海丰县妈祖文化交流协会一届一次会议举行，来自该县 40 多座妈祖宫庙的会员代表与海丰县民政、文旅等相关部门人员近百人参会，会上还选举产生了交流协会领导和监事机构成员。

【妈祖故里百姓舞台百姓舞】

7月23日，妈祖故里湄洲岛的旅游美食季拉开帷幕，活动以“政府引导、团队领办、广泛参与、寓教于乐”为宗旨，开展丰富多彩的群众文化活动，助推乡风文明建设和新时代文明实践。

【平安塔灯光秀绚烂开演】

7月24日晚，湄洲岛天妃故里平安塔灯光秀绚烂开演，吸引了不少赴湄旅游、朝拜的游客、香客以及岛上民众前往观看。

【天妃故里遗址公园平安塔灯光启动】

为了丰富湄洲夜间休闲娱乐，展现湄洲当地民俗风采，创新妈祖文化传播形式，增加天妃故里动态氛围，推进妈祖诞生地品牌宣传。湄洲岛天妃故里遗址公园于7月24日开始，在天妃故里平安塔广场免费常态化推出“平安塔灯光秀”活动。

【全球首尊高3.23厘米妈祖像捐赠给湄洲祖庙】

7月27日，国家级非物质文化遗产保护项目莆田木雕传承人林建军将自己精心创作的全球第一尊高3.23厘米的迷你妈祖像捐献给湄洲妈祖祖庙。

【林氏宗亲会代表赴湄洲妈祖祖庙交流】

7月27日，世界林氏始祖坚公文化促进会执行会长、广东省普宁市妈祖文化研究会会长林锦盛，世界林氏始祖坚公文化促进会永远名誉会长、广东省汕头市潮阳妈祖文化交流协会会长林钟海，广东省惠来县林氏理事会副会长林汉城、林益坤，莆田市林氏委员会副会长林建国、秘书长林劲挺等一行到湄洲妈祖祖庙参访交流。湄洲妈祖祖庙董事长林金赞陪同他们在祖庙参拜妈祖、参观湄洲林氏宗祠，并座谈交流。

【《妈祖文化小故事》即将登上“学习强国”】

7月29日，陈祖芬和郑丹凤主编、王中晓朗读的《妈祖文化小故事》音频（共21集）被“学习强国”全国平台采用。《妈祖文化小故事》于2018年暑假启动，经过了样章推敲、学校试读、篇章打磨，终于在2020年5月由海峡文艺出版社出版。本书主要针对少年儿童的阅读习惯进行审校，内容包括“湄洲的女儿”“妈祖的精神”“亲亲的妈祖”“世界的妈祖”“心中的妈祖”。

【湄洲妈祖祖庙妈祖书屋正式对外开放】

8月2日，湄洲妈祖祖庙妈祖书屋正式对外开放。孩子们可以畅游妈祖书屋，爱上阅读，深入了解妈祖文化，营造有德、友善、有爱的学习氛围。

【携手旗袍情，共结妈祖缘】

8月19日，湄洲妈祖祖庙莆田会馆迎来“晨拜妈祖，礼行三献”活动。莆田市旗袍协会会长游庆莲携会员50余人，在湄洲妈祖祖庙莆田会馆馆长陈金森的带领下前往妈祖行宫参加活动。

【展礼仪之美　扬文明之风】

8月19日，中华妈祖文化交流协会志愿服务支队礼仪队联袂莆田市广场舞协会，在莆田妈祖文化研究院懿明楼举行礼仪展示推广活动，践行志愿精神，传播文明理念，助力妈祖故乡蝉联第六届全国文明城市。

【一瓣香妈祖文化展览馆举行妈祖成人礼】

2020年8月31日，由一瓣香妈祖文化展览馆、福建省汉服文化促进会惠安办事处、晋江听雨轩汉服馆、花嫁婚礼策划联合举办的妈祖成人礼在一瓣香妈祖文化展览馆圆满举行。

【天津天后宫代表参访湄洲妈祖祖庙】

9月9日，天津天后宫主任刘玮等一行三人来到妈祖祖庭——湄洲妈祖祖庙参访交流。湄洲妈祖祖庙董事会副董事长庄美华、秘书长李少霞陪同他们在祖庙正殿向妈祖行庄严的拜谒仪式。之后，双方就未来如何进行南北宫庙交流活动展开讨论。

【中华妈祖文化交流协会与京视网手机台建立战略合作】

9月14日，中华妈祖文化交流协会常务副会长俞建忠与京视网手机台常务副台长黄峰在中华妈祖文化交流协会懿贤楼，就京视网手机台百姓频道《妈祖》栏目的工作达成初步共识，并签订《战略合作协议》备忘录。

【昆山妈祖交流团莅临中华妈祖文化交流协会】

9月17日，“中华妈祖情，两岸一家亲”第十二届海峡论坛·妈祖文化活动周开幕之际，昆山台湾同胞投资企业协会荣誉会长、全国台湾同胞投资企业联谊会常务副会长孙德聪、昆山台协常务副会长蒋玉兰率昆山台协会、昆山妈祖交流协会团一行40人到访中华妈祖文化交流协会。中华妈祖文化交流协会俞建忠常务副会长热情接待交流团。

【第十二届海峡论坛·湄洲妈祖文化活动周开幕】

9月18日，第十二届海峡论坛·湄洲妈祖文化活动周开幕在湄洲岛开幕。两岸同胞欢聚一堂共襄盛举，更为引人关注的是，因为疫情导致一些台湾同胞无法前来参加活动，现场用“两岸连线”共同庆祝活动周开幕式，与台湾同胞对话，共叙情怀。“立德、行善、大爱”的妈祖精神，是两岸同胞共同的精神家园。从2009年开始，妈祖文化活动周已连续成功举办了十一届，成为海峡论坛的重要组成内容，成为两岸同胞增进情谊、加强交流的重要平台。

【中华妈祖艺术团开展“志愿携手，大爱联动”文化下乡联谊】

9月22日，为了加强助力创城志愿服务项目的常态化工作，开展送文化、送温暖、送文明等下乡志愿服务活动，中华妈祖艺术团前往秀屿区北高镇冲沁村鹅山妈祖文化园开展“志愿携手，大爱联动”文化联谊活动。

【莆田学院“妈祖班”开班：培养妈祖文化传播人才】

9月26日，莆田学院第五届“妈祖文化传播人才培养特色班”（以下简称“妈祖班”）在紫霄校区举行开班仪式，并迎来了新学期的第一节课。

【妈祖文化传播实践基地签约】

9月27日，莆田学院与海启星共建妈祖文化传播实践基地签约暨授牌仪式圆满举行。此次授牌、签约活动，标志着双方的合作迈出了实质性的一步。未来双方将在妈祖文化研究、学术、教学与科研等方面开展交流与合作，形成专业、相互促进的发展模式，共同构建创新体系，实现互联互通、互利共赢、共同发展的新局面。

【连江妈祖研究会庆双节座谈会】

10月1日上午9点，在国庆节和中秋节来临之际，连江县妈祖文化研究会在会议室召开喜迎国庆中秋“双节”座谈会，研究会名誉会长吴用耕，党支部书记、董事长杨文健，会长黄国盛，学术顾问张振英等领导出席会议，连江县主要妈祖宫庙负责人、宫庙代表、团体会员单位代表共约30人参加座谈会。

【城厢区妈祖文化交流协会送“双节”文化进乡村】

10月9日，由城厢区妈祖文化交流协会主办的“中秋月、妈祖情”系列活动在华亭镇郊溪妈祖宫举办。城厢区妈祖文化交流协会创会会长陈国森，中华妈祖文化交流协会副秘书长蔡承武，《中华妈祖》杂志社副主任翁卫平，湄洲妈祖莆田会馆馆长陈金森等100多人参加。

【齐心协力做好妈祖文化事业传承】

10月9日，中华妈祖文化交流协会常务副秘书长周金琰受湄洲妈祖祖庙董事会邀请，为祖庙全体工作人员开展妈祖文化讲座。

【“中国梦　妈祖缘”在厦举行】

10月9日，厦门市莆田商会、湄洲妈祖祖庙董事会在厦门国际会议中心联合举办“中国梦　妈祖缘——厦门市莆田商会同谒妈祖共享平安中秋团圆之夜”活动，同时现场开启《妈祖缘》网络科技新篇章。

【长岛客人访中华妈祖文化交流协会】

10月16日，长岛显应宫管委会主任赵乐通等一行5人，前往中华妈祖文化交流协会参访。协会常务副会长俞建忠热情接待，并进行三献礼和赠送纪念品。

【山东省海峡两岸妈祖文化交流协会成立】

10月22日，山东省海峡两岸妈祖文化交流协会成立大会在长岛举行。山东省人民政府台港澳事务办公室副主任孙西忠，中华妈祖文化交流协会常务副会长俞建忠，全国台企联常务副会长廖庆富，烟台市人民政府台港澳事务办公室主任董锐，长岛综试区工委副书记、管委专职副主任李俊杰，湄洲祖庙董事会董事李国成，以及60名协会会员出席会议。

【青岛举行2020妈祖秋祭大典暨两岸祈福仪式】

10月25日，2020妈祖秋祭大典暨两岸祈福仪式在青岛奥帆中心举办。此次活动由山东省妈祖文化交流协会、青岛市妈祖文化联谊会、青岛市台湾同胞投资企业协会主办。

【天津天后宫举办庚子年秋祭大典】

10月25日，农历九月初九，为弘扬妈祖文化，纪念妈祖羽化升天1033周年，展现天津地方民俗、津味文化特点的庚子年秋祭大典在天津天后宫举行。

【第四届“赞歌颂党恩·礼乐献妈祖”大汇演举行】

10月26日，为纪念妈祖羽化升天1032周年，中华妈祖文化交流协会举办“赞歌颂党恩·礼乐献妈祖”第四届莆仙十音八乐团大汇演庆祝活动。

【第五届世界妈祖文化论坛在福建湄洲岛举行】

11 月 1 日，第五届世界妈祖文化论坛暨第二十二届中国·莆田湄洲妈祖文化旅游节在福建省莆田市湄洲岛开幕。

【“北斗应用示范岛”项目在湄洲岛启动】

11 月 2 日，以“天上北斗，海上妈祖”为主题的“北斗应用示范岛”项目在湄洲岛启动。福建省委军民融合办常务副主任林杰、副主任黄建清等出席并共同按动启动球。

【第六届妈祖文化学术研讨会圆满落幕】

11 月 1 日，由中国社会科学院古代史研究所、中国海洋发展研究会、莆田学院等单位联合主办的第六届妈祖文化学术研讨会，在妈祖文化发祥地莆田湄洲岛圆满落幕。闭幕式由莆田学院副校长李文芳主持。

【妈祖世界，瓷行天下】

10 月 30 日—11 月 2 日，由中华妈祖文化交流协会、中共湄洲岛工委、湄洲岛管委会联合主办，德化恒丰佳创集团承办“妈祖世界，瓷行天下”陶瓷作品展，在湄洲岛世界妈祖论坛永久性会址举行，吸引了海内外各界人士的极力关注。

【闽粤妈祖文化交流系列活动开幕】

11 月 10 日，深圳龙岗妈祖文化交流协会、龙岗天后古庙 500 人，在庄美叶、陈尊晟、吴楚丰、陈永腾等率领下，赴中华妈祖文化交流协会开展五年一次的进香活动，拉开闽粤妈祖文化交流系列活动序幕。

【全人类的视角看妈祖文化】

12 月 17 日，2020 海南（临高）欢乐旅游节暨妈祖文化交流会在海南省临高县举行。以“妈祖佑华夏延续海丝路，潮起海之南逐梦自贸港”为主题，共吸引来自北京、海南、福建、广东、山东、广西、中国台湾、中国香港、中国澳门和越南、苏里南、智利、阿根廷等地的妈祖宫庙妈祖文化机构代表、妈祖文化领域专家学者、各地游客与当地居民共同参加此次活动。

园区建设

【南沙天后宫景区免费对医护人员开放】

为了感谢医护人员在疫情防控期间的奉献，南沙天后宫决定免费对医护人员开放游玩。天后宫从2020年2月恢复开放之日起至2020年12月31日止，将对全国医务工作者免费开放。医务工作者只需凭身份证及有效医务工作证件（医师证、护士证等），即可免费游览景区。

【仙游客山公园变身闹市美丽公园】

客山位于仙游县城龙泉社区的九战岭，方圆600多亩，海拔152米。此处属于城区海拔最高处，站在山巅，美丽鲤城和木兰溪东西乡平原一览无余，非常适合改造提升为山地公园。在城区开发中，早在2004年，仙游县就同意龙泉社区立项兴建客山公园，先后建成了八角亭、六角亭、龙仙亭、避雨亭、圆形足摩场、仿古文化长廊，翻修了太子府和迎宾楼及新大戏台，整理了200多亩龙眼海和枇杷林，还建成了4公里长、2米宽的环山脚水泥路及8条总长5公里的上山水泥小曲径直通山顶，两旁栽种了红绣球、红豆杉、玉兰等2000多棵名贵花木及上百种野花和龙眼、枇杷等仙游四大名果，构成了一路绿荫；并在山脚下建成集社区老协会、农协会、老体协、黄氏协会、平安协会为一处的“黄氏宗祠”，融文化、娱乐、体育、宗教于一体，形成了以戚继光九战岭抗倭古战场为核心的景群，从而初具游览、观光、健身、散步等多种山地休闲功能。2015年起，仙游县紧盯“做大做美中心城区”目标，改扩建2条总长4公里、宽1.8米的主步游道，以及妈祖广场、妈祖小庙、绿化美化等，特别是在客山之巅，矗立着一尊妈祖石雕像，成为传播妈祖文化的标志性新景观。这座仙游迄今为止规模最大的妈祖石像，高18.35米，面朝湄洲，自开光以来前往客山“妈祖朝圣游”的香客络绎不绝。此外，公园山巅上的妈祖广场南侧还规划建设总投资2500万元的仙游妈祖宫殿、妈祖文化走廊、妈祖书院等妈祖主题景点。由本地企业家及侨胞捐建的客山公园妈祖宫位于妈祖广场南侧，紧邻妈祖雕像，投资1000万元，占地800平方米，仿照北京故宫建筑风格，分为主殿、偏殿，古色古香，非常方便广大香客朝圣。

【湄洲岛打造红树林生态公园为妈祖圣地再添一景】

6月8日是世界海洋日暨全国海洋宣传日，今年的主题是“保护红树林　保护海洋生态”。湄洲岛牢记习近平总书记关于保护好湄洲岛的重要嘱托，建设湄洲岛红树林生态公园，成片红树林为妈祖圣地再添一景。湄洲岛着力实施红树林生态景观提升工程，位于湄洲镇港楼村，建设内容含1个观景桥、2个观景台、3个观景挑台，以及服务中心、堤面观景休闲步道等。目前总体已建设完成。湄洲岛红树林生态公园成为许多游客旅游观光热门的打卡点。红树林主要由红树科植物构成，如木榄、秋茄、海莲、红树等。红树林不仅有很高的生态价值、科研价值、观赏价值，还具有较强的医药功能。红树林是最富有生物多样性、生产力最高的海洋生态系统之一，红树林生长茂密的地方一般都有丰富的渔业资源，成为候鸟迁徙的“落脚点”和“加油站”。同时，它也是“海岸卫士”，防风消浪，固岸护堤。

【莆田推进妈祖文化公园规范建设】

2020年7月14日，中华妈祖文化交流协会常务副会长俞建忠赴忠门沁头妈祖文化公园，考察指导妈祖文物保护、妈祖文化基地和妈祖文化队伍建设等工作。沁头妈祖文化公园位于城港大道旁，公园依山而建，山门居高临下，宏大威严，全石铺阶，巨料造坊。山上明代老宫、当代新殿、户外妈祖石像依次登高递进，三进三大广场一字向前，旁设精石龙凤亭、二十四孝石雕长廊。公园中的西山妈祖行宫始建于1630年，保持完整的明代建筑，宫内明代妈祖文物保护完美，特别是石雕墙基、柱础、门轮，木雕梁、檐、柱顶、殿饰、供盒等，均用大料细工精制而成。西山行宫左右墙的60幅妈祖故事壁画堪称一绝，构图精巧、画艺高乘、用色准确，保存完好，令人叹为观止。中华妈祖文化交流协会懿明楼非遗表演团队在西山行宫妈祖广场为沁头广大妈祖人展示人类非物质文化遗产“妈祖信俗”三献礼。俞建忠希望各地妈祖文化公园建成规范管理的示范基地、妈祖信俗的培训基地、践行大爱的行善基地、妈祖文化的传播基地、两岸协作的交流基地、文旅融合的发展基地。

【天妃故里遗址公园续建工程妈祖书院、传习所上梁仪式隆重举行】

9月19日下午，天妃故里遗址公园续建工程妈祖书院、传习所上梁仪式在湄洲岛东蔡村上林举行，湄洲妈祖祖庙董事会董事长林金赞、涵江区妈祖文化交流协会会长林国珍、会长助理蔡金水携涵江区妈祖文化交流协会28位会员、祖庙董监事成员等共同参加仪式。活动现场，工作人员依照传统习俗张灯挂彩，备齐斋菜贡银。下午3时许，良辰吉时，鞭炮声响，锣鼓齐鸣，妈祖书院上梁仪式率先开始。众人身穿传统服饰，谨循礼制，依次进行祭梁、上梁、接包等仪式，现场热闹非凡。林金赞董事长介绍说，天妃故里遗址公园包含妈祖故居、妈祖文化源流馆、非遗传习所、妈祖书院、妈祖平安塔等建筑。天妃故里遗址公园的建立，旨在恢复妈祖故居旧貌，保存相关文物，并以此为契机，让更多人了解妈祖生平，学习妈祖文化。同时，天妃故里遗址公园的建立也将极大丰富湄洲现有旅游业态，为来岛朝圣观光的香客游人提供一个新的去处。

【广州南沙天后宫景区举办妈祖文化旅游节】

为提升南沙文化的内涵，赋予妈祖精神新的内涵，进一步促进海内外妈祖文化交流与合作，妈祖文化旅游节紧随在广州邮轮发展圆桌会之后举办，第十二届广州南沙妈祖文化旅游节将从10月30日持续到11月1日，共三天。这也是南沙首个妈祖秋祭活动。本次活动由广州市南沙区文化广电旅游体育局指导，广州南沙资产经营集团有限公司主办，广州南沙旅游发展有限公司承办。南沙区政协副主席王中华出席开幕式活动。市民来到天后宫景区，在进行秋祭活动的同时还能欣赏南沙非物质文化遗产、参加创意集市、购买妈祖文创产品，本届妈祖文化旅游节为游客带来了十分丰富的游览体验。

【澳门特区政府宣布推出“畅游澳门嘉年华”活动，澳门妈祖文化村复苏开放】

澳门特区政府 11 月 4 日宣布推出新一轮活动“畅游澳门嘉年华”，集中宣传来澳门安心旅游，争取更多内地游客在节假日来澳门旅游，促进旅游业复苏、提振经济。举办大型活动除了推动旅游业外，还将惠及澳门其他行业。澳门旅游局将通过主要的社交媒体和线上旅游平台，宣传嘉年华活动。以网上游戏、网络发帖及推送广告作前期预热宣传，并邀请多位内地的网络红人在活动期间通过不同平台进行直播宣传。

【湄洲岛妈祖文化旅游区正式被评为国家级 5A 景区】

12 月 30 日，福建湄洲岛妈祖文化旅游区通过公示，正式晋升国家 5A 级旅游景区。5A 级景区为中国旅游景区最高等级，代表着中国世界级精品的旅游风景区等级。湄洲岛景区的创建成功，有效整合了湄洲旅游资源，提高了湄洲岛旅游品牌的知名度和美誉度及影响力，实现规范和创新的管理体制和机制，推进湄洲岛旅游度假区高质量发展，朝着树立全域旅游发展理念、实施乡村振兴战略、打造湄洲岛妈祖文化国际旅游目的地并最终实现旅游富民目标迈进了一大步。

慈善活动

【湄洲祖庙莆田会馆“浓情腊八·爱暖中华”】

1 月 2 日（农历腊月初八），为响应“浓情腊八·爱暖中华”全国联动赠粥活动，湄洲祖庙莆田会馆用实际行动践行妈祖大爱精神，为“城市的美容师”献上腊八节的粥品及纪念品。躬耕公益事业，践行社会责任，不仅是妈祖行善、大爱精神的传承，更是扶贫助困送温暖的一个缩影。腊八粥又称“七宝五味粥”“佛粥”“大家饭”等，是一种由多样食材熬制而成的粥。湄洲祖庙莆田会馆在门口设立爱心驿站，摆上粥品、面包，为路过的行人及清洁工献上节日的问候，为弘扬妈祖“立德、行善、大爱”的精神，推动公益事业发展，构建和谐社会作出积极的贡献。齐心弘扬中华节日文化，共同践行博爱公益事业。

【湄洲妈祖祖庙“慈善之光”春节送温暖活动举行】

1 月 9 日上午，2020 年湄洲妈祖祖庙“慈善之光”春节送温暖活动在祖庙圣旨门广场举行，活动共向受助对象发放慰问金、医保金、帮扶助学金等共计 431.79 万元。

上午 9 时许，“慈善之光”春节送温暖活动在祖庙监事长朱瑞荣的主持下举行。祖庙董事长林金赞，湄洲岛管委会副主任叶远飞，湄洲镇党委宣传委员、副镇长朱九珍，祖庙副董事长庄美华、吴国春，祖庙秘书长李少霞，祖庙全体董监事以及岛内各行政村村委会干部及受助人代表共 200 余人参与活动。本次活动共发放慈善资金 431.79 万元，包括为 2815 位 70 周岁以上老人发放慰问金 247.62 万元；为 6384 位

60周岁以上老人缴纳城乡居民医疗保险金159.6万元；为119户困难户发放扶贫慰问金17.85万元；为84位未成年人发放助学金6.72万元。湄洲妈祖慈善基金会用实际行动践行“立德、行善、大爱”的妈祖精神，弘扬了尊老爱幼的优良传统，体现了关爱弱者的慈悲情怀，树立了乐善好施的文明风尚，这是对妈祖文化最好的弘扬。

【陆丰举行“妈祖缘，迎新年，2020爱你爱你”慈善系列活动】

1月13日，广东省陆丰市妈祖文化研究会举行“妈祖缘，迎新年，2020爱你爱你”慈善系列活动，先后在城东、潭西、东海等3镇8村（社区）慰问老人，探望家庭患病者，送去新一年的美好祝愿。陆丰市妈祖文化研究会成立17年以来，致力于传承中华优秀传统文化，岁末年首举行一系列活动，旨在通过多种渠道传播“立德、行善、大爱”的精神，内化敬仰者心灵，建设和谐幸福社会。

此次“妈祖缘，迎新年，2020爱你爱你”慈善系列首个活动，由妈祖文化敬仰者陈氏陈家门合家献资捐赠近10万元的纯棉长绒被、大米、食用油等。据悉，该市的系列活动将在元旦春节前后展开，关涉妈祖文化文艺、妈祖景观灯光秀、民间民俗技艺、妈祖主题园区庆典等。

【湄洲妈祖祖庙组织队伍慰问老年人】

1月14日上午，湄洲妈祖祖庙组织慰问队伍前往岛内11个行政村，向岛上2815位70周岁及以上寿星分发新年慰问金，为他们带去新年的祝福与妈祖的关怀。祖庙董事会各小分队分别前往宫下村、下山村、后巷村、港楼村等11个行政村，并在村委会干部的帮助下向各村老人分发新年慰问金，还为其中的祖庙退休老同事送去春节慰问品。今年，岛内70周岁以上寿星有2815人，百岁寿星5人。寨下村70周岁以上寿星331人，位于各村之首，莲池村以316人位列第二。值得一提的是，西亭村有90—99周岁寿星22位，稳居第一。

【浙江苍南县妈祖文化交流协会成立妈祖应急救援总队】

1月18日上午，浙江苍南县妈祖文化交流协会第二届四次理事扩大会在苍南县行政中心会议室召开。会上，协会成员与社会各界人士欢聚一堂，畅叙妈祖情缘，共迎庚子新春。大会宣布成立苍南县妈祖应急救援总队，主要任务是配合各级党委、政府开展应急救援、防汛抢险救灾、消防救援、水域救援和山地救援等，同时开展助老为老、济贫扶困、公益宣传等志愿服务。

【湄洲妈祖祖庙董事长林金赞深入湄洲岛防疫一线送温情】

1 月 30 日下午，湄洲妈祖祖庙董事会董事长林金赞，代表祖庙董事会、湄洲妈祖慈善基金会，前往湄洲岛莆田学院附属医院、湄洲岛下山村北头、湄洲岛海星阁隔离点，开展送温暖支援抗击疫情活动，向湄洲岛一线医务人员、基层干部赠送口罩、保温杯、八宝粥等物资。在寒冷的冬季，这份来自湄洲妈祖祖庙的大爱之举，让参与抗击新型冠状肺炎疫情一线人员倍感温馨。

据统计，此次深入湄洲岛疫情防控一线，为基层一线防疫工作者支援捐助的一次性口罩 3800 个、N95 口罩 75 个、矿泉水 100 箱、八宝粥 100 箱、保温杯 100 个。分布在菲律宾、尼泊尔、马来西亚、新加坡、泰国以及中国台湾省等各地的妈祖文化机构齐心协力，积极捐款捐物，为抗击疫情工作奉献自己的爱心和力量。

【西胪妈祖义工队送口罩献爱心】

新型冠状肺炎疫情发生后，随着新闻媒体报道和疫情信息的不断发布，广大民众对疫情的认知和防控意识逐渐深入。为了配合西胪镇政府“阻病毒、防未然”的防疫行动，截止到 2 月 3 日，西胪妈祖义工队在队长陈先生的带领下已向全镇 29 个社区义务分发 10000 个防疫口罩，受到西胪镇群众的啧啧称赞。

【新型冠状病毒疫情防控中的妈祖人】

2 月 3 日上午，一批由菲律宾华侨洪庄严先生捐赠的 N95、KN95 口罩在第一时间由湄洲妈祖祖庙副董事长吴国春代表转捐给在新型冠状病毒防控一线的莆田学院附属医院。

【福鼎前岐妈祖宫助力一线防疫共克时艰】

2 月 10 日，福建福鼎前岐妈祖宫会长李若成，常务副会长林永忠带领常务理事 10 余人前往前岐镇和浙江省交界的凤桐村、井头村、熊岭村、黄仁村等边缘乡村，慰问疫情防控一线工作人员，向他们送去活动床、棉被、床单、被套等物资及慰问金，让参与抗击新型冠状病毒感染的肺炎疫情一线人员深感温暖。

【连江县妈祖文化研究会众志成城抗击疫情】

连江县妈祖文化研究会党支部为弘扬妈祖“立德、行善、大爱”的精神，积极发动支部党员带头献资，带动海内外妈祖信众贡献一片爱心，以助力连江县新型冠状病毒疫情的防控工作。据统计，截止到 2 月 10 日，共收到海内外捐款达 11 万元人民币。10 日上午，杨会长会同工作人员杨银太、唐宗斌等人，将首批 8 万元捐款，汇入连江县红十字会银行账户，用以购置疫情防控工作所需物资。同时也向琯福社区居委会赠送 300 个口罩和 5 把测温枪，用于日常防控工作。

【海峡两岸妈祖宫庙为共同抗击疫情连线祈福】

在全国上下奋力抗击新冠疫情的关键时刻，2 月 16 日上午 10 点，由湄洲妈祖祖庙和台中大甲镇澜宫、台湾妈祖联谊会共同发起举办的“天佑中华、祈福武汉——海峡两岸妈祖宫庙携手抗疫线上祈福”活动分别在妈祖故乡福建莆田湄洲岛和台湾台中同时举行。海峡两岸暨海内外广大妈祖信众通过新媒体直播平台共同参与了本次线上祈福活动，祈愿赐福武汉，天佑中华，国泰民安！

【防控疫情：深圳龙岗妈祖文化交流协会在行动】

2 月 15 日，深圳市龙岗区妈祖文化交流协会会长陈尊晟、永远荣誉会长庄美叶组织秘书处召开常务理事电话会议。经讨论决定，由深圳市龙岗区妈祖文化交流协会、深圳市龙岗天后古庙常务理事会共同向妈祖敬仰者筹款救助支援武汉前线物资和本区域一、二线防控防护工作人员支援工作。

【泉州天后宫捐赠暖东京】

3 月 4 日，一件装有 1500 片一次性防护口罩的包裹从泉州发出，寄往日本东京。这是泉州天后宫向日本东京妈祖庙捐赠的首批抗疫物资，将于 3 月 10 日送达日本东京妈祖庙，为旅日侨胞和日本妈祖信众“雪中送炭”。

【同仰妈祖　共克时艰】

近期，湄洲妈祖祖庙动员各方力量筹集防疫物资。3 月 30 日，第一批捐赠给泰国南瑶宫、泉州晋江联合总会、林氏宗亲总会的 5 万个口罩通过陆运发往泰国；第二批捐赠给马来西亚马六甲兴安会馆的 5 万个口罩也整装待发，将通过空运以最快的速度运往目的地。

【湄洲岛组织志愿者　助力湄洲小学复学】

日前，湄洲岛 8 个年段师生错峰、错时返校上课。在开学前，湄洲岛新时代文明实践中心组织志愿者到湄洲第一中心小学开展以“爱卫同行　助力复学”为主题的爱国卫生志愿服务活动，协助湄洲岛中心小学打造健康校园环境，保障师生返校安全。

【践行妈祖精神，倡导文明生活——妈祖义工在行动】

5 月 15 日，以“全民齐监护，共创文明城”为主题的莆田市创城巡查启动暨“文明莆田实践”APP 上线仪式在莆田市群众艺术馆广场举行。

【广东陆丰市妈祖文化研究会慰问医护人员】

5 月 18 日，广东陆丰市妈祖文化研究会专程前往该市人民医院，向一线抗疫医护工作者赠送 200 多箱东鹏品牌饮料，旨在唤起更加广泛的民众敬畏生命、敬重医者，共同承担起社会责任。

【妈祖义工助力创城　“红色马甲”点亮一座城】

日前，莆田妈祖文化研究院志愿服务大队制定了“志愿携手　大爱接力”——助力创城活动方案，并于6月17日组织研究院及中华妈祖文化交流协会青年志愿者开展志愿活动，为莆田市创建第六届全国文明城市贡献力量。

【霞浦松山妈祖义工护航高考】

7月7日—8日，松山天后行宫董事会组织义工为高考学子护航，为莘莘学子营造一个良好的考试环境，助力学子乘风破浪。

【义诊活动暖人心　妈祖精神在传播】

7月16日，中华妈祖文化交流协会志愿服务支队义诊队大队在莆田城厢区霞林街道社区组织三伏灸义诊活动，让市民在家门口也能真切感受到便民服务。

【涵江妈祖人　双拥在行动】

8月3日，在涵江区人武部、区文化体育和旅游局、区民政局、区退役军人事务局、区工商联共同指导参与下，涵江区妈祖文化交流协会会长林国珍委托会长助理蔡金水组织带领涵江妈祖人开展“八一”双拥进老区暨“阳光1+1”活动。

【情系边海防官兵　涵江妈祖人在行动】

8月11日，莆田涵江区妈祖文化交流协会在林国珍会长、蔡金水党支部书记的带领下，走访慰问涵江区海防官兵家属。

【义诊艾灸助力创城　妈祖人情暖社区】

8月15日，中华妈祖文化交流协会志愿服务支队的义诊队大队，在莆田城厢区霞林街道社区开展三伏灸末伏义诊活动。

【仰恩学子“勤做公益事，争当妈祖人”】

8月17日，为弘扬妈祖“立德、行善、大爱”的精神，助力创城工作，仰恩大学“YEU-行染妈祖”暑期社会实践团，在学生代表王子妍的带领下，一行10人到湄洲妈祖祖庙开展“烟头不落地，湄洲更美丽”的志愿服务活动。

【妈祖祖庙助力海岛振兴，共筑健康湄洲】

善举缔造和谐，爱心传承美德。9月3日，湄洲妈祖祖庙董事会向莆田学院附属医院湄洲岛分院捐赠CT、救护车等救护设备接收仪式在湄洲岛分院前广场举行。莆田市湄洲妈祖祖庙董事会董事长林金赞、莆田市卫健委杨振川、湄洲岛社会事务局局长曾国雄、莆田学院附属医院院长助理林伟、莆田市湄洲妈祖慈善基金会理事长朱瑞荣、莆田学院附属医院医务部副主任王亮生、莆田学院附属医院影像科副主任方首、莆田学院附属医院湄洲岛分院负责人黄丽君、莆田学院附属医院湄洲岛分院书记陈更新及祖庙董事会和湄洲岛分院的员工代表们参与活动。

【湄洲妈祖祖庙举行2020年奖教奖（助）学大会】

9月10日，2019—2020学年湄洲妈祖祖庙董事会奖教奖（助）学大会在湄洲妈祖祖庙妈祖大学堂召开。大会向中高考优秀学子、师生团队，高中、大学受助对象及相关机构颁发奖教奖（助）学金226.44万元，其中包括教师节慰问金28万元，感谢广大教师为教育事业发展付出的辛勤与汗水。

【“第三届家贫子读书·中华妈祖扶智奖学金”颁奖仪式举行】

9月12日上午，由中华妈祖文化交流协会、莆田市湄洲妈祖祖庙董事会、莆田市壶兰教育基金会三家联合举办的“第三届家贫子读书·中华妈祖扶智奖学金”颁奖仪式（原称中华妈祖捐资助学仪式），在莆田市海源国际大酒店四楼海源厅举行。颁奖大会由中华妈祖文化交流协会副秘书长蔡承武主持。

【安全血液救生命　人间共沐妈祖情】

9月25日，湄洲岛开展以“安全血液救生命　人间共沐妈祖情”为主题的无偿献血志愿服务活动。妈祖义工志愿者们积极响应、踊跃参加，为无偿献血公益事业贡献绵薄之力。在活动现场，志愿者们在医护人员的指引下依次进行填表、量血压、测血型，并顺利完成献血。

【莆田市妈祖志工队成立】

9月27日，莆田市妈祖志工队成立大会在湄洲妈祖祖庙莆田会馆举行。莆田市政协副主席、民革莆田市委主委林惠中等领导，莆田市各行各业妈祖志工代表等近100人出席大会。

【第二届中华妈祖全球行奖学颁奖大会隆重举行】

10月8日上午，由中华妈祖文化交流协会、莆田全球行国际黄金珠宝文化交流有限公司、莆田市壶兰教育基金会主办的第二届中华妈祖全球行奖学暨壶兰教育基金奖教颁奖大会，在莆田市教师进修学院附属小学举行，对2020年度莆田市200名优秀小学毕业生（计244名）和10所优秀学校进行表彰。大会由壶兰教育基金会副秘书长杨志高主持。

【莆田涵江区妈祖文化交流协会开展重阳节敬老活动】

11月2日，莆田涵江区妈祖文化交流协会林国珍会长和协会党支部书记、会长助理蔡金水委托协会常务副会长兼秘书长陈祖敏和协会常务副会长、协会党支部组织委员李瑞荣、常务副会长姚金辉、郭天禄等协会领导带队前往江口镇幸福养老院、三江口镇幸福养老院、梧塘镇幸福疗养院为15位贫困孤寡老人和残障人士送上了慰问金和慰问品。